黑盒 破解商业增长的

U0348741

增长黑盒 ◎著

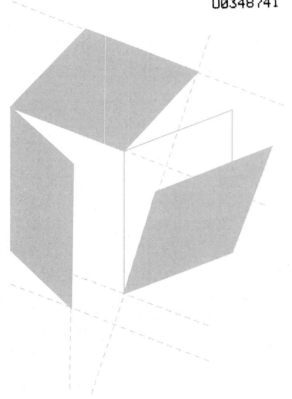

机械工业出版社
China Machine Press

图书在版编目（CIP）数据

破解商业增长的黑盒 / 增长黑盒著 . —北京：机械工业出版社，2022.9
ISBN 978-7-111-71689-1

I. ①破…　II. ①增…　III. ①商业经营 – 研究　IV. ①F713

中国版本图书馆 CIP 数据核字（2022）第 178878 号

破解商业增长的黑盒

出版发行：机械工业出版社（北京市西城区百万庄大街 22 号　邮政编码：100037）

责任编辑：张　楠　　　　　　　　　　责任校对：韩佳欣　王明欣

印　　刷：三河市宏达印刷有限公司　　版　　次：2023 年 1 月第 1 版第 1 次印刷

开　　本：170mm×230mm　1/16　　　印　　张：23.25

书　　号：ISBN 978-7-111-71689-1　　定　　价：79.00 元

客服电话：（010）88361066　68326294

本书编委会

主　任　邹沅铮

编委会成员

刘方舟	张希伦	黄诗淼
白婷丹	黄羽沁（goyo）	匡　浩
王枫（陆压）	王　艺	徐申娥
查晓微	张昊楠	

目录 | CONTENTS

多年以前，我还是实验室中的一名医药研究员。偶然的机会，我接触到"企业增长"方面的商业知识，并产生了浓厚的兴趣。我的想法是，企业在增长上的难题，就如同患者的病症一般，需要制造出特效的药物。而生产制造，必然少不了大量的基础研究工作来调制最佳的配方。既然科学家能够通过破解大自然的"黑盒"来造福人类，那么我们肯定能够通过破解商业世界的"黑盒"，帮助企业获得增长。

通过种种努力，我跳出象牙塔成为一名创业者，在数字营销领域积累大量经验后创办了"增长黑盒"这家公司，以此来践行自己的理念：挖掘企业增长背后的规律，寻找可复用的方法论，用科学家的精神来研究商业世界。目前，增长黑盒专注于消费零售行业，服务了近百家知名企业，帮助它们洞察行业趋势，寻找增长创新的机会。

如果聚焦消费品牌，增长又面临着新的难题：如何迎接数字化时代的不确定性。在互联网的影响下，企业一方面要适应消费者生活习惯和审美的变化，另一方面要迎接私域、直播等新渠道的崛起，最后还要关注 CDP、SCRM 等新兴技术工具来提升经营效率。我们能够看到，把握住趋势的新品牌在快速占领市场，而百年长青的老品牌也在加速寻找突破口，市场呈现出进攻与防守的格局。

我们认为，越是高速变化的环境，越需要进行结构化、体系化的市场研究，寻找那些底层不变的规律，再通过大量的试错和迭代来确定适合自己的增长策略和进化路线图，而不能像过去一样，以经验和直觉作为导向。品牌不仅应该关注高速增长的同行，不断"取经"，还应该时刻留意消费者需求的变化方向，调整自身策略，通过"学—用—改"的方式找到自己的底层增长逻辑。

那么，在数字化时代，不同维度的增长策略有哪些？各个品牌又是如何探索出自己的增长模式的？我们通过大量研究、咨询的业务积累，试图为读者们做出结构化的梳理。

首先，我们将企业增长的驱动力划分为以下四个维度。

- 战略力：明确自身使命，把握环境趋势。
- 产品力：通过旧元素的新组合进行创新。
- 营销力：拓新、定位与破圈。
- 运营力：建立与消费者的强连接。

其次，我们通过以往的研究积累，从战略力的维度总结了当前市场环境的变化规律，阐述了以消费者为中心的理念是怎样影响企业战略的。同时，我们归纳了新消费品牌快速崛起的共性和特征。

最后，我们依据产品力、营销力和运营力三大模块，筛选了 12 个增长黑盒曾经研究过的代表性案例，作为不同驱动力的标杆进行展示，其中涵盖美妆、服饰、食品饮料等多个主流消费品赛道。我们深入挖掘企业高速增长背后的核心策略，以及企业如何利用数据和技术赋能业务。同时，我们秉持了一贯严谨、客观的作风，采用了市面上看不到的大量一手资料，包括专家访谈、数据采集、用户调研、实地考察等。

本书作为增长黑盒研究团队的思考结晶，力求能够给企业经营者带来全新的视角，让企业用更广阔的维度去分析和解决商业难题，以帮助企业做出更高效的决策。当然，我们作为第三方的观察者，思考必有局限之处，我们也希望本书起到抛砖引玉的作用，引起更多业内专家的探讨。

刘方舟

增长黑盒创始人

2022 年 7 月

推陈出新，长盛不衰

约100年前，已经站在科学界顶点的爱因斯坦，突然冒出了一个大胆的想法：用一个简单的公式，来解释和预测宇宙中发生的每一件事！

这个看似荒谬至极的愿望，在物理学上并非空谈。例如，根据强度和作用范围的不同，力被划分为引力、电磁力、强力和弱力，而宇宙中的所有现象，理论上都可以用这四种力来解释。这四种力的作用机制和原理迥然不同，如果能找出这四种力之间的联系和共性，就能够像抛物线公式预测落点一样，也用"一个公式"来表达宇宙中所有的物理现象。

用一个系统框架来统一四种自然力，正是爱因斯坦所追求的"大统一理论"（Grand Unified Theory，GUT）。他坚信，"统一"是自然界最基本的法则，或者说，整个宇宙应该满足"简单性原则"。后来，"大统一理论"逐渐被奉为"物理学的圣杯"。

随后的几十年，爱因斯坦的前瞻性影响了大批天才科学家。在杨振宁等先驱的带领下，物理学已经能够统一三种自然力了，而"弦理论"的发展，更是让最终的大统一充满了可能性（见图0-1）。

不可否认，正是人类对于"统一"的不懈探求，使物理学取得了巨大的进步，不仅仅丰富了理论知识，更推动了技术在社会中的应用，推动了文明前进的步伐。

我们认为，这种"简单性原则"一定也存在于商业世界。生意，或者说增长，就应该足够简洁。如同科学家破解宇宙的黑盒，我们决定破解商业增长的黑盒。

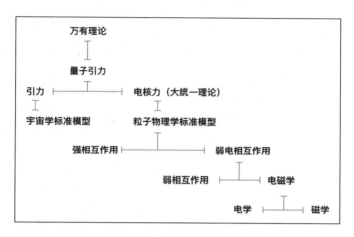

图 0-1　大统一理论逐渐延伸为万有理论（Theory of Everything，ToE）

《增长炼金术》一书指出，企业保持增长需要保持三个层面业务的平衡发展：第一层面包含处于企业心脏位置的核心业务，这些业务通常能为企业带来大部分利润和流动现金；第二层面包含正在崛起中的业务，这些业务带有快速发展和创业的特质，经营概念已基本发展完全，并且具有高成长性；第三层面包含"明天业务"，即未来更长远的业务。

换句话说，一个品牌从短期露头走到长期经营，都需要经历这三种业务范畴的成长。我们聚焦消费零售领域进行了大量研究后，发现一个新消费品牌若想推进甚至达成这三种业务，增长路径背后其实也蕴含着四种"自然力"，如图 0-2 所示。

为了验证这四力的有效性，我们除了进行了大量的商业调研之外，还采访了不少品牌的创始人或操盘手。为了使内容更加清晰明了，本书先从了解"商业自然增长力"开始，之后再落实到具体品牌的研究上。

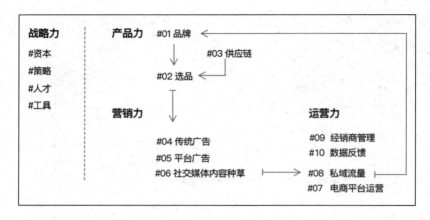

图 0-2　增长黑盒增长四力模型

一、战略力：底层逻辑的支撑力

大家在关注一些新品牌时，兴趣往往都在"增长"，把注意力放在了各种战术上，想要学习和模仿，比如关键意见领袖（KOL）投放是怎么做的，天猫店是怎么运营的，渠道是怎么铺的……然而，维系这一切有序进行的是创始人最底层的商业逻辑和判断，即一家企业的战略能力：在正确的时间，用正确的方式，做正确的事，这远比战术执行的优先级要高。

我们曾问过一个知名基金的投资人，为何在完美日记默默无闻的时候就投了一大笔钱，她回答道，当时聊了一大批新品牌的创始人，尽管这些品牌增长都十分惊人，但更让人吃惊的是大部分创始人竟然说不清楚自己为什么要做这件事，今后打算怎么做。唯一一个能将做品牌的初心、方法论、未来的规划说清楚的，便是完美日记的 CEO 黄锦峰。于是，她马上就投了。

我们想从新品牌身上汲取成长的经验，应该先从战略层面开始：

这些成功的创始人是按照怎样的逻辑做决策的？如何规划将决策转化为落地的动作？

创业难免会迷惘，但如果创始人想不清楚公司应该朝哪个方向走，那么既看不清未来趋势，也把握不住过去的复利，付出再多努力也只能原地踏步。

对于战略的定义，自古以来商业专家们都有不同的定义，其中囊括的元素也颇为丰富：从定位、竞争、文化到组织管理……我们从采访的新品牌身上，总结出了共性极强的"战略力"特征。

（一）坚定的使命和价值观

通用电气前CEO杰克·韦尔奇在《赢》一书中反复强调过"使命和价值观"这个概念，它直接定义了什么才是"正确的事"，众多延续百年的企业的根基也来源于此。

沃尔特·迪士尼的一段话给出了使命的精要："只要世界上还有想象力存在，迪士尼乐园就永远不会完工。"而价值观则是完成使命的行动准则，以实现知行合一，比如谷歌的"不作恶"。

很多时候，想要守住价值观并不是一件容易的事，尤其是当它和商业利益发生冲突的时候。Babycare的CMO钢炮告诉我们，公司的核心价值观就是"秉父母之心做产品"，为了做到这一点，公司在创业初期经历了许多艰难的时刻。

早年国内市面上的婴儿床基本都是喷漆的，这就导致准爸妈要提前几个月去买床，目的就是把油漆味散掉，否则对宝宝是有害的。于是Babycare就想做一款无漆床出来，让爸妈们用着更安全、更放心。但无漆床成本太高了，当时没有一个合作伙伴愿意帮他们。

让人意想不到的是，为了生产这款床，Babycare竟然投资了一个工厂。在承受了巨大的资金压力后，这款产品得以推出。

"所以这也是用户的痛点，虽然我们经历过这件事情，回过头来看，会觉得过程比较艰辛。但是你重新去看今天的结果，会觉得这件事情无比地正确，我们也觉得特别值得。"

初心的力量不仅在于拨云见日，甚至会指引一个品牌直接走上正确的道路。

据 PMPM 的创始人 Wen 透露，PMPM 一年来的爆款率高达50%，几乎每一个主题都是爆品。这些主题是怎么来的呢？

Wen 告诉我们，自己与合伙人闪烁都在宝洁工作过很多年，离职之后并没有选择立刻创业，而是花了很长时间去"周游世界"。

在这个过程中，她们突然意识到：当把视野变得宽广时，再低头看自己人生中的烦恼，会觉得烦恼特别小。因此，她们坚定地想把远方的美好和希望感带给消费者，希望他们的生活有一扇窗，让他们望向远方的时候觉得治愈。

于是，她们选择了自己熟悉的护肤品赛道，创立了 PMPM 这个品牌，并将世界各地的自然成分配方融合在产品中，品牌名字背后的含义则是法语" Pour le Monde, Pour le Monde "（去往世界，探索世界）。这个过程中，PMPM 打造出了"探索马达加斯加""探索布列塔尼""探索保加利亚"等多个系列，包括涂抹面膜、精华水乳等一系列爆款。

在聆听创始人们讲述自己创业的初心、品牌理念和故事后，我们发现这些新品牌都拥有无比坚定的使命感和价值观。尽管表达方式各异，但行动准则都是通过不断提升消费体验来创造品牌的价值，把更加美好的生活方式带给新时代的消费者。

正如人有了理想，生活才能丰满。同样地，品牌背后有了使命和价值观的沉淀，底蕴才能丰满。

（二）高效的组织运作

"我觉得任何事情的核心壁垒都在于人的组成。"参半 CEO 尹阔说道。

　　面对高度的不确定性，新品牌必须时刻保持很强的学习能力、执行力、团队凝聚力，要想抓住转瞬即逝的市场机会，更是需要快速的反应和决策能力。这背后体现的正是新品牌的组织运作效率。

　　尹阔介绍道："我们团队对于赛道的思考、围绕这个赛道做出的战略布局、快速响应市场的能力、一系列组织架构的变革和人才梯队的建设，以及人才架构不断更替迭代的能力，是我认为目前参半最有竞争力的地方。"

　　我们发现，新品牌团队中的"人"都带着鲜明的特点。

　　首先是年轻化。新锐品牌之所以够新，跟人才团队的"新"也息息相关。早在 2020 年，我们就做过一项数据研究：随机挑选了 8 个高速增长的消费品牌，对产品、营销、技术等核心职能的近百位员工年龄进行了抽样统计，72% 的员工都是 30 岁以下，"95 后"更是占到了 30% 的比例。

　　空刻团队几乎全部是"90 后"乃至"95 后"。创始人王义超表示，很多新消费企业的员工都很年轻，想法很多，组织也更多元化，由于现在的品牌需要做内容，产品经理的数量也比原来多很多。在过去，品牌并不会招这些人，通常都会选择外包。

　　与此同时，人才的低龄化，缘于时代的更迭速度加快，新事物频繁冒头，旧事物也在快速变革。"抖音做起来也才两三年，就算你在市场上招一个很懂抖音的人，那也才两年的工作经验。所以整个行业都是新的，你很难再像以前一样，去招到那些有八九年工作经验的人。"王义超这样解释空刻团队的年轻态势。

　　再以 Babycare 为例，在 2019 年高速扩张时期，团队的平均年龄只有 23 岁。

　　这背后的原因也不难理解：既然目标客户是年轻人，那么团队也要有足够的年轻人来理解客户的想法和需求。我们曾经与元气森林的产品经理聊起，为何他们设计的饮料包装如此受欢迎，是否背后也有一套神秘的数据决策体系？她回答，根本没有那么复杂，因为设计师是"90后""95后"，所以凭直觉设计就可以，最后的结果一定是符合年轻人审美需求的。

其次是跨行业背景。我们最早观察到这种现象，也是在私域流量兴起的2020年，有不少教育、金融行业的人才，跳到消费品公司做私域，取得了不俗的成绩。实际上，在某些行业非常新鲜的打法，在其他行业可能已经是人尽皆知了，自然也存在一批能够操盘此打法的人。他们既拥有成熟的能力，又不会被行业本身限制了想象力。

尹阔对于人才的选择，最看重两项才能：一是人才自身对零售行业的经验，比如操盘过上百万个终端的经验；二是从其他行业跨界过来，可以带来不一样的视角。

他举例，参半铺设线下渠道时，实际上参考的不是日化行业的思路，反而是找到拥有卖雪糕、卖口香糖经验的人才，组建自己的队伍，做参半理解的"大流通"。事实证明，当跨界的团队进行碰撞和融合的时候，发挥的能量是超乎想象的。

总结来看，新品牌的成功并不依靠创始人的个人英雄主义，而是依靠有效的管理机制，它能够驱动一群人向着一个目标迈进，让团队的战斗力可以长期持续。正如《基业长青》一书中提到的核心观点：公司创始人要当造钟人，而不是报时人。

二、产品力：品牌长红的核心点

产品本身才是一个品牌真正的增长驱动力。而作为一个新品牌，怎样选择和打造一款可以在市场中亮剑和突围的产品呢？

从受访的几个新品牌身上，我们发现了这几点选品的秘诀：为消费者创造新需求，填补场景漏洞，颠覆产品逻辑，重新定义原有产品。

打造爆款难，维持爆款更难，让一个品牌从一夜爆红到细水长流难上加难。虽然几个新品牌"尚且年幼",但不妨碍它们已经对未来的路早有打算。例如,参半欲从漱口水做到覆盖全口腔的产品,逐本欲从卸妆油拓展至 SPA 全流程的产品,Babycare 甚至已经从腰凳开拓到各大类的母婴用品,并正在打造母婴一站式解决方案。

(一)非饱和赛道

对于一个市场上原本就存在的品类,新品牌要做的不是一项跟风的产品,而是革命性的产品。

——逐本 CEO 刘倩菲

新品牌"创业未半而中道崩殂",多半是因为选择的生态位或者切入的赛道不够精准。毕竟在消费品品类空前丰富且供大于求的今天,一个存在显著增量的赛道在很大程度上可以决定新品牌的增速以及天花板。

我们带着这样的先验视角与成功的新品牌对话时,发现它们果然对于定位什么样的赛道颇有建树。

空刻是 2019 年起家的速食品牌,不同于我们常见的泡面或者自热饭,它选择了将意大利面方便化,其产品烹饪难度低、耗时少,且属于创新西式方便食品。

空刻先是看准了年轻人这个群体,观察到了他们高效、便捷的生活方式,加之 2020 年的新冠肺炎疫情使消费者提升了对方便速食的要求和期待,空刻便趁势出圈了。

为什么选择意大利面这个品类,空刻 CEO 王义超告诉我们两大原因:第一,整个方便食品行业中较为成熟的产品,大部分聚焦在 3～4元市场,另外一小部分配合消费升级,客单价约为 20 元,而它们都有一个共同点就是东方口味,换言之,西方速食在国内市场还存在空缺;第二,对于意大利面这个品类来说,中国消费者已经被教育得较为彻底了,只不过大多数人对意大利面的需求还停留在餐厅里。

于是，空刻与其说是开创了一个品牌，不如说是开创了一个品类。王义超表示，空刻的新，新在时间节点："它解决了一个核心的问题，让消费者能够轻松地、方便地在家做出一道餐厅级的意大利面。在空刻出现之前，消费者是无法做到的，但这个需求是空刻创造出来的。"

由此看来，能在现有市场中找到一个没有前人的生态位，并主动为消费者创造需求，是一个新品牌入市的绝佳途径。

然而，凭空创造需求可没那么容易，有时候是可遇而不可求的。除此之外，新品牌难道没有其他方式可以切入赛道了吗？当然不是。

创立于 2018 年的口腔护理品牌参半，于 2020 年 10 月上线首个漱口水系列产品后，创下了上线 80 天销售额达 1 亿元的成绩，随即获得了包括字节跳动、创新工场、梅花创投和清流资本在内的风险投资机构的投资。不得不说，崛起之迅速令人惊叹。

事实上，参半最早于 2018 年 3 月就上线过首个牙膏系列产品，彼时表现平平，打出声量全靠后来的爆款漱口水。对此，尹阔解释道："漱口水行业其实是一个自生长的行业，大家从小到大脑海里能浮现无数个广告，但是从来没有人看过漱口水的广告，所以我们在这个品类里面，算是帮助中国市场捅开了一个天花板。"

我们研究了一下，在参半进入赛道之前，漱口水在国内的市场热度以及规模都相对较小。但即使如此，该品类目前的市场"大盘"也依然涨到了接近 50 亿元，可见其潜力还是巨大的。

参半的爆款打造分两条线：第一条线，在消费者的整个使用场景里，针对某些环节做出更具体的产品补充；第二条线，在零售场景里，发掘一些可以形成犄角互补的产品。

犄角互补，无非是向消费者提供更多选择。例如，在便利店中，消费者已经可以买到漱口水，但是如果想随时随地清新口气，可能就需要一些喷雾型或者爆珠类产品，而如果想治疗内源性口臭，可能就需要长期改善肠道的产品。因此，在该场景中，提供不同于现有产品的产品类型就成了相对"蓝海"的赛道。

尹阔毫不掩饰地表达了他最初的目标——将参半打造成漱口水行业的王老吉。具体要做的，便是让更多的人更简单地接触到这项产品，并且没有压力地使用它，换句话说，就是要对其进行快消化的改良。

"我觉得这主要跟产品的特性有关系，因为漱口水最主要是饭后使用，其实跟口香糖甚至功能性饮料有异曲同工之妙，它的场景是即时性的，所以对产品重新定位非常重要。"他这样说道。

参半的出现，等于填补了口腔用品在场景上的漏洞，未来如果口腔用品快消化，行业的天花板会提高很多，盘子变大了，那个最初改变盘子大小的品牌大概率也是最大的获益者。

倘若一个行业看上去已经充分饱和或者足够多元化了呢？

用一瓶卸妆油为整个公司赚取了80%营收的芳疗品牌逐本，其CEO刘倩菲在谈到创业动机的时候称："我的冲动来自护肤品行业存在很多过度包装的情况，这导致女孩子们辛苦省下的钱并没有真正花在货真价实的功效性成分上，这不合理。"

作为一个新锐品牌，逐本从一开始就决定自建工厂和研发实验室，并在2016～2018年有一个长达三年的沉淀期，直到2018年年末登上直播间才在市场上开始引爆，并在2020年"双十一"成为国产卸妆油销量Top 1。刘倩菲认为，对于一个市场上原本就存在的品类，逐本要做的不是一项跟风的产品，而是革命性的产品，因此花时间研发产品是居于首位的，然后再去教育消费者理念，等待市场机会。

刘倩菲很直白地告诉我们，有很多变美的真知灼见没有被高效率地传递给消费者，这使得当前的护肤品行业不够透明，也不够诚实。而让无数人用了一个产品之后，产生了想要尖叫的体验，然后再来认可一个品类，这才是对的事情，而不是轻易地去看所谓的趋势和风口。"逐本独创的供应链，保证了产品的极致性价比，颠覆了大众对这个品类的传统认知。"她很笃定地说道。

逐本自己把控整个国际供应链上的所有环节，在找到产品切入点的同时，也构成了高性价比的坚固壁垒，简单来说，就是"人无我有，人有我优"。

打破美妆行业过度包装的业态，将大笔投入放在自身供应链的建设上，像逐本这样敢于颠覆原有的产品逻辑，也是切入已有赛道的有效方式之一。

Babycare的出发点也不例外，在产品品类已经趋于完善的母婴行业中，它选中了竞争压力不是非常大的背带腰凳，避开了推车、婴儿床等相对有难度的细分赛道。由于产品设计理念和研发方向把握得较准，背带腰凳这个单品的切入十分顺利，且收获了较好的业绩。

在Babycare入局之前，市面上腰凳的价格段既有特别高的，也有特别低的，刚好缺失中间的价格带。因此，在科学定价策略的加持下，Babycare瞬间撬动市场成了爆款，拿到了可观的市场份额。之后Babycare陆续推出的水杯、餐具等品类，也是按照同样的逻辑去布局。

Babycare的CMO钢炮将这套策略称为对品类的"重新定义"："因为今天的市场和消费者跟十年前、二十年前的不一样，所以我们在提供产品解决方案的时候，都应该重新去定义一下。比如过去的两三年，各行各业出现的大量新锐品牌，都具备跟消费者沟通的先天优势，或者是在设计和研发等维度拥有一些先发优势，这让很多品牌乃至行业都在被重新定义。"

Babycare让母婴用品从过去的耐用品跨越到现在的快消品之列，在商业的维度上实现了用户价值最大化。因为一个家庭购买耐用品时，购买频率会比较低，但快消品则可以被持续、反复地购买。

由此可见，新锐品牌应该看到今天和未来的消费者的需求和痛点，重新思考应该提供什么样的解决方案。

（二）延伸品类和供应链

新品牌的走红多数是依靠爆品"一招鲜"，但每一个抢手爆品的背后，都有一位为了品牌的前路煞费苦心、未雨绸缪的掌舵者。

几轮采访下来，我们发现无论什么品类领域，掌舵者们都不谋而合地认为，延伸品类和强化供应链是品牌长红的必由之路。

尹阔谈到，参半未来五年的目标是达到 50 亿元营收，占到市场30%～35% 的绝对份额。想实现这个目标就不能只靠一款漱口水了，而是要成为一家囊括口腔各个板块的专业级口腔护理公司，横跨口腔护理工具、口腔耐用耗材以及口腔快消品三大板块，包含电动牙刷、冲牙器、牙膏、牙线、牙粉、漱口水、口气喷雾、口腔爆珠等一系列产品矩阵，给用户提供一个完整的口腔护理解决方案。

前面提及，参半欲将口腔用品快消化。事实上，快消化一直存在，只不过没有把口腔消费的场景串联起来。过去针对口腔的市场是割裂的，做牙膏的、做牙刷的、做口香糖的，各个品牌都觉得自己与行业无关，产品之间也没有关联。

本质上，产品应该根据使用场景划分，比如办公场景、饭前饭后、乘坐高铁飞机等。这些即时性的场景，一方面缺乏解决对应功能的诉求，另一方面缺乏将解决诉求的产品组合起来的整套方案。参半要做的，正是围绕新场景开展的快消化。

口腔用品赛道的竞争以前是非常充分的，今后只会更加充分，将包含国外传统的大品牌、国内的巨头，也将包含新入局的创业公司，甚至跨界的公司。尹阔认为："在这种格局下要想一统江湖，就像互联网行业做联合游戏一样，更可能的情况是，会有很多家小而美的公司在里面找到自己的市场。"

刘倩菲透露，逐本作为一个主打芳香理疗的品牌，之所以选择用卸妆油打开局面，是因为卸妆是一个女生变美的第一步。要做到不伤肤且高效地清洁，那么，参考 SPA 的护肤流程，逐本便有了陆续扩充产品线的思路。

"我们在卸妆之后，会先用一种温和的磨砂膏用于角质调理，接下来是精华油、芳疗面膜，以此类推。后面的新品我们将按照 SPA 流程的顺序去开发。至于哪个能够成为爆品，取决于细分品类自身的一些赛道机会。"刘倩菲这样说道。

而对于不同的品类如何分配投入，逐本会在流量平台上基于数据化模型做测试，效率高的品类将会相应加大"弹药"的投放。

前面已经提到过，逐本在众多新品牌中最为特殊的一点就是自建工厂，既然供应链掌握在自己手里，对新品的研发便拥有了极大的自主权。今后随着企业规模的增长，品牌在供应链上的议价能力也会增强，逐本创造条件让品牌在某一个品类里面不断地专注和沉淀，最后在该品类上形成强有力的护城河。

Babycare 于 2014 年从电商起家，用五六年的时间，从母婴单品扩展到基本上覆盖了孕产、玩具、纸尿裤、童装等母婴用品各个类目。

截至目前，Babycare 的 SKU（包含标品和非标品）有三四千个之多，平均 12 个月更新一次，每个月会主打几十款产品。

钢炮称，Babycare 想要构建的，是一个母婴一站式的解决方案。

至于品类是怎样一点点拓展开来的，Babycare 按照不同阶段来进行品类分析。举个例子，做完背带腰凳以后，Babycare 马上进入水杯、餐具领域，这个领域的品类极为丰富——春夏是水杯，秋冬是保温杯，产品迭代时还可以加入许多小设计，包括重力球、吸管等。

水杯做完做餐具——Babycare 改良了宝宝餐具大多是塑料材质这一点，在塑料上面加了一层不锈钢，提高了安全性；同时又考虑到宝宝的食物需要冬暖夏凉，于是做了注水保温设计，冬天可以恒温 1 小时。

此后从耐用品扩展到快消品，Babycare 选中了湿巾。市面上的湿巾重量多为每张 30 克或 40 克，Babycare 将其提高到 80 克，是当时最厚的湿巾。

"现在市面上所有的湿巾，基本上全部按我们的标准和维度来做。"钢炮如是说。这便回到了他最开始提到的，Babycare选择赛道的方式，也是在重新定义产品。

三、营销力：吸引用户的快捷键

长期以来，我们一直在观察，同样是做营销、投广告，新品牌和传统品牌到底有什么不一样？我们从两个方面找到了答案。

（一）新内容，新渠道

二十年前，一支脑白金广告可以将我们的爸妈"洗脑"。而今天，给我们"洗脑"的却是抖音上的蜜雪冰城神曲。在数字化时代，内容形态在改变，投放渠道也在改变：新品牌普遍重视内容营销，制作海量的数字化内容，覆盖视频、直播、图文等丰富的形式，不断传递品牌的故事和对用户的关怀，同时也重视从曝光到转化的闭环。

今天，抖音已经成了内容传播的主要承载者之一，也是品牌营销时不容忽视的渠道。不过，抖音作为一个全民App，所有品牌都有机会做内容、做投放，似乎并不存在什么信息差。为何有些新品牌能够从其中脱颖而出？

其实，在竞争如此激烈的环境下，"流量红利"并非在于渠道本身，而在于在渠道中排兵布阵的"路线图"：在什么阶段应该做什么，怎么做ROI最高、效果更持久。仅仅是看到了A、B两点还不够，更重要的是把A和B点串联起来的那根线。

巨量引擎作为抖音背后的营销平台，在服务过众多成功的新品牌后，利用数据模型总结出了一套具有共性的"路径图"：STEP增长方法论。

我们分别解读一下STEP的四个阶段，来看看这套模型是如何运作的。

首先是开创新机（Surge）阶段。由于大多数新品牌采取的都是打单个爆款的战略，最重要的就是花钱买到足够的启动量，把新品的销量铺上去，完成品牌初始资产的积累。

尹阔提到："很显然，不同平台的营销属性是不相同的。小红书针对某一特性的商品来说，可能在人群的获取上会更加精准，但它的池子相对较小，对于想大幅提高销量的商品，如果还想让其创意广告得到快速爆炸，抖音便是不二之选，毕竟抖音流量池更大，人群也更广泛。"

据尹阔透露，参半 2020 年 9 月底上线时，在抖音里有四个单条视频播放量过亿，总体播放量更是超过 18 亿，并且在抖音里获得了将近800 万用户。"其实抖音这个巨大的流量平台真的能够起到广而告之的作用，800 万用户全都是购买了我们产品的人。"

起量是个逐渐叠加的过程，常见的步骤有三个：投放效果广告，引流到天猫店进行转化；投放自己账号的视频，引流到抖音自带的小店进行转化；投放自己的直播，引流到抖音自带的小店进行转化。

其次是心智深耕（Touch）阶段。买量起盘的下一步，就是用KOL 种草带货来继续强化消费者的认知。KOL 直播和视频带货早就不是新鲜事了，筛选和监测也有成熟的工具。但比较有意思的是，许多新品牌都借助了"达人广告化"的策略。

我们在投放 KOL 时往往会遇到一个问题：KOL 的素材只能用一次，成本控制和曝光范围扩大都会遇到阻碍。所谓达人广告化，就是把那些测试出效果的 KOL 视频素材进行二次加工，放到自己的官方账号中进行信息流广告投放（对应开创新机阶段）。这样一来，KOL 产出的内容得以复用，在扩大曝光的同时降低了成本。

第三是破圈拉新（Expand）阶段。新品牌的早期，担心的是"花钱"，而成长到一定体量后，怕的是"钱花不出去"。不论是效果广告还是找 KOL，早期精准的受众只有那么多，如果不"破圈"，广告费用其实是投不出去的。

这里就需要借助平台"人群拓展"的能力：基于电商购买、浏览、互动等用户行为分析，根据相似的特征圈定出更大的潜在客户群，让广告出现在他们面前。比如以下三种拓新。

- 品类拓新：由美妆人群到母婴人群。
- 客户拓新：拓展到买过其他品牌的人群。
- 场景化拓新：由热爱时尚的人群到热爱美食的人群。

也就是说，新品牌在前两个步骤积累下来的人群画像，可以作为"种子"进行拓展，而拓展得到的人群，还可以作为"种子"……以此循环，可大大提升流量的上限。

另一个核心策略，是借助"IP+内容"的模式，实现大曝光、高转化、强沉淀，实现品牌影响力破圈。

最后是长期经营（Persist）阶段。经过前三个步骤，流量的获取和转化模型已经建成，品牌在抖音中触达到的人群，按照沉淀路径分成了 5 大人群（5A），对应用户生命周期的不同阶段。

品牌此时既拥有了用户数据，构建起了指标体系，还在官方账号积累了粉丝。此时要做的，就是针对不同人群，用合理的方式反复去触达，持续、稳定地获取流量和转化。整个抖音营销的"路线图"也在最后这一步中得到了优化迭代。

在新品牌里资历稍老的 Babycare，并非诞生于短视频火爆的年代，最初也不是靠短视频的传播来积累声量的，但如今也十分肯定短视频平台对于品牌同消费者建立联系的价值。

据钢炮透露，Babycare 目前在快速地进行人力调整，接下来会生产大量各种各样的内容，而短视频正是内容的一种表达方式，可以让产品更好地"说话"。更进一步，短视频能够让产品在说话的基础上实现成交。

当短视频所解读的品牌故事被广大消费者了解以后，消费者才会对该品牌产生深度的认知，由此用户黏性和品牌忠诚度才能得以提高。

总的来说，通过短视频，企业实现了品牌传播和商业价值这两个维度，即品效合一。

(二)"颜值"红利

注重产品"颜值"是消费者从悦他到悦己的转变，但颜值只是表象，不能忽略产品的底层逻辑。

——Babycare CMO 钢炮

Z世代消费者"当道"以后，不再只是单纯地追求实用主义和功能主义，他们开始要求产品既要好用还得好看，于是，"颜值经济"应运而生。

设计师品牌出身的Babycare，是一个对产品颜值不吝投入的品牌。

据了解，Babycare拥有500位设计师，无论是产品本身的设计还是产品详情页面的展示，都强调对美的追求。同时，Babycare还整合全球资源，与国外的设计师或美学机构合作，共同打造独家款或是联名款。

"'90后'这一波用户对于颜值这件事情，还是看得蛮重要的。"这是钢炮对消费者的洞察。因此，Babycare不仅搭建了自己的设计团队，还组建了自己的拍摄团队。"宝妈群体都觉得我们的产品就是有颜值，这个颜值背后正是我们这几年沉淀和囤积的组织团队支撑起来的，我们在产品的视觉表达和图文上，花了很多心思。"

颜值经济，是在某个赛道上，一个新品牌要比其他老物种更加好看，更加能够符合年轻人的审美，像服饰、美妆这样原本就追求美的赛道，很难衍生出颜值经济。

Babycare对颜值的把控，得益于对目标用户诉求的洞察，这些诉求直接决定了Babycare为什么要做某款产品，为什么要选择某种设计，以及后期的图片与视频做成什么类型。

虽然Babycare尝到了颜值的红利，但钢炮还是觉得，美学的投入最终要回归到产品本身，因为颜值也只是产品的一个维度而已，若是只关注颜值，而忽略了产品品质和安全，品牌是无法持续发展的，尤其在母婴用品行业。

Babycare 过去几年服务的用户数超千万，颜值只是一个心理诉求点，母婴用品的本质还是要给宝宝和宝妈提供安全可靠的产品。说到底，做好产品的底层逻辑是无法回避的，颜值只是它的表象。

同样在乎审美的还有空刻。

空刻意面一年内商品交易总额（GMV）破亿，并成为天猫品类第一，王义超表示是因为"三只鸡"。那么"三只鸡"是什么呢？

其实是三种升级——品类升级、流量升级、审美升级。

具体来讲，品类升级是促使方便速食朝着更加多元、更加高端的方向发展，给了新品类机会；流量升级是由于近年来媒介的快速转换，许多信息从相对低效的文字传播转变为高效的视频传播；审美升级，就是消费者在购买一样产品的时候，他会为这个东西的美观买单。

"比如说小米，它其实很多时候解决的问题，是把各种各样的小家电重新设计一遍，设计得很精美，很多消费者就愿意为这些产品买单了。所以说我们也是抓住了这个机会，把之前一些比较粗糙的设计重新定义、重新设计，设计出一个非常精美的包装，让消费者觉得这个体验非常好。"王义超这样说道。

乔布斯说过，包装对厂家来说是包装，但是对消费者来说，它就是产品本身。王义超深表认同，并且认为空刻也是在用这样的思路打造产品。

四、运营力：统筹增长的驱动器

打造好了产品，自然要想想怎样更好地卖出去，在商品琳琅满目的买方市场里，如何走进消费者的视线，引起消费者的注意，甚至被消费者记住和爱上，每个品牌都在想方设法离消费者更近。

新锐品牌最显著的特点之一，是借助了线上化渠道的红利，而相比于线下而言，线上对品牌最大的改变就是，与消费者的距离近了、沟通多了。但新锐品牌对于连接消费者的方式似乎有着不同的理解，参半认为刷存在感是必要操作，空刻觉得应该在沟通手段上不断创新，Babycare 则倡导去聆听和解决用户的实际需求，PMPM 更看重的是在产品之上向消费者传递精神价值。

与消费者的强连接

比起上一代消费者，今天的消费者很难抓住，就像你跟一个女生刚约了第一次会，她就答应跟你厮守终生，我觉得不太现实，所以应当不断地"刷存在感"。

——参半 CEO 尹阔

这是一个"多情"的时代，"情"来得快散得也快。五花八门的交互渠道给了大家快速了解的机会，同时也造就了一大批追逐更快、更新、更刺激的消费者。

在尹阔眼里，这是把双刃剑。

"谈共鸣肯定是每个人的终极目标，但是很难，我觉得需要长时间的积累。"尹阔坦率地说，"今天他跟你产生了共鸣，明天又会跟别人产生，他可能一天跟五个品牌同时发生了共鸣，第二天又全都忘掉了。"

但并不能因为消费者"三心二意"就放弃去抓住他们，尹阔对此已经总结出了参半自己的诀窍，即要抓住两个东西。

第一，让消费者在很多场景里一直见到参半的产品，让其成为消费者的一种习惯，也就是说，出现的频次是跟消费者沟通的重要抓手，也是一个过渡周期；第二，在跟消费者建立共鸣的时候，要运用大量的 IP、联名，甚至一些出圈的营销广告或活动。

　　从以上两点来看，一个成立了一年或者两年的品牌，都还是处于品牌建设的最早期。

　　相比参半这样单刀直入的沟通方式，PMPM与消费者的连接就显得更加文艺一些。

　　2021年5月，PMPM为庆祝一周年举办了一场品牌活动，主题是"没有到不了的远方"，活动直播了法国布列塔尼海岸的三个时刻——日出、日中、日落。用PMPM联合创始人Wen的话来说，"这个品牌就是想把远方的美好跟希望带给消费者"。

　　作为一个新锐护肤品牌，PMPM的产品特点是从世界各地采集养护皮肤的成分。在与Wen对话的过程中，我们发现，她强调"远方"的次数甚至超过了产品与成分本身。

　　据Wen介绍，这一年来，有消费者因为PMPM而办了人生中第一本护照，有消费者留言感谢PMPM陪伴她走过了辛苦的一年，也有消费者因为PMPM明信片上的一句话而在悲伤时感到一丝安慰。

　　明信片是PMPM产品设计中令人耳目一新的巧思，据说每一款都由创始人手写，展示了一个个产品成分的采集地，例如，马达加斯加、冰岛、保加利亚等。

　　我们在淘宝上提取了十几万条PMPM某爆款水乳的用户评价，发现消费者对于产品包装很满意，认为其很用心、有质感、有颜值。不少消费者称"包装爱了，效果等用了之后会来追评"。可见，PMPM用包装率先赢得了消费者的好感。

　　Wen表示，这些都是PMPM与消费者制造强连接的方式，因为可以穿越时间和空间，跟消费者产生共鸣。

　　如今，品牌和消费者的沟通已经不再是线性的，也不是点对点的，双方都处在一个信息宇宙中。在这样的信息环境里，品牌很难用一个单点的行为获取消费者的注意力。因而，PMPM会先找到其对应的受众，了解他们在行为、习惯上有什么样的喜好，以便尽可能出现在他们的视线里，让他们记住这个品牌。

区别于许多先抓产品力再抓品牌力的品牌，PMPM 有一个很明显的特点，在做产品的同时就已经开始重视品牌的打造，重视怎样用品牌的精神价值来契合消费者的精神需求。

空刻自然也意识到了沟通的必要性，在此基础上，王义超似乎很强调创意。他说，创意不是目的，创意是降低沟通成本的一个工具，让消费者愿意沟通。

"比如我可以在大街上喊，空刻能够让你在家里做餐厅级意面；我也可以跟达人合作，用达人的创造力把我们的产品翻译成消费者愿意阅读的内容，消费者在获得其他感受的同时，潜移默化地了解到空刻能够解决某些需求。"

尽管动用了多种媒介、多种创意去跟消费者沟通，但王义超表示，空刻说到底想传递的只有一句话，那就是"星级意面在家做"，九九归一，沟通形式都是为产品特性服务的。

相比之下，Babycare 与消费者沟通的动作，似乎更看重专业性。据钢炮透露，Babycare 所有门店的导购都是自己的员工，并且基本上都持有育婴师资格证。"有了这个证才可以上岗，才更加能够理解宝妈，具备与宝妈同频共振的语言。"除了门店之外，宝妈还可以在线上找到 Babycare 的 24 小时客服。

宝妈是一个有多重身份的群体，她们会有多重诉求，既要照顾宝宝和另一半，又要工作实现自我价值，很可能出现焦虑、恐慌、失去信心的情况。因此，Babycare 会在提供好产品的同时，想办法向宝妈提供应对各种困难的解决方案，例如，会跟各大科普内容平台合作。

钢炮强调，Babycare 在做营销的时候，不会太看直接性的商业回报，而会更多关注所做的宣传推广动作能否真正扣动宝妈们的心弦。用他的原话说："要做一个有温度的品牌。"

营销信任是最高级的营销之一。正如 Babycare 所追求的那样，宝妈选择购买其产品代表着一份信任，那么反过来，这种信任会更加强烈地驱使消费者再次购买甚至忠诚于这个品牌。这样的强连接挑战很大，但对于品牌的长期建设有不容忽视的效力。

通过与众多新锐品牌的对话，我们从战略力、产品力、营销力、运营力四种驱动力，归纳出了新品牌的七个增长因子。

- 坚定的使命和价值观
- 高效的组织运作
- 非饱和赛道
- 延伸品类和供应链
- 新内容，新渠道
- "颜值"红利
- 与消费者的强连接

总结起来，就是要为用户持续创造价值，这不仅体现在品牌的使命和价值观上，也体现在产品的设计、与用户的沟通方式上。

新物种本身并不是完美无缺的，要想保持长期稳定的增长，面临的挑战一定不会少。

对于新锐品牌来说，靠着数字化渠道固然能够更快地起盘，但毕竟中国 40 万亿元的社会零售市场有 75% 来自线下，品牌回头再杀入传统渠道进行竞争是一场硬仗。

对于数字化转型的传统企业来说，原来越是成功的企业，存量负担就越大，创新业务在初期必然不会有太大的投入，争取到更多的内部资源不是一项简单的工作。

中国消费品市场正处于增长的黄金十年，我们会保持研究和关注，期待有更多的新品牌能够快速成长起来。

第一部分

战略力

明确自身使命，把握环境趋势

CHAPTER 1
第一章

专注增长

新消费 2.0 时代的 6 个增长策略

2015～2016 年，在消费升级、产品升级、营销升级的多重作用下，新消费时代宣告来临。这六七年来，消费市场发生了诸多变化，各种各样的新品牌如雨后春笋般诞生，甚至有不少黑马直接登顶成为行业细分赛道的新晋领头羊。对于过去的 2021 年，我们试着用三点来概括新消费品牌的整体趋势。

- 新晋品牌：存活率走低，新消费最易入局期已过。
- 头部新品牌：已掌握一定市场份额，但仍然焦虑，对内孵化与对外投资都不敢怠慢。
- 中腰部品牌：融资难，未来或将被整合收购。

阿里研究院发布的《2021 中国品牌发展报告》显示，2016 年供给侧结构性改革以来，新品牌逐年扩张，2020 年天猫新品牌的销售额是 2016 年的

17.9 倍。但事实上，并非所有新品牌都能享受到结构性、系统性的红利。

我们统计了 2018～2021 年第三季度（Q3）天猫渠道服饰、彩妆、护肤三大赛道的品牌迭代情况。以 2018 年年初的品牌为基准，截至 2021 年第三季度，Top 200 品牌的累计替代率已经高达 50%，通俗点来说，就是三年前销售额排在天猫前 200 名的品牌里，有超过一半都已经跌出了榜单（见图 1-1）。同时，三条赛道的品牌每年被替代的数量也在上升（见图 1-2）。

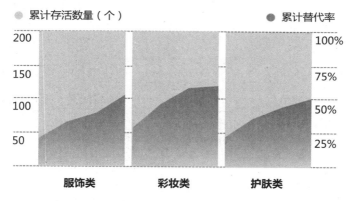

图 1-1　天猫三大品类 Top 200 品牌存活情况（2018Q1～2021Q3）

资料来源：久谦中台，增长黑盒。

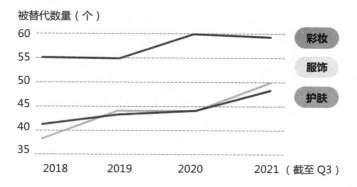

图 1-2　天猫三大品类 Top 200 品牌逐年被替代量（2018Q1～2021Q3）

资料来源：久谦中台，增长黑盒。

　　这种极快速的优胜劣汰，未见得是产品本身有多么突飞猛进，很典型的原因之一，就是传统电商的流量变贵了。电商渠道流量大、成本低，是新消费快速增长逻辑能够闭环的基础支撑之一。自 2014 年以来，品牌方在电商渠道的营销投放性价比逐年走低。

　　我们翻阅了阿里巴巴各年度财报，发现在 2014～2019 年期间，平台单用户平均收入（ARPU）增速高于单用户 GMV 增速，平台 ARPU 来源于品牌支付的佣金和营销费用，这意味着品牌在天猫平台单位营销投入带来的 GMV 逐年减少，新品牌入局越发艰难，在穿越周期之前，想要维持增长需要烧更多的钱（见图 1-3、图 1-4）。

图 1-3　不同视角下的 GMV/ARPU

资料来源：阿里巴巴财报，增长黑盒。

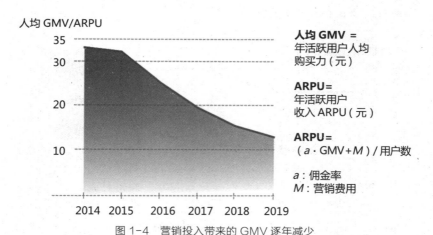

图 1-4　营销投入带来的 GMV 逐年减少

资料来源：阿里巴巴财报，增长黑盒。

再把视线转向头部新锐品牌，自 2018 年以来，新品牌中快速增长
的头部者通常有两种典型路径：一是抢占、分食赛道传统头部品牌的份
额，二是整合赛道内的中小玩家。

举例来看，冲调咖啡赛道出现 3 个新锐品牌分食雀巢天猫市场份额
的态势，三顿半、隔田川和永璞异军突起，导致雀巢在天猫渠道的占有
率从 2018 年四季度的 25% 下降至 2021 年三季度的 12%；乳制品赛道里，
认养一头牛从 2019 年起盘放量，基本站稳了 6% 左右的市场份额，同期
（2019 年二季度～2021 年三季度）蒙牛、伊利两大传统品牌的市场份额
下降约 7%；零辅食赛道里，以小鹿蓝蓝为代表的新锐品牌集体发力，
把传统品牌 Top 2 亨氏、嘉宝的天猫渠道份额瓜分掉大半（见图 1-5）。

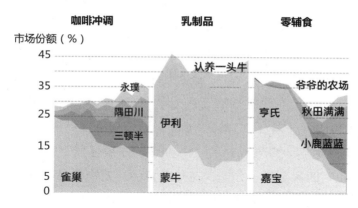

图 1-5　天猫新老品牌市场份额变化趋势对比（2018Q4～2021Q3）

资料来源：久谦中台，增长黑盒。

另一条路径的典型案例如内衣赛道，南极人份额基本保持稳定，新
玩家 Ubras、蕉内的市场份额增长与内衣行业集中度 CR10 增长趋势高
度一致，可以合理推测，两大新锐品牌通过整合中小品牌的市场份额实
现快速增长；婴儿纸尿裤赛道中，Babycare 于 2018 年四季度从零起步，
同样是完成了对中下游玩家的整合，但至今没有动摇行业前两名好奇、
帮宝适的份额（见图 1-6）。

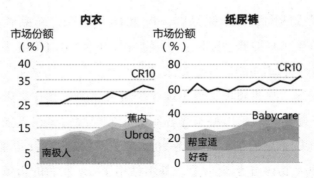

图 1-6　天猫新老品牌 CR10 与市场份额关系（2018Q4～2021Q3）

资料来源：久谦中台，增长黑盒。

即便发展一路向好，头部新锐们却也不敢有一丝一毫的松懈。做到了细分赛道的第一、第二之后，它们又马不停蹄地开始布局多品牌战略，尤其是在主品牌年营收普遍超越 50 亿元的情况下，品牌竞争已经不局限于某一产品或某一系列的争夺，大家逐步开始打造"副航道"。具体到策略环节，主要有两种：一是内部孵化子品牌，二是投资新消费。

此前连续 7 年高速增长的三只松鼠，在 2020 年遇到增长危机，全年营收较 2019 年下降了 3.72%。随即，三只松鼠重点押注多品牌策略，于 2020 年上半年一口气成立了"铁功基""小鹿蓝蓝""养了个毛孩"以及"喜小雀"四家全资子公司，在儿童食品、宠物食品等赛道集中孵化子品牌。目前比较成功的是小鹿蓝蓝，2020 年 6 月上线，2021 年上半年实现全渠道营收 2 亿元。

2021 年以来，头部新消费品牌成立企业风险投资（Corporate Venture Capital，CVC）、出手投资布局成为常态。据新消费 Daily 不完全统计，仅"元气森林"这一厂牌的触达面，就已经从咖啡酒饮延伸到了火腿肠等肉制品赛道；还有一个典型案例——喜茶，围绕"茶饮 +"的主题投资了原料、茶咖酒等多个饮料赛道的新锐品牌。[1]

然而，蒸蒸日上似乎只属于头部新锐们，当我们将目光转向中腰部的新品牌时，发现它们正深陷融资难的困境。

易观分析的统计结果显示，新消费融资出现了明显的头部聚集效应。2021 年 11 月，13 笔过亿元的大额融资占到当月融资总额的 82.5%。其中，在美妆个护领域"二八效应"尤为突出：头部新锐品牌 Moody 获资 10 亿元，福瑞达获资 7.38 亿元，但整个美瞳赛道的融资笔数仅为前一个季度的一半。[2]

中腰部品牌的资金少了，机会也就少了。产品同质化严重、渠道红利退潮、细分品类的利差基本被抹平、过于依赖营销投放，都是阻碍中腰部品牌突围的重要因素。接下来，除了市场的自然筛除之外，或许被专业的品牌整合公司收购会是较为理想的退出方式。

作为一个力求为新品牌增长赋能的团队，我们在观察完 2021 年新消费行业的现状和趋势之后，总结出六项策略，希望为大家提供一个明确的方向。

策略一

原料、工艺、设计、服务，
四个角度摆脱产品差异化"内卷"

若用一个字来形容这一年新品牌之间的竞争，那就是"卷"。人人都知道，想要突出重围，就要做好产品差异化，但如何做呢？我们建议从以下四个角度入手。

1. 原料升级

一句话总结：以用户体验为导向，不惜成本使用新原料、新配方，配合持续用户教育，塑造品牌底层差异。

在美妆个护赛道里，薇诺娜是靠成分出圈打透细分人群的标杆案例。宣传材料也着重突出了品牌从敏感肌特性入手,搭建高质量研发团队,对产品成分进行深入研究、筛选的努力。

原料升级不仅要加大科研投入,同时还要在用户教育环节配合投入。隐马数研的分析表明,薇诺娜所主打的烟酰胺成分,用户认知度显著高于近两年才进入用户视野的神经酰胺、视黄醇等成分。如图 1-7 所示,成分认知度越高,用户的支付转化率越高,具有非常明显的"羊群效应"。[3]

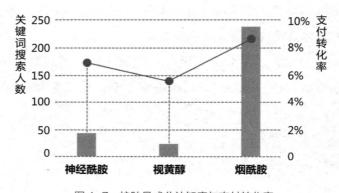

图 1-7　护肤品成分认知度与支付转化率

资料来源:隐马数研,增长黑盒。

因此,薇诺娜持续宣传特有成分的功效,以及能为用户解决的症状问题,产生了"知道的人越多,信的人越多"的正向循环。

头部新锐品牌发力对原材料或成分进行升级,不仅是产品创新的需要,也是塑造品牌形象、叙述品牌故事的最底层、最基础的支撑,更是新锐品牌塑造差异化、重构小蓝海赛道的重要手段。

2. 工艺升级

一句话总结:从用户洞察出发,借鉴其他行业工艺,实现品类创新。

以内衣品牌 Ubras 为例,由于使用了点状胶膜技术,Ubras 将原本非标品的女性内衣标品化了，为单品创造了成为爆品的条件。事实上，Ubras 所用的将 PUR 热熔胶湿固化的技术并不是什么新发明，早已广泛应用于金属、玻璃等光洁基材的粘接。该技术用于内衣制作后一举助力行业开创了全新品类——无尺码内衣，Ubras 也先行占据了这一细分赛道上的有利地势。[4]

再以小鹿蓝蓝为例，其采用的冻干工艺（把含有的大量水分物质冻结成固体，然后在真空条件下升华固态水，保留蛋白质、微生物的生物活力），使奶酪摆脱冷链运输的环境束缚，开发出常温奶酪细分赛道。奶酪是传统短保产品，渠道拓展的最大障碍在于冷链运输、冰柜展示。小鹿蓝蓝在儿童奶酪赛道引入冻干工艺，既解决了冷链条件的限制，又最大限度保留了产品营养。

冻干工艺有这么多好处为什么之前没有普及？成本是最大的限制因素。20 世纪 60 年代，雀巢就已经发明了冻干咖啡，但受限于成本因素，咖啡赛道依然以烘干工艺为主。

近年来，供给端迭代工艺、提高产能，需求端消费升级，共同推动冻干工艺全面普及咖啡、奶酪等食品领域。

3. 外观升级

一句话总结：设计感、成图率助力新锐品牌迎来"颜值革命"。

随着 Z 世代成长与崛起，以功能、品质，以及性价比为主的消费观念已不是大家追求的绝对标准。地位和身份认同的需求，以及对自身形象重视度的日益提升，让 Z 世代消费者越来越关注颜值消费。一方面，年轻人爱美促使品牌愈加注重产品颜值；另一方面，高颜值消费品被赋予社交货币属性，进一步提升了年轻人的审美。

以 Babycare 为例，产品在外观的设计上采用低饱和度的颜色，给人一种舒缓、平静、淡定的感觉，特别是对于孕产期和哺乳期的宝妈来说，可以缓解其焦虑的情绪，Babycare 用色彩氛围实现了功能性效果。[5]

再以清之科研为例，它把漱口水赛道美妆化，借鉴了香水瓶的设计，将传统的圆柱形改为长方体，采用透明度高的 PETG 材料，搭配 10 毫升容量的圆形瓶盖。如果不看包装上印刷的"MOUTHWASH"字样，有些人会将漱口水误认为香水，这便属于跨行业寻找设计灵感、实现外观套利，也提升了产品格调。

4. 服务升级

一句话总结：让产品不仅限于产品本身，而成为精神需求的一部分。

以熊猫不走为例，如果只是卖蛋糕，无论从口味还是外观，都很难做出差异化，所以熊猫不走通过雇用送餐员在现场跳舞、表演魔术等方式来服务顾客，活跃现场气氛，美团的店铺评论大部分都与孩子过生日、提升仪式感有关。若消费者把舞蹈、魔术分享到朋友圈等社交平台，将吸引更多潜在顾客。

熊猫不走的创始人杨振华曾说："没有人买生日蛋糕是为了'吃饱'，而过生日的人，想要的是开心；买蛋糕的人，希望传递的是祝福；参加聚会的人，期待的是热闹。"[6]

于是，在抓住消费者深层次需求的前提下，通过服务创新，熊猫不走成功地赋予了蛋糕品牌社交货币的属性。

策略二

合理组合货架电商、兴趣电商和社交电商

有了产品差异化，还要选对渠道才能带来可观的销售量。

先来看线上渠道。虽然国内电商已有二十余年的历史，但在过去，电商还是以商品陈列以及打折促销的货架形态为主。如今，电商开始强调体验性，要向消费者提供更多差异化的产品、更丰富的内容、更个性化的服务。

目前，以天猫、京东为代表的货架电商依旧是销售主力。2017 年微信小程序开通了电商功能，探索"社交＋电商"的模式，至 2021 年，GMV 已破万亿元；2018 年抖音开始试水"内容＋电商"，并将其定义为兴趣电商，第三方研究表明，兴趣电商的 GMV 到 2023 年有望突破 9.5 万亿元。

我们认为，在体验电商时代，品牌只有理解各个平台的差异，重新排列组合这些平台，才能为消费者提供更丰富的体验。

1. 货架电商

丹尼尔·卡尼曼在《思考，快与慢》一书中指出：人的思维分为两个系统，"慢思维"是有逻辑、费脑力、靠理性决策的，如复杂运算；而"快思维"是快速、无意识、靠直觉决策的，如听歌、逛街、刷短视频。在货架电商场景中，主要由人来找货，消费者目的性强，会更加理性地去对比所有的可能性，谨慎做出选择，属于"慢思维"的思考模式。

因此，在货架电商运作模式中，品牌必须充分覆盖消费者的决策链路。阿里巴巴就提出过 AIPL 的模型帮助企业梳理淘宝站内的运营逻辑。随着平台流量红利见顶，品牌 AIPL 模型的阵地已经在全网扩散开来，小红书种草、抖音投放、天猫成交、微信私域复购裂变也已经成了 AIPL 中常用的关键环节。在这一链路中，货架电商主要通过产品详情展示、客服回复增加用户兴趣（Interest），以及优化用户购物体验、保障用户售后权益刺激用户购买（Purchase），很大程度上承担了品牌官网的职责（见图 1-8）。

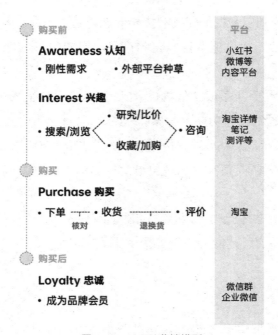

图 1-8　AIPL 营销模型

　　货架电商目前正沿着以用户为中心的个性化方向发展，千人千面的展示意味着货架扩容、产品丰富度上升。在这一背景下，品牌需要围绕细分场景和人群上架更多产品，提升货架的使用效率。

2. 兴趣电商

　　下面我们将围绕兴趣电商"更新、更快、更深"的特征做一些解读。

　　更新：拓展新客群、使用新策略、塑造新形象

　　新客群。以抖音电商、小红书为代表的兴趣电商，脱胎于图文、短视频媒体平台，用户画像有显著特征：年轻人比例高、增长快，与传统渠道的人群重合率低。从各平台的数据来看：抖音电商中，"80 后""90 后"年轻用户占绝对优势，"95 后"增速最高；小红书活跃用户分布中，18～24 岁的年轻人也占据最大份额。对于品牌方而言，这些新客群无疑是需要下功夫把握的增量生意机会。

新策略。年轻消费者获取信息的渠道丰富，购物决策链路发生了深刻的变化，传统大渗透策略下的"说教式"营销越发失去吸引力。年轻消费者的决策链路更偏向让他们在浏览内容时刚好发现感兴趣的商品，从而激发购买意图。在这一背景下，消费品牌在兴趣电商渠道的营销，转向内容生产能力的竞争。

青山资本在《Z世代定义与特征》中指出，Z世代在品牌选择上有深刻见解，他们积极快速地尝试自己感兴趣的事情，确定自己想要进行深入挖掘的领域。

高质量的内容能够激发年轻人的兴趣，直击他们潜在的消费需求。被内容吸引过来的消费者，愿意为兴趣、产品的"高情绪价值"买单，也能接受高客单价的商品。

新形象。对于传统品牌而言，兴趣电商渠道是一个与年轻消费者交流的窗口，传统品牌往往采用与传统电商渠道不同的经营策略，用"新语言"与"新人群"互动交流，以打造年轻化的品牌形象。

以太平鸟为例，作为成立二十余年的品牌，有强烈需求在换季之际通过新品为品牌增长注入新活力，这就更需要进行大范围面向年轻群体的沟通，以助推品牌的年轻化认知。

策略上，太平鸟打造"超级新品"和"超级IP款"，同时还会配合品牌的营销活动，比如围绕国风主题的活动，在抖音上新"抖音专属款"，以此来打造话题货品。2021年1月抖音年货节期间，太平鸟"2+1"分类账号矩阵同步开播，针对Z世代目标人群特征发布联名IP新款（女装"皮卡丘"、男装"太平盛世"），并结合线下快闪店、商场DP点等线下渠道，实现全渠道与用户互动造势。

更快：一站式种草成交渠道，助推快思维的消费行为

以抖音电商为例，用户被短视频内容吸引，一次点击后进入品牌官方或达人直播间；在直播间场景中，主播讲得生动，展示得全面，用户二次点击产生购买。从认知到兴趣再到购买的路径被大大压缩。

从短视频种草到直播间拔草，极短的营销链路不仅提升了转化率，更重要的是缩短了品牌与消费者的距离，让品牌方可以从更直观的层面理解消费者，从而实现快速反馈、快速迭代。

更深：通过圈层营销、引领生活方式等营销活动，在 GMV 之外实现品牌资产沉淀

兴趣电商具有原生媒体属性，使得品牌在抖音电商进行的营销，不仅可以收获销售量，还能收获用户对品牌的认知，实现品牌话题发酵。

具体实践中，品牌在兴趣电商平台打磨爆款内容，依靠大流量、兴趣契合人群的长尾效应，在站内成交的同时，引导站内外话题持续发酵，沉淀品牌资产。一次成功的兴趣电商营销活动能够带来社媒热度、其他平台 GMV 溢出等多种指标的反馈，实现品牌资产沉淀。

例如，抖音电商洞察到快节奏下，年轻人对健康早餐的需求痛点，联动三大健康早餐品牌王饱饱、瑞琪奥兰、认养一头牛（新锐麦片品牌＋新锐蜂蜜品牌＋新锐牛奶品牌），替年轻人排列组合出健康早餐解决方案。同时，抖音电商通过分享三位年轻人的早餐故事引起群体共鸣，在引领年轻人健康生活方式的同时，为上述品牌塑造了"健康早餐"场景下极强的品牌力。

3. 社交电商

社交电商的概念最早脱胎于微商，其本质就是通过社交和服务产生人与人之间的信任，从而形成长期的销售关系。简单来看，微信生态内的电商模式可以说都是社交电商。

截至 2020 年年底，微信及 WeChat 合并月活达 12.25 亿，这些用户形成了一张巨大的关系链，任何人都可以通过它来触达任何人。而淘宝和抖音的月活都在 8 亿左右，仍有很大一部分网民渗透不到。

然而，作为全国最高用户数的通信工具，微信在商业化方面却非常克制，其广告营收远不如淘宝和抖音。微信团队非常耐心地在为个体和企业打造开放生态，并提供了一系列不断演化的工具，例如订阅号、视频号、企业微信、小程序等，方便从业人员自由组合去打造品牌的数字化基础建设。这一切都使得微信生态像一个潜力巨大的尚未被深度挖掘的领地。

私域建设的方法众多，无法一概而论，但是我们认为，无论采用哪种方式，真诚永远是最好的选择，毕竟私域的建设是积累信任的过程。同时，它的短期财务回报可能不会那么明显，这是一笔对于品牌资产的长期投资。

综上，在线上渠道里，三种电商平台各有千秋，根据其各自的特点，我们再次进行如下对比概括，见表 1-1。

表 1-1 三种电商平台的特点对比

平台	思维方式	激发需求因子	动作
货架电商	慢思维	需求激发	搜索比价
兴趣电商	慢思维	感官激发	种草即拔草
社交电商	慢思维和快思维交叉	信任激发	熟人推荐品牌服务

我们认为，品牌方充分认识平台的差异，合理组合这些渠道，给客户提供更好的体验，最终才有可能产生超额的经济回报。

策略三

线下门店数字化零售，同城零售“1 小时送达”

线上业态固然重要，但是不要忘记，线下场景依旧是消费零售赛道的主战场，线下门店的数字化让我们看到了比纯电商更多的可能性。

1. 门店数字化零售

线下门店运营的重要指标是坪效,即单位面积上可以产出的营业额,说到底还是如何让门店产生更多生意。数字化升级之后,品牌中心可以赋能经销商门店,通过线上引流给门店提供客户。

以尚品宅配为例,传统家装行业非常依赖门店线下客流,而尚品宅配构建了一套线上引流系统,为线下门店集中获客。

2017年尚品宅配全面发力短视频赛道,在抖音孵化、签约了超过700位KOL,更新与尚品宅配有关的家装案例,吸引粉丝观看,并在个人简介写明微信号码,通过"0元免费领设计"的诱饵将粉丝引流至微信。

潜在客户在公众号留资后,会接到广州总部真人客服的电话,并被二次分配到地区客服。之后,地区客服向潜在客户再次致电,二次确认姓名、手机号、户型图、设计需求等基本信息,并将前述信息传递给设计师。2天内,设计师与潜在客户联系,表明设计方案已经出炉,邀请潜在客户择日线下进店看3D设计方案。

整个模式形成了完整的三段论,最终实现了品牌总部对门店的赋能。

第一,捕捞阶段。将公域用户导流至公众号、个人号等私域,或直接留资。

第二,在私域内,通过客服和内容培育客户,持续引导留资。

第三,将留资用户引导至线下店,当地销售跟进转化。

由于物理门店受到地理位置、人员和营业时间的限制,所以天花板明显。而门店数字化之后,其营业半径、营业时间和货架空间其实都无形之中拓宽了。

某服装连锁品牌使用微信小程序做门店数字化后,实现了40%的订单在门店非营业时间线上成交,极大地拓展了营业时间和货架空间。并且品牌通过企业微信构建的门店私域的客户管理系统,不仅可以做复购,还可以让消费者提前参与新产品的共创,降低服装上新的试错成本。

综上，品牌中台赋能门店以及门店的数字化改造是帮助门店拓展坪效，加强客户体验的两大利器，我们将持续关注门店线上线下相结合的各种玩法。

2. 基于门店的同城零售

如果说品牌赋能门店并进行门店数字化改造属于一种由内而外的改造，那么美团等平台就在自外而内改造同城零售的业态。以餐饮行业为例，本来是典型的服务行业，但是在数字化和物流体系的加持下，其零售属性越来越重。

我们发现了一个依靠美团和饿了么等同城零售渠道快速崛起的咖啡品牌：挪瓦咖啡（NOWWA）。

挪瓦咖啡成立于 2019 年 6 月，起源于上海，目前在全国各城市拥有超过 1000 家加盟门店，看上去普遍都是店中店的合作模式。在很多地区用饿了么搜索关键词"咖啡"，挪瓦咖啡都名列前茅，要知道上海是全球咖啡门店最多的城市，由此可见其流量运营的功底非常厉害。

据报道，2020 年挪瓦咖啡入围"美团点评 KA 连锁"全网门店规模的 Top 3，每月营收达到数百万元，其中线上外卖渠道占了 75%。[7]

综上，同城零售、店中店规模化快速加盟、线上赋能线下等打法一旦融合起来，想象的空间又大了很多。品牌一定要根据自身的基因合理地选择自己的渠道建设，并且无论选择哪些渠道，都要想办法以用户为中心提升客户体验，最终实现更高的转化效率。

策略四

营销内容碎片化，把每个个体都变成 KOC

除了渠道，还有一项重头戏，就是营销。

在传统 TVC 大渗透的年代，3～4 次电视曝光足以促使消费者去线下购物，但是这个曝光次数的阈值如今正在快速上升，数十次的线上曝光可能才能带来一次线上购买。如何抢占用户注意力成了各行各业都关心的问题，营销由传统无差别概念大渗透，变成了基于圈层用户的内容渗透工程。

营销学专家马克·W. 舍费尔（Mark W. Schaefer）在观察中发现，面对品牌为了吸引消费者关注而产出的大量内容，消费者不但会降低自己的注意力，专注某件事件的时间也会减少。因此，内容过剩促使品牌必须在传播内容、传播方式上有所革新。[8]

我们发现的有效策略是：用合理的成本生产更多碎片化的营销内容。从 CMO 中心化的内容生产体系，变为各类型内容生产者的共创体系，根据品牌、平台特征，筛选明星、关键意见销售（KOS）、KOL、关键意见消费者（KOC）、素人等内容生产者，并通过会员福利、产品尝新等机制，置换营销内容，降低内容生产成本（见图 1-9）。

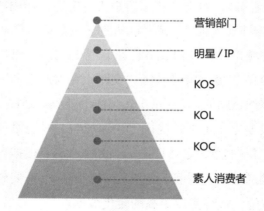

营销部门
明星 / IP
KOS
KOL
KOC
素人消费者

图 1-9　各类型内容生产者的共创体系

1. 企业内部 MCN 化

企业内部的 MCN 化，最典型的做法就是将线下门店的每位导购都变成品牌营销的内容制造者。

　　以宝岛眼镜为例，它将 8000 名导购培养成为 KOC，10 个月输出上万篇营销图文。根据公开资料，截至 2020 年，宝岛眼镜在大众点评 Lv 6 以上的员工已经有 2000～3000 人，数百名小红书内容写手正在慢慢向小 KOC（粉丝在 3000 名以上）的标准靠近，另针对抖音、淘宝直播等平台，也有专业团队在对相关员工进行培训，目的是最终打造出几十个高质量抖音号（见图 1-10）。

图 1-10　宝岛眼镜声量矩阵图

资料来源：新零售商业。

　　这样的转型开始于 2019 年年底，宝岛眼镜将公司主体架构切分为两大块，一块保持线下门店零售不变，另一块负责会员运营，新成立网红孵化中心和会员运营中心两大部门分别负责公域品牌运营和私域会员运营。

　　原市场部变成 MCN 之后，其主要做两件事：孵化达人和生产内容。其目标是把宝岛眼镜 8000 多名员工都培养成网络达人，让他们到不同流量平台开设个人账户，传递宝岛眼镜的声量，对平台上的用户进行种草、拉新。[9]

2. 寻找高质量达人创作者

　　品牌打造内化的年轻团队、依靠导购生产内容的生产节奏依然不足以跟上品牌实际营销需要。能够规模化外包生产内容成了当务之急。达人是某一个领域的"专家"，有持续输出优质内容的能力。与找 4A 公司相比，每一个达人的样貌、个性、风格大相径庭，这就在内容生产的源头做到了千人千面，帮助品牌实现了一个内容，多样分发。

所以品牌想要高效地利用达人生产内容，需要先明确目标消费者是谁，目标消费者在哪里。抖音"80 后""90 后"更多，热爱短视频，他们需要达人快速抓住用户的眼球；B 站"00 后"更多，他们热爱二次元文化、喜欢"玩梗"，需要达人有一定的创意和创造能力。

不同量级、行业的达人，给品牌带来的流量也会有差别，建立品牌达人库，多点位投放，才能放大品牌流量增长的机会。以小红书达人为例，品牌主要从两大维度进行筛选，分别是包括基础数据、匹配度、内容质量、性价比等的基础维度，以及包括笔记数、粉丝数和阅读互动数的比值（CPE）、种草转化率、爆文率等的细分维度。最关键的一步，就是要把握品牌调性需求，建立长期紧密合作，充分放权达人，激发达人自主创作热情。

以国货护肤品牌薇诺娜为例，专注敏感肌肤产品研发本身没有问题，但严谨、枯燥的学术语言阻碍了品牌和消费者的沟通。于是，薇诺娜在小红书发展了一批专家型 KOL，包括医生、研发人员等，通过查文献、解读成分、解读产品和功效，生产护肤解决方案，这类内容更易让年轻人"种草"，也具备相当能量的带货力。通过对薇诺娜小红书数据进行分析，在近一年有关薇诺娜的笔记中，点赞和收藏数最多的以皮肤科医生、护肤博士、三甲医院医生、学生党等中腰部达人的内容为主。

3. 把用户变成天然的品牌传播者

上文提到，在天猫渠道逆袭雀巢的冲调咖啡新锐品牌三顿半，并没有铺天盖地地打广告，它的秘诀是，让用户自发地变成广告的发起人。

自 2019 年 10 月以来，三顿半每年进行两次返航计划，用户积攒空罐可以兑换盲盒公仔、滑板等受年轻人追捧的品牌周边，激发了小红书上大量咖啡爱好者的自发分享，创造了许多关于返航计划的营销素材和营销内容。[10]

根据千瓜数据，在与三顿半品牌相关且阅读量在 3 万以上的小红书笔记中，超过 5600 篇笔记是用户自发分享的与返航计划有关的内容，占比超 18%，根据点赞数量预估，某一年仅用户自发生产的内容，就为品牌带来了超 10 万人次的曝光。

除了利用产品的社交属性促使用户共创，很多品牌也通过产品尝新置换营销内容。新品体验官是品牌低成本批量化内容生产的另一个手段，以小红书平台为例，通过搜索关键词"体验官"，我们看到在一些产品尝鲜招募界面，品牌鼓励用户通过图文或者视频的方式发布体验笔记，从而与用户进行产品到营销素材的置换。

以猫王为例，在招募新品"潮无线 Lucky 蓝牙耳机"体验官时，要求体验官在收到新品的 7 天内发布一篇图片数大于或等于 6 张，字数超过 100 字的图文笔记，或者时长超过 30 秒、字数超过 100 字的视频笔记。除品牌外，像迪士尼乐园也会要求体验用户提到品牌官方账号，并带相应的话题。

策略五

依据用户兴趣分发内容，
用创意牌和情感牌让用户"常驻"

为了让用户投入更多的注意力在品牌的内容上，品牌就必须兼顾以下两个层面。

- 展示形式的多样性：用户不再局限于单向地接收信息，而是期待有更多场景能够双向互动，交互的形式更加丰富和有趣。
- 内核的吸引力：利用圈层和文化属性，让年轻消费者从心里接受品牌传递的精神内核，摆脱乏味的说教。

先看第一个外在层面。我们认为品牌与用户的交互形式，其实正在遵循一个进化路径，见图 1-11。

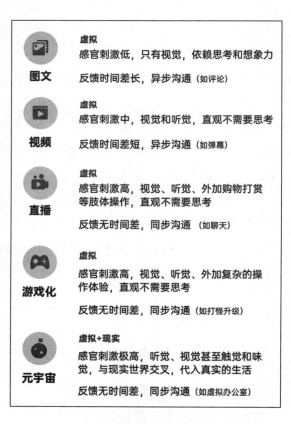

图 1-11　品牌与用户交互的进化路径

在过去的 10 年里，我们已经看到内容的展示形式从图文变成了直播，但其中的局限性仍然存在：高频的互动体验都是由真人来完成的，在时间和空间上延展性很差。一位爆红的主播,不可能24小时一直与用户聊天,也不可能同时出现在上海和北京的粉丝见面会。

虚拟IP的走红,一定程度上打破了这种局限性。在电商领域,虚拟智能主播早已经走进各大品牌的直播间,一方面,智能主播能24小时介绍商品卖点和详情,解决真人直播时效受限的问题;另一方面,虚拟IP强大的带货能力也为品牌赋予了新活力。2020年3月7日,"我是不白吃"抖音直播第一天的观看人数达到了312万,峰值在线4万人,单场直播涨粉12万,一周内更是涨粉126万,并在首播后的一个半月内完成了粉丝规模翻倍。[11]

如果展示形式继续进步,那么用户期待的就不限于消费品牌方提供的内容,而是想要主动创造,并获得即时反馈。因此,"会员体系+游戏化"成了一些品牌提升用户留存的创新手段。比如获得巨额融资的认养一头牛,创建了一套"云养牛"的游戏化系统,用户可以在天猫和小程序游戏中经营农场,还能把虚拟的牛奶兑换成真实的牛奶赠品、优惠券等。

而2021年大火的元宇宙,正是所有品牌所追求的一种终极形态:让所有用户在自己建立的"王国"中游玩。届时,所有实体商品皆可成为元宇宙的入口,而元宇宙内优秀的体验又可以反过来促进实体产品的销售。

比如耐克在游戏平台Roblox上建立了自己的数字空间NIKELAND,其仿照真实世界的耐克总部建造,将各种体育活动虚拟化,玩家可以自由选择自己的形象,并搭配耐克品牌的虚拟服装进行游玩。

而早在2021年8月,路易威登就在创始人200周年诞辰的时候,推出了一款名为LOUIS THE GAME的手机游戏。在游戏中,用户将化身为品牌的吉祥物,周游世界并探索各种宝物。据说,游戏的灵感来自路易·威登年轻时环游世界的经历。整个游戏玩完,用户也就深入探索了路易威登品牌的历史。[12]

再来看第二个内在层面。任何表现形式都必须有一个丰满的内核，这才能让用户从精神上认可品牌，愿意参与到各种互动中去。

如果回顾广告业的发展历史，我们不难发现过去几十年品牌都在采取相似的模式推销产品，即欠缺式营销：制造焦虑，然后提供解决方案。从马斯洛需求模型来看，这其实是在顺应人性，用讲故事来唤起人们贪婪、恐惧等情绪，然后暗示某种产品可以弥补生活中这些缺失。从这个视角来说，品牌是"拯救"用户的英雄。[12]

随着物质生活的丰富，人们的需求开始向马斯洛金字塔的上层迁移，人们对于自我实现、精神满足的需求越来越高。所以，品牌营销的方式逐渐转为赋权式：鼓励用户追求自我，真实勇敢做自己，激发上进、独立等积极的情绪。由此就诞生了一批"生活方式品牌"。品牌在此担任的仅仅是导师的角色，而英雄是用户自己。

不过，这种底层逻辑的变化，还要依赖另一个维度来共同支撑丰富的内核，那就是讲故事的方式。为什么我们对于电视广告、电话推销极其反感，那是因为它们未经我们许可就入侵了我们的注意力，说教式的故事也无法引起我们任何兴趣。这种所谓的推式营销（Outbound Marketing）已经难以有什么新的突破了。

那么，品牌要做的就是让用户主动找上门，而不是主动去骚扰他们——给用户创造价值，从而引发他们的兴趣，这就是所谓的入式营销（Inbound Marketing）。该营销方式在 10 年前国外社交网络兴起时就被广泛应用，最经典的应用方式就是通过撰写深度的博客文章，从而利用搜索引擎获取大量的免费流量和精准用户（见图 1-12）。

我们总结了四种常见的策略来构建一个强大的内核。

图 1-12 推式营销与入式营销

1. 潮流：让年轻人觉得很酷

品牌要想进入年轻人的世界，那必须要让他们觉得有面子，新鲜好玩的社交货币就是年轻人想投入时间的东西。伴随着元宇宙概念的火热，非同质化代币（Non-Fungible Token，NFT）这种数字收藏品成了年轻人追捧的对象。2021 年，无论是国际大牌还是国内新锐品牌，都纷纷尝试利用 NFT 进行营销活动。[13]

以下是我们从公开市场上找到的典型案例。

- Look Labs：由德国当代美容和生活方式工作室（Look Labs）发布的全球首款数字香水 Cyber Eau de Parfum，通过近红外光谱法提取香水气味，然后将气味光谱制作成 NFT，实体商品与 NFT 同步发售，真正实现了虚拟与现实的结合。

- 宝洁：宝洁旗下卫生纸品牌 Charmin 推出的一款名为 NFTP（Non-Fungible Toilet Paper）的 NFT，被称为历史上最贵的卫生纸，实属"整活"高手。
- 奥利奥：为配合中国水墨风的营销活动，奥利奥限量推出 5000 个 NFO（即 NFT OREO，Non-Fungible OREO），随机抽奖送出，极大带动了新产品的销售。
- 欧莱雅：为了提升女性在 NFT 行业的地位，欧莱雅与多位女性艺术家合作发布 Reds of Worth NFT，灵感基于公司最新发布的口红系列，情怀与营销造势两不误。
- 奈雪的茶：在 6 周年庆期间，奈雪的茶一次性集齐"虚拟 IP+ 盲盒 +NFT"的玩法，用户通过抽卡的形式限量购买虚拟形象的 NFT。据称该活动带动充值卡的销售近两亿元。
- 可口可乐：为庆祝国际友谊日，可口可乐与数字艺术创作公司 Tafi 合作，推出友谊盒 NFT（The Friendship Box NFT），全球仅限量 4 个，将噱头拉满。

2. 责任：成为英雄的感觉

谁不希望能够为社会发展尽到一份责任呢？如果动动手指就能完成，那就再好不过了。作为一种精神层面的升级，许多品牌一直非常重视环保等社会责任，但问题是消费者的参与感很弱。近年来，许多品牌从环保这个点切入，主打空瓶回收，不仅参与度高，还能间接带动产品的二次销售，甚至制造社交媒体的用户原创内容（UGC）。

以下是我们从公开市场上找到的典型案例。

- 润百颜：玻尿酸次抛空管可兑换新的次抛产品。
- 小仙炖：燕窝空瓶可以兑换由明星参与设计的玻璃艺术品。
- 三顿半：咖啡空罐可兑换各种周边或特质咖啡。

3. 专业：找专家解决问题

世界或许不需要英雄来拯救，但一定需要专家来帮助。品牌如果能持续给消费者带来专业的知识和靠谱的建议，那一定能够成为消费者信赖的首选。在护肤、母婴、宠物、健康等赛道，专业知识的价值尤为明显。

以下是我们从公开市场上找到的典型案例。

- 薇诺娜：将晦涩的医学知识转化为轻松易懂的护肤科普，线上线下义诊、专家直播、KOL 代言，实现全方位内容覆盖。
- 孩子王：近 6000 名线下顾问现场解决顾客问题，这些顾问具有完备的育儿知识，多次用急救知识挽救宝宝性命。

4. 文化：内心的归属感

人类作为社会动物，必然会从圈层上寻找归属感。从大的层面来说，民族自信提升了，传统文化归属感也变强了，因此国风、国潮才会越来越流行。从小的方面来说，相同爱好的人聚在一起自然有共同语言。

PMPM 创始人闪烁用人格化的方式来培养与打造 PMPM 的品牌，"就像一个来自远方的礼物"是闪烁创立 PMPM 的初衷。

PMPM 曾抽取 20 000 条用户评论进行分析，其中近 30% 和品牌精神相关，高频词有"爱""用心"和"远方"。用户的情感归属成为品牌最独特的核心资产，同时也成为品牌的价值表达。在品牌一周年之际，PMPM 打造了一场直播活动，没有带货，甚至没有室内直播间，只是实时直播法国布列塔尼的一片海。这次直播也是 PMPM 发布海茴香系列新品之前的预告，建立了新时代消费品牌和用户共感共鸣的最佳示范。

策略六

实验驱动、数据驱动全流程敏捷反应

通过观察大量的新消费企业，我们发现新品牌的做法普遍符合互联网精益创业（Lean Startup）的逻辑。

精益创业的概念最早来自硅谷的互联网初创公司，初创公司的资源极其有限，其核心就是通过最小可执行的产品（Minimal Viable Product）或者是最小可执行实验（Minimal Viable Test）来验证消费者是否有真实需求。

举一个简单的例子，当你想验证地铁站内是否需要一台自动贩卖饮料的机器时，你该怎么做呢？最简单的办法就是你自己站在地铁站内卖两天饮料，看看有多少人买单，而不是上来就开始研究机器怎么设计。当你使用最简单的表达方式，消费者都愿意买单的时候，再加大投入不断打磨产品解决方案，寻找产品和市场的最佳匹配度（Product-Market Fitness），使我们的产品比同行好十倍，这款产品最终就有可能成为爆款。

我们对比研究了快消品行业新锐品牌的创新过程，发现它们普遍是按照实验驱动和数据驱动的赛马逻辑进行的。整体来看，一款新产品要在 6 个月内完成一轮最小起订量级别的精益创业测试，如果销售情况和用户反馈不达预期就被下架，只有在线上卖爆了的产品才有资格进入线下渠道，被大规模地铺货。新锐快消品企业的这种创新实验一年最多能跑几十个轮次，最终只有 15%～20% 的产品能在线上跑出一定的销量，只有 5% 的爆品有资格进入线下渠道铺货。这个逻辑从流程上形成了一个完整的产品创新漏斗，最终将产品、营销和渠道运营融合在一起，为消费者提供更好的体验（见图 1-13）。

新消费品牌有着近似于互联网的敏捷团队，由产品经理带队搞创新。新品牌普遍使用代工厂快速实现创意，直到企业发展到一定的阶段才会开始大批量投入生产。新品牌和传统品牌在这个流程上最大的差别就是这套赛马试销的机制，传统品牌基本上还是一个萝卜一个坑，不会有这么大的内部竞争。

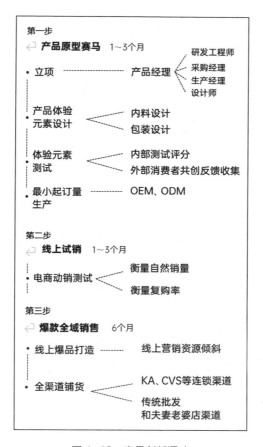

图 1-13 产品创新漏斗

- 为什么所有产品都得经过线上的试销测试呢？

因为线上实验设置和数据回收的成本是最低的，利用线上互动数据和电商销售数据可以最低成本筛选潜力款，而且一旦产品不成功，线上链接直接下架就可以了，实验停止也不会带来多大的影响。不同行业的代工厂一般起订量少则几千件，多则几万件，整批货的市值也就是在 50 万元之内，去化难度不高，哪怕失败了也不会有更大的损失，卖得好再规划接下来的生产计划。

- 为什么只有 5% 卖得最好的产品才有资格进入线下渠道呢？

因为线下渠道由层层经销商控制，渠道费用高。并且光是全国铺货可能半年时间就过去了，消费者反馈是滞后的，而且一旦不被消费者认可也很难再改动产品了。可以说进入线下是一个不可逆的过程，迭代的成本会很高。渠道资源一旦错配到不受欢迎的款上面，损失会比较严重。而线上卖爆的产品进入线下是自带流量的，相对来说更容易引发跟风购买的情况，商家自身也喜欢这样的产品，更有信心进行推广，从而形成一种正向循环。

- 新消费品牌究竟在产品创新上花了多少钱？

传统品牌的营销费用大概是营收的 10%～20%，而新消费品牌在营销上的投入基本是营收的 30%～40%。假设爆品率只有 15% 且全年销售，85% 都不是爆品且只测试销售 1 个月就下架的话，那么总营销费用至少也有 30% 花在了这些没有推火的创新产品上，这个投入是远大于传统品牌的。

综上，我们认为新消费品牌执行的是快战略，在组织形式上充分给予团队创新和试错的机会。整个团队以结果为导向，而具体过程靠实验和数据敏捷地调整。

结语

总而言之，在过去几年中，新消费逐渐穿越了风口期，开始经历残酷的市场筛选。从经受住重重考验的品牌身上，我们发现了六点共通的策略。

策略一：原料、工艺、设计、服务，四个角度摆脱产品差异化"内卷"。

策略二：合理组合货架电商、兴趣电商和社交电商。

策略三：线下门店数字化零售，同城零售"1 小时送达"。

策略四：营销内容碎片化，把每个个体都变成 KOC。

策略五：依据用户兴趣分发内容，用创意牌和情感牌让用户"常驻"。

策略六：实验驱动、数据驱动全流程敏捷反应。

参考资料

［1］ Sober. 左手做品牌，右手投项目，新老品牌们都在改当投资人 [EB/OL].（2021-12-16）[2022-01-07]. https://www.newconsumerd.com/detail/21329.

［2］ 易观千帆. 2021 年 11 月新消费行业分析：融资回归理性，食品赛道获资本追捧 [EB/OL].（2021-12-07）[2022-01-08]. https://baijiahao.baidu.com/s?id=1718456170294177431&wfr=spider&for=pc.

［3］ 隐马数研. 对薇诺娜的研究，渐渐形成了三个误区 [EB/OL].（2021-04-07）[2022-01-08]. https://xueqiu.com/9849659523/176476748?ivk_sa=1024320u.

［4］ 增长黑盒. 万字拆解 Ubras：年销 15 亿、暴涨 10 倍，内衣新秀的春天到了？[EB/OL].（2021-06-01）[2022-01-09]. https://baijiahao.baidu.com/s?id=1701305110285224467.

［5］ 增长黑盒. 12 000 字解读 Babycare：母婴用品品牌的终局是走向全品类吗？[EB/OL].（2021-10-09）[2022-01-09]. https://baijiahao.baidu.com/s?id=1701305110285224467.

［6］ 杨振华. 熊猫不走创始人杨振华：创新无穷尽 要真正洞察用户需求 [EB/OL].（2021-09-28）[2022-01-09]. https://www.ebrun.com/20210928/454551.shtml.

［7］ 36 氪. 主打外卖场景的大众精品咖啡，"NOWWA 挪瓦咖啡"想做咖啡领域的优衣库 [EB/OL].（2020-09-07）[2022-01-10]. https://36kr.com/p/866250704460680.

［8］ 周瑞华. Mark Schaefer：解码内容营销 [J]. 成功营销，2015(10):60-61.

［9］ 陈赋明. 宝岛眼镜 CEO：我们如何盘活上千万会员 [EB/OL].（2021-03-12）[2022-01-12]. https://cj.sina.com.cn/articles/view/1663312464/6324

225000100ul3f.

[10]　周文辉，张昱帆，付子航，等．三顿半：咖啡新锐品牌的"价值营销"[EB/
OL]．（2021-09-24）[2022-01-13]. https://www.fx361.com/page/2021/
0924/8877854.shtml.

[11]　搜狐．抖音 Top 1 动画网红"我是不白吃"是如何炼成的？ [EB/OL].（2020-
11-06）[2022-01-14]. https://www.sohu.com/a/430046158_355020.

[12]　萨克斯．故事模型 2.0[M]．戚泽明，边冠男，译．杭州：浙江人民出版社，
2019.

[13]　时趣研究院．NFT 营销，品牌已经挡不住了？ [EB/OL].（2021-08-27）
[2022-01-16]. https://36kr.com/p/1372335081665411.

用户中心

在消费者主权时代构建增长策略

在深入各行各业研究了许久后，我们有一个惊人的发现：只有很少企业真正做到"以用户为中心"。这不是耸人听闻的消息。随着生产力的发展，我们已经迎来消费者主权时代，而真正从战略上开始行动的企业还是少数。

在数字化的驱动下，这个时代到底发生了什么？消费零售企业该如何制定"以用户为中心"的数字化战略和战术系统？

制定以用户为中心的战略

1. 迎接消费者主权时代

虽然特斯拉 2020 年的销售量不足整个汽车行业销售量的 1%，但它的市值竟然超过了五大传统造车厂商数百年的积累。

2020 年全球汽车销量 7803 万辆，市值第一的特斯拉只卖了 50 万辆，而市值第二的丰田汽车销售了 950 万辆。

丰田的销售量是特斯拉的 19 倍，而在市值上却被特斯拉远远甩开。特斯拉 2020 年的市值约 7500 亿美元，而丰田的市值只有 2000 亿美元。如此换算，特斯拉每卖 1 辆车约等于 150 万美元的市值，而丰田每卖 1 辆车仅约为 2 万美元的市值，这意味着市场对于特斯拉的未来有着极好的预期。

是什么原因造成了如此悬殊的差距呢？

估值往往是被资本炒上去的，而资本是聪明人的游戏，抬高估值是因为看好特斯拉的商业模式以及未来的盈利能力。我们认为特斯拉和传统汽车制造商主要有两点区别。

第一，传统汽车几乎不收集用户的驾驶数据，而特斯拉全身布满传感器，可以全方位收集用户驾驶的实时数据，理论上可以随时改良个人用户的产品体验。这也奠定了特斯拉作为科技公司的基础，使得其可以收取车主软件服务费，而不只是作为一个卖汽车的耐消品公司。

第二，传统汽车依靠经销商进行售前售后，用户体验难以保证，而特斯拉没有经销商，由自己提供全链路闭环的服务。在售前，特斯拉以直面消费者（Direct to Consumer，DTC）的模式直接将汽车销售给终端用户，且特斯拉的线下店以用户体验感为导向，门店销售没有业绩压力。在销售的过程中没有中间商赚差价，整车从生产到销售的加价倍率也会更低，售后也是由特斯拉自己完成的，用户在整个环节的体验是连续完整的。特斯拉这种做法在汽车行业是第一家，也是为数不多的几家。

综上，对比传统汽车制造厂商，特斯拉有鲜明的特点：

- 更加高效地连接用户，敏捷地学习用户；
- 围绕用户提供体验感更好的服务；
- 给用户提供更有性价比的产品解决方案。

可以说，当大多汽车同行都关注产能规模和销售利润的时候，特斯拉却在疯狂烧钱围绕用户打磨产品并且补贴资金到汽车服务上，这也导致其生产规模一直上不去，福特汽车在 100 年前日产能就能达到 1 万辆，而特斯拉 2020 年的年产能不过 50 万辆。

特斯拉这样搞生产必然是不经济的。不仅如此，它还花了很多钱搞产品研发并用来提升用户体验。

企业不就是要做大规模赚钱吗？特斯拉这种低生产效率、追逐高用户体验的做法到底符不符合商业规律呢？我们从商业史找寻趋势。

1776 年，经济学之父亚当·斯密提出消费是一切生产的终点和唯一目标，生产者是为了提升消费者权益而存在的。

1935 年，诺贝尔经济学奖得主哈耶克在论文里提到"消费者主权"（Consumer Paramountcy），简单地说，市场上生产什么应当是由消费者决定的。而它的反义词是"生产者主权"，也就是说垄断型的生产者可以为所欲为。

在 20 世纪初期，汽车刚开始被量产的年代，福特汽车创始人曾经说过："无论客户需要什么颜色的车，我只生产黑色的。"

在 1908～1913 年间，福特的明星产品 Model T 有灰色、绿色、蓝色和红色，但在 1914～1925 年间，黑色就成了唯一的颜色。

当年福特是最早流水线批量生产汽车的公司，据说装配一辆汽车只要 90 多分钟。生产多种颜色的汽车会导致流程变复杂并影响生产规模，自然也就不经济。并且，在当时化学工业还没有那么发达的情况下，只有黑色油漆干得最快，量产最划算。

随着消费者主权时代的到来，即使是垄断型企业，也必须要遵守"客户是上帝"的原则。从长远来看，一旦企业违背客户意愿，就会逐渐丧失垄断地位，只重视规模和利润不能使一家企业长久地盈利。

对于福特也一样，虽然它有着非常辉煌的百年历史，还是差点倒在了 2008 年的金融危机。虽然特斯拉在那一年也差点破产，但从那以后，两者走上了截然不同的道路。截至 2019 年，特斯拉始终亏损，但仍大力投入研发下一代产品，提升服务质量。而福特则比较稳健，且 12 年来稳定盈利。

戏剧性的一幕发生在 2021 年年初，特斯拉宣布 2020 年全年首次盈利，主要盈利点竟是售卖碳排放指标。这是因为中美政府都开始限制汽车厂商制造化石能源的汽车，传统汽车厂商不达标，就需要去购买碳排放指标。而福特汽车在 2020 年进行了全球重组，遭遇了 12 年来的首次亏损，其市值只有特斯拉市值的 7%。2021 年年初，福特汽车宣布：他们将在未来五年陆续投入 290 亿美元造电动汽车。

回到之前的问题：特斯拉符合历史趋势和商业规律吗？至少在我们来看是符合的。

特斯拉并没有急于扩大生产规模，而是花重金为用户提供差异化的解决方案，这是一种"消费者主权思维"的体现。如果用户不需要或者只是一味生产同质化的产品，即使规模再大，也不能创造商业价值。

从财务的角度看，特斯拉一方面没有着急赚当下的钱，另一方面又利用资本将未来的钱投入了产品研发并用更好的服务去补贴用户，这是一种非常激进且长期主义的做法。

乔布斯曾提到："像 IBM 或微软这样的公司干得很好，它们进行创新并成为某个领域的垄断者，但很快产品的质量就变得不那么重要了。这些公司开始重视优秀的销售人员，因为是他们在推动销售、改写了收入数字，而不是产品的工程师和设计师，因此销售人员最后成为公司的经营者。IBM 的约翰·埃克斯是聪明、善辩、非常棒的销售人员，但是对产品一无所知。同样的事情也发生在施乐（Xerox），做销售的人经营公司，做产品的人就不再那么重要，其中很多人就失去了创造的激情。"

正如《基业长青》中提到的一点：赚钱只是企业的目标之一，基业长青的企业必须有利润之上的追求。

2. DTC 模式是品牌战略增长点

除了疯狂投入产品的研发，特斯拉的另一点也不可忽略，那就是它把 DTC 模式带入了汽车行业。如果说 DTC 模式在汽车行业还比较罕见，那么在新崛起的快消品公司中，DTC 模式已经非常普遍了。

DTC 全称 Direct to Consumer，也就是企业直接将产品卖给终端用户。与传统模式相比，直接面向消费者的营销商业模式可以减少销售层级，重度参与获客营销的全部环节，掌握用户数据，提高整体效率（见图 2-1）。

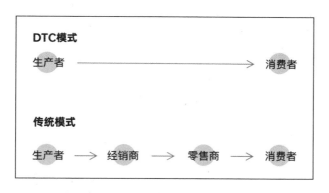

图 2-1 DTC 模式与传统模式的路径区别

既然 DTC 模式可以掌握用户数据，那么相应就能做到低加价率和精细化运营，摆脱传统经销商冗杂的系统和对渠道的高度依赖。

我们可以看到，无论是一级市场还是二级市场，资本对 DTC 模式比例较高的新物种都给予了更高的期待。例如，2021 年，完美日记的市销率为 13 倍，高于欧莱雅的 6.45；元气森林市销率估计在 10～15 倍，高于可口可乐的 6.6。

同时，我们分析了很多前沿公司的战略规划，发现他们几乎无一例外地将 DTC 模式定位为未来主要的增长点。例如 2021 年，阿迪达斯的 CFO 在投资者日披露了公司未来的计划：阿迪达斯将在 5 年内从经销商

模式转为 DTC 模式。阿迪达斯预期，到 2025 年，DTC 模式将贡献 50%
以上的销售额，电子商务渠道要销售到 80 亿～90 亿欧元，换算一下约
600 亿元人民币。

3. 战略就是要适应商业环境

企业做得好好的，为什么要痛下决心转型呢？那必然是日子不好
过了。

在阐述商业竞争的原理上，我目前还没有看到比物种起源里"适
者生存"更好的解释。类比一下，商业市场就是生态环境，企业就是生
活在生态圈里面的各个物种，消费者的钱就是企业生存所需要的能量来
源。生物演化就是生存效率的军备竞赛，不适合环境的旧功能会退化
掉，利于生存的新功能会留下来。所以，旧的模式被替代，归根结底就
是它在新商业环境下的效率下降了。那么我们以中国为例，看看它的商
业环境到底发生了什么变化。

在过去以线下渠道为主的年代，线下媒体渠道集中，而线下销售渠
道分散。传统品牌讲求大渗透的打法：先把电视媒体、纸媒和线下展位
都铺满广告，然后全国招商，建设五花八门的线下销售渠道，把产品铺
满全国的线下货柜，从精神上和物理上占领用户的心智。据统计，在那
个时代 3～5 次广告曝光就能带来一次线下的购买。

如今线上渠道已经越来越主流，线上媒体渠道非常碎片化，而线上
销售渠道集中。

线上媒体渠道方面，中国网民平均每天使用手机 5 个小时，并且线
上媒体已经进入千人千面的信息流时代。按这个使用量推测，一个用户
一天就能阅读数百篇文章或者 500 条短视频，品牌在靠 CMO 和代理商
的内容生产逻辑下根本无法生产这么多内容。

另外，由于信息都是由机器推荐的，用户只需要简单地滑动手指

即可获得信息，所以单次广告曝光对用户的心智改造也越来越弱。据估算，线上广告至少曝光 30 次才能带来一次购买。这也意味着数量多、成本低、社会化的新内容生产逻辑成了首选，传统广告不再是最主要的曝光来源，真正的战场已经转移到形态更加多样的内容营销上了。

线上销售渠道比较集中，基本上就是淘宝、京东、拼多多、微信小程序，光这几个平台就已经占了线上销售总额的 90% 以上，占整个社会零售总额的 25% 以上。所以，有一些新品牌仅利用线上电商平台就能冲到很大的规模。

线上的商品展示目前也已经进入千人千面的信息流模式，这要求商家要以精准的目标用户来进行运营。同时，货架也是千人千面的，用户对于产品上新的要求也高了，现在已经不是线下货柜那种简单粗暴上货就能够占领用户心智的年代了。

我们可以简单对比线上和线下销售渠道的差别。

线上一大优势在于销售渠道建设的刚性成本低。简单来说，品牌去线下铺货有很高的资金门槛，其中租金和人力的投入是无法缩减的，这部分至少就占到了营收的 20%～30%。但如果在互联网上进行销售，其入门资金的要求要低得多，天猫开店只需要 3 万～6 万元软件服务费加上 5 万～10 万元的保证金，算上客服和代运营的成本也就最多占到店铺营收的 8%～10%。线上运营的主要支出在于"数字营销"这块的弹性费用，花多少完全看品牌自己的营销预算，通常要占到店铺营收的 10%～20%。但无论怎么算，线上销售渠道建设的门槛都要比线下的低，而且潜在的净利润更高。一定要注意，目前线上线下的竞争都很激烈，线上只是硬门槛略低，预期毛利略高。

从另一个角度来看，已经在线下起家的品牌去线上销售会相对容易，只要把给中间商的钱拿去投数字广告就可以了；而线上起家的品牌到线下需要让出更多的毛利，价格体系会更难把握，索性线上线下做两盘货也是一种解决方案。

虽然线上和线下的销售渠道各有利弊，但从长远看两者的收益会逐渐趋同，未来的商业竞争一定是没有死角的全渠道竞争。

4. 全渠道竞争格局显现

我们可以预见，DTC 模式将在五年内成为中坚力量。但着眼当下，线下靠经销商销售的模式仍是中国社会的主流。

我们之前提到，中国只有很少企业能真正做到"以用户为中心"。绝大部分企业的绝大部分销售渠道都不是自己掌控的，企业自然也就离用户有一定的距离，所以，"以用户为中心"的运营动作也会因此而变得迟缓。

拿饮料行业来说，市面上的饮料品牌本质都是 to B 的企业，主要营收来自将饮料批发给经销商，而不是直接销售给终端用户。无论是巨头农夫山泉还是新生物种元气森林，经销商销售才是主要营收来源。

饮料在线上线下消费的场景是不一样的，线下商超消费主要就是当场饮用或者去体验新品，而线上购买主要是用来囤货，还有一种介于中间的就是美团外卖这种 O2O 到家的，在我们看来也是偏囤货性质的，毕竟不用自己扛回家。

虽然现在线下还是主流（见图 2-2），但我们认为线上的趋势毋庸置疑，元气森林 22% 的线上化率已经远超同行 5% 的线上化率，这也证明了新物种在 DTC 模式上的侧重。更有传闻，元气森林将在线下铺 8 万个智能冰箱，以更加敏捷地收集终端的销售数据。

在未来，尽管中间商大概率会永远存在，但是我们认为传统企业的增长点必然来自直接向终端消费者销售。

简而言之，企业离用户越近，生存效率越高。

企业应当建立以用户为中心的全渠道模式，在多种销售渠道中进行投资博弈（见图 2-3），不断优化出一个综合效率更高的渠道组合，而不是将鸡蛋放在一个篮子里。但全渠道模式不是轻而易举就可以实现的，需要整个企业统一战线，倾力完成。

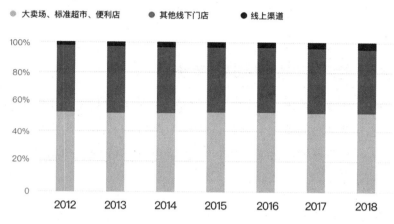

图 2-2 我国饮料行业各渠道销售额占比情况（2012～2018 年）

资料来源：中国饮料工业协会，浙商证券研究所。

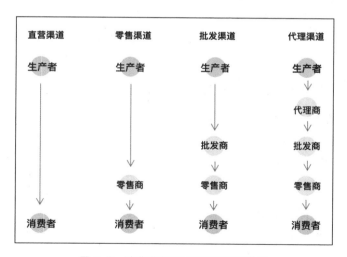

图 2-3 消费类型产品的销售渠道分类

搭建以用户为中心的战术系统

战略必须要能够落地才有意义，DTC 模式在全球已经有了不少成功的实践，我们在研究了上百个企业增长的案例后找到了战术系统中一些共性的模块，下面就来分别介绍一下。

1. 系统一：围绕用户的产品迭代系统

在这个充满了不确定性的时代，经验正在快速失效，我们必须通过试验快速迭代自己的认知。我们认为一个高效的产品迭代系统必须具备三个特点：数据支撑产品研发方向，围绕用户进行高频产品测试，积极响应用户需求。

数据支撑产品研发方向

数据不是万能的，但没有数据只拍脑袋是万万不能的。

我们先看下宏观数据：2019 年，中国和美国的消费零售市场规模都是 40 万亿元左右，但不一样的是中国的人均 GDP 才 1 万美元，而美国的人均 GDP 是 6.5 万美元。中国虽然与发达国家还有着巨大的差距，但是潜力也大。

中国还需要多少年才有可能变成发达国家呢？

按照世界银行的说法，人均 GDP 达 2 万美元就是发达国家了。我们看了英国、美国、意大利、德国、日本、澳大利亚、加拿大、荷兰、芬兰等一众发达国家，发现这些国家人均 GDP 从 1 万美元到 2 万美元，基本上都只用了 5～10 年，时间跨度大概也就是 1980～1990 年。

那这些国家的 GDP 数据和产品研发方向有关吗？有，且高度相关。

假设中国经济能够持续稳定增长，"地缘性套利"这个理论将会很有参考价值。

什么是"地缘性套利"？简单来说就是：发达国家火过的东西，在其他发展中国家还会再火一遍。

这套理论来自投资机构 DST 前合伙人亚历山大·塔马斯（Alexander Tamas），DST 在 2010 年左右移动互联网浪潮刚刚爆发的时候就大量实践了这个理论。在高互联网渗透率的国家诞生的商业模式，在其他发展中国家有机会重做一遍。腾讯、淘宝、百度等中国互联网初代巨头都复制了国外的成功产品，并且做了很好的本地化改造。

元气森林的创始人唐彬森多年前还在做游戏的时候就非常崇尚这套理论。这套理论不仅在互联网行业可以被验证，在消费零售赛道一样可以被验证。

这一理论在消费零售领域的核心假设是：随着一个国家人均 GDP 的上升，某一类特定产品和服务的市场渗透率也会对应上升。所以，我们可以根据不同国家经济发展程度的差异和不同产品服务的市场渗透率差异，来预测某一类产品和服务在新兴市场未来的增长空间。

其核心逻辑就是把中国、日本和美国的各个品类的消费空间进行对比，用来预判哪些赛道有潜在的增长空间。比如，发达国家在非常多的品类里，渗透率和市场规模远远高于中国。就拿汽车行业来说，美国每个家庭平均拥有 2 辆车，中国每个家庭平均仅拥有 0.3 辆车。

除此之外，微观层面上的产品功能和卖点的渗透率也同样适用。例如，在中国，无糖型饮料和茶的市场渗透率远低于其他发达国家。如果地缘性套利的假设成立，随着中国人均 GDP 向发达国家靠拢，无糖型饮料的渗透率也会有相应的提升，市场空间是可以期待的。元气森林的定位是"无糖专门家"，风格也大量借鉴了日本，就连奶茶也被标上了 0 糖、0 脂、0 卡，虽然后来又因标注有误公开声明改正。这其实也不难理解，毕竟有钱了人们就会追逐更加健康的生活方式。

如果能把发达国家 1980～2020 年的消费品发展趋势解读透，可能就能找到新兴市场做消费品牌的入场券。

值得一提的是，投资科技的软银公司也有一套近似于地缘性套利的理论,即孙正义在公司财报里反复提及的"时间机器理论"。

围绕用户进行高频产品测试

当我们锁定了一个可以突破的赛道方向,那么接下来就要围绕细分人群产生的市场进行产品测试了。

创新的本质就是对旧元素进行新的排列组合,这里就需要 1% 的灵感和 99% 的努力,据说爱迪生当年做了 6000 次实验才找到合适的灯丝材料。不夸张地说,没有人在打造爆品上有制胜法宝,成功的背后必然有对应数量的失败产物。

如果说大家打造爆品的成功率差不多,那么我们就需要尽可能地降低试验成本,提升试验效率。

降低试验成本的方法 1:锁定细分市场进行测试。

生物学里有个名词叫生态位,含义是大自然里每个物种都有自己觅食、栖息、繁衍的固定位置。每个生态位里的物种都在优胜劣汰,最终各个物种均匀分布在生态位里,每个物种都有匹配那个生态位的独特性状。

我们对于市场营销里"定位"的理解就是:给自己的产品在市场里选一个合适的生态位。

- 细分人群的选择:新品牌普遍选择年轻人群进行测试,年轻人更加"喜新厌旧",追逐新事物。
- 功能卖点的选择:新品牌的产品卖点追求健康、时尚、个性等元素,天然就有差异化的价值主张。
- 产品的定价策略:新品牌找到了相对真空的价格带,有的做大牌平价替代品,有的做消费升级。
- 产品的销售渠道:新品牌普遍从线上开始渗透,因为年轻人的线上化率高。

毕竟资源是有限的,往往集中力量打一点,才能发挥出最大的商业价值。

降低试验成本的方法 2：Fake it until you make it（先做个假的，有人感兴趣再真正交付）。

无论是《精益创业》还是《增长黑客》，书里都有提到产品市场匹配度（Product-Market Fitness，PMF），而产品试验就是为了低成本找到PMF，其精髓就是"Fake it until you make it"。

产品研发的成本是高的，但这并不妨碍在产品出来前，先测试产品卖点能否在 7 秒内抓住用户眼球。

我们之前用爬虫收集到元气森林在某些地区定向投放的新品测试广告，它们同时有好几组产品卖点在同步测试。即使你点进广告，也没有真的产品在卖，广告只是发布在元气森林天猫旗舰店首页。我们可以推断，这只是单纯地在收集用户点击广告的数据，以此判断卖点对用户的吸引力。

诸如此类的低成本测试方法还有很多，我们同样观察到花西子、完美日记、元气森林等品牌都有在微信私域里招募产品体验官去测试新品。

用户共创式的产品研发流程似乎越来越主流，还在坚持闭门造车式产品研发流程的就要当心了。

降低试验成本的方法 3：使用 ODM、OEM 代工。

新品牌的产品绝大部分都是由 ODM、OEM 厂商生产，通常新品牌积累到了一定的规模才开始投资建厂，这样做显然更经济也更有效率。毕竟中国是世界工厂，专业的事交给专业的人。

元气森林早期使用健力宝的代工厂，但据说旺季断货比较厉害，元气森林现在也开始自己建厂了。完美日记同样是在上市之后才开始筹备建工厂。

积极响应用户需求

元气森林副总裁曾分享过一个元气森林区别于可口可乐的做法：元气森林会根据用户的意见，快速研发多种口味的汽水。例如，元气森林发现东三省的用户会在后台留言想喝荔枝口味的汽水，后来他们就专门为东三省上线了这个口味，果断满足了用户怀旧的需求。

而可口可乐等大厂几乎没有动力敏捷地为用户开发口味，因为多个SKU会导致主力产品被分流，规模效应下降，最终反映到财报上可能是吃力不讨好。可口可乐擅长利用规模优势在2～3元价格段的产品里构建绝对的竞争力，这也使得新的竞争对手望而却步。但元气森林直接定价到了5～6元，大胆地进行了消费分层，并且专注于更健康的产品矩阵也确实从巨头手上抢了些市场份额。

有意思的是，2020年可口可乐推出新款气泡水，名叫AHA，卖点也是0糖、0脂、0卡。据报道AHA有8个口味，也是可口可乐14年来首个重磅推出的新品牌。

2. 系统二：围绕用户的内容体验系统

高瓴资本创始人张磊曾发表过一个有关零售本质的观点：内容即商品，零售即服务，所见即所得。根据我们的观察，新物种品牌对用户从前到后的体验非常关注。这些品牌的做法既有务虚的部分——通过讲故事传递差异化的价值主张，也有务实的部分——利用社会化力量将内容分发至全网，还有贴心的环节——提供差异化的服务，留住客户。

通过讲故事传递差异化的价值主张

我们发现新消费品牌非常擅长通过讲故事唤起目标受众的情感共鸣，当然这也源于它们深入用户的决心。

情感共鸣对于人类的影响是非常大的，比如医药临床试验中的"安慰剂效应"。

所谓安慰剂效应就是指病人虽然接受了无效的治疗，但却"预料"或"相信"治疗有效，而让自身症状得到舒缓的现象。也就是说，只要医生给予病患积极的引导，哪怕只是给病患服用葡萄糖和盐水等于病症而言无效的药，也能显著提升某类疾病的治疗效果。事实上这就是情感共鸣带来的安慰剂效应，它激活了人类自我修复的机制，很多重金研发的药物因为在临床试验中无法胜过安慰剂，最终没能上市。

回归到做品牌，讲好中国故事就是关键。

我们曾经和李子柒团队的朋友有过交流，他们在打造 IP 和讲故事上有着成熟的方法论。在 IP 上，他们按照"荣格 12 型"进行分类，并将自身 IP 定位在"纯真者"的界限里。IP 调性提炼成价值观便是"人，诗意地栖居"，商业化的方向则配套为"做了不起的东方味道"。

据说一个民族的集体无意识就藏在这个民族的神话故事里。虽然我们这一代人已经完成城市化生活，但我们的基因里仍然有着农耕记忆，会幻想这样的生活。李子柒 IP 火爆全球的秘诀就是精准唤起了这一记忆。

从讲故事的角度，他们也推荐了一本经典书《千面英雄》，这本书将一个英雄故事拆解成了 3 大幕合计 17 个步骤（后来被研究者和使用者简化为 12 个，见图 2-4）。

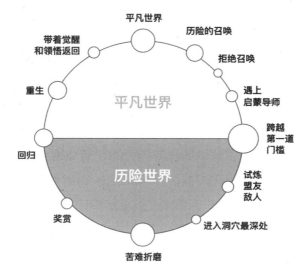

图 2-4 《千面英雄》中的英雄旅程

中国每年要进口数十部美国电影，而中国影视文化对外输出则相对不足。随着国家力量的崛起，中国文化的输出会是未来另一个重要工程。

利用社会化力量将内容分发至全网

近半个世纪，随着媒介科技的变化，人类获取的信息越发碎片化和娱乐化。

《娱乐至死》中指出：印刷时代的书刊代表着理性和秩序，而电视时代的内容则代表着娱乐化和碎片化。作者告诫人们要警惕技术垄断。

但现实是这个趋势更加明显了，随着手机的出现，娱乐化和碎片化的趋势愈演愈烈。以前是一个家庭有一台电视抢着看，现在是一千个人有一千个屏幕，很多人抱着屏幕从早看到晚，半夜困到不行也不肯放下手机。

媒介科技的变化使得用户只需滑动手指就能在手机上获得感兴趣的内容，但十几秒的碎片化内容是很难改造用户心智的。在当年的电视媒体时代，3次电视广告的曝光就足以让用户产生购买行为，而如今的信息流时代，大概30次曝光才能带来相似的效果。

这对于品牌营销人来说，有两方面的难题亟待解决：第一，营销团队需要大量的碎片化内容才能铺满各个媒体渠道，营销内容的数量十倍甚至百倍于传统媒介；第二，不同媒体渠道的内容推荐算法有差异，团队需要根据数据甄别出哪些内容曝光效果好，哪些内容并不受欢迎，不断迭代内容制作方法论，这里同样有巨大的试验成本。

如果只依赖CMO和代理商的内容产能，则必然不能满足这个媒体碎片化时代的需求。解铃还须系铃人，虽然智能手机的屏幕切分了用户的注意力，但同时智能手机的摄像头也降低了每个人的内容生产门槛。任何人拿着手机就能生产内容，就能直播带货，新物种品牌大多依靠线上的全员营销加上社会化营销来建设全网的内容渠道。

- 尚品宅配是一家全屋定制的家装公司，构建了专门的家装 MCN，运营了 300 多个设计师 IP，已经覆盖 1.2 亿粉丝。
- 宝岛眼镜将自己全国 7000 多名导购都培养成了 KOC，并组建了一支内化的 MCN，诞生了 800 个小红书达人、20 个抖音账号、200 个知乎达人、7000 个大众点评会员。
- 美妆护肤企业例如完美日记、林清轩等都是全员营销的企业，每个导购和客服都是直播的发起者，这些企业积极地走向用户，采用行商逻辑而不是传统坐商逻辑。

据我们估算，全网大约有 2000 万个媒体账号的简介里留有自己的商务联系方式，可能这些人就是这个时代的 KOL 或 KOC，大家也可以把他们简单地理解为这个时代的线上销售渠道代理商。KOL 或 KOC 该怎么运营也是 DTC 品牌未来要解决的一个重要问题。

另外，KOL 的二八效应也同样很明显。我们曾经看了一个企业某个月的直播带货数据，两个头部 KOL 累计 3 场直播的带货数据约等于其他数百个主播累计 1800 场直播的带货数据。

提供差异化的服务

在零售行业，我们发现服务是非常重要的留客手段。

前文提到的尚品宅配，不仅在全网构建了设计师 IP，介绍全屋定制的理念，还组建了万人设计师团队为所有用户提供 "0 元免费设计" 的服务，这个服务是他们重要的线上引流手段，并且他们内部还设计了一个 "鱼塘模型" 用来培育这些用户，最终将这些用户引导至线下门店体验。

再例如完美日记，线上线下总计有上千名的美妆顾问（Beauty Advisor，BA），专门给用户提供美妆建议并推荐产品。

3. 系统三：全渠道用户运营的系统

我们认为品牌增长是 "画家" 与 "黑客" 的结合。

- "画家"用同理心洞察用户，提出解决方案；绘制一个伟大的品牌梦想，提供能够改造用户心智的那股力量；在改造用户心智的工作中承担定性的工作。
- "黑客"负责收集全网的数据情报，结构化后交给画家去洞察；自动化、规模化、信息化地完成向目标用户推送内容的动作，计算投入产出比；定量地实现改造用户心智的过程，并衡量效果。

纵观整个宇宙，人类能够测量的部分远小于不能测量的部分。所以对于一个品牌来说，"画家"是永远要比"黑客"重要的。但又因为技术的迅猛发展，人类世界的数据在以指数级增长，所以"黑客"工作的重要性也在以指数级增长。

这也是我们的使命所在：作为"黑客"，为"画家"们打造一套全域用户增长的操作系统。

虽然改造用户心智是一个黑盒，没有人知道人脑内部产生购买决策的工作流程，但是通过营销人这么多年的努力，最终实践下来的经验就是：只要针对用户进行足量次数的内容曝光，用户最终就会产生购买决策。

在信息爆炸背景下，能够促成购买行为的曝光量从过去电视时代的3次，至少提升到了当下信息流时代的30次。所以，不是广告失效了，只是广告行业变得难玩了，需要有技术营销背景的人把广告投入变成量化交易：投入就是数字营销费用带来的曝光，产出就是各大电商平台产生的营收。

基于这个原理，只要锁定目标人群就可以，至于在哪曝光、在哪销售则是次要的。这也是为什么消费零售企业都在往全渠道发展，无论渠道是哪条，最终的用户都是那群人，我们只需要围绕那群人在全渠道找曝光效率的最优解就可以了。

以线上为例，我们先看看公域和私域在曝光成本上的差异。

- 公域平台就是广告平台逻辑：以抖音、天猫为代表，按 CPM[⊖]收品牌的广告费用，1000 次曝光的费用估计至少在 100 元。
- 私域平台就是电信运营商逻辑：一旦拿到了用户的授权联系方式，触达用户只需要花费基础通信费用（4G 流量费、电话费等）。只要用户不删微信好友、不拉黑电话，就可以随时触达用户。

公域和私域还有一个重要的变量是平台的货币化率。

- 公域的电商平台例如天猫抽佣率可能已经超过 8% 了，并且每年都在增长，而国外的亚马逊更高，在 15%～20%，也就是商家每产生 1 元营收都会被抽走 0.15～0.2 元，涉及广告费和佣金。
- 在微信私域小程序销售，抽佣几乎只有微信支付的 6‰，如果流水高可能降到 2‰。

我们再综合起来看一下投入产出的模型。

把 2019 年和 2020 年的财报合并来看，完美日记母公司逸仙电商两年共营收 82.64 亿元，全渠道的销售和营销费用 46.63 亿元。2019 年，营销费率只有 40%，而 2020 年，不仅需要对抗新冠肺炎疫情也计划上市，所以营销费率上升到了 60%。据估算，这些营销费用大概率都砸给了全国 1.2 亿名年轻（18～28 岁）女性，可能带来了 3000 万～5000 万名消费者。

我们凑整简化一下这个花钱改造消费者心智的过程：

- 花费 40 亿元，按 CPM=100 元，也就是可以换来 400 亿次内容曝光；
- 400 亿次内容曝光从 1.2 亿名年轻女性受众中转化了 4000 万名消费者（核心消费者是 18～28 岁的美妆初学者）；
- 4000 万名消费者两年共产生了 80 亿元消费。

⊖　千人展现成本（Cost Per Mille，CPM）＝ $\dfrac{\text{广告费用}}{\text{到达人数}} \times 1000$。

　　这么算下来可能要 1000 次曝光才能成功"教育"一个消费者，但我们也并不意外。因为有人做过一个实验，就是用机器在抖音上批量生成大量内容去推广几十元的快消品，最后发现无论内容和产品是什么，大数定理下平均 10 000 次播放才能产生一单购买。尴尬的是赚到的钱又低于盈亏平衡点，无法支撑制作这些内容花费的机器算力。

　　现在我们有了基础的计算模型，那具体的数字营销推广要怎么做呢？我们如果进一步拆解，会发现其大概呈现一个"三分天下"之势，这也代表了 DTC 时代的标准范式。

- 三分之一投放信息流广告和社交平台广告，主要是抖音巨量引擎和微信朋友圈广告。
- 三分之一投放电商平台广告，主要是淘系阿里妈妈的广告系统。
- 三分之一投放给全网 1.5 万名网红去内容种草（我们估算全网可能有 2000 万名 KOL 及 KOC）。

　　有了曝光，接下来就靠各类电商平台成交了，我们也统计了 2020 年平台电商生态下的 GMV。

- 视频电商：正在快速崛起，抖音直播电商的 GMV 估计在 2000 亿元，快手直播电商的 GMV 约 3500 亿元，之前几年都在以倍数的速度增长。
- 平台电商：阿里巴巴 7 万亿元 GMV（天猫、淘宝各占一半），拼多多 1.2 万亿元 GMV，京东不公布 GMV，但我们估算可能在 2.5 万亿元。
- 小程序社交电商：1.5 万亿元 GMV，但我们估算至少有 1 万亿元来自京东、拼多多等平台电商的小程序，所以，我们估算企业级的小程序电商规模在 4000 亿～5000 亿元。

　　综上，我们认为公域是适合用来获客的，毕竟天然就是广告平台。以美妆行业为例，公域获取一个用户下单的成本通常要上百元。私域由于需要拿到用户授权的联系方式，所以大概率是用来做留存和复购的。

通常来说，额外花费 5～10 元就可以把授权用户添加到微信里，用户转微信好友的通过率大概在 20%（见图 2-5）。

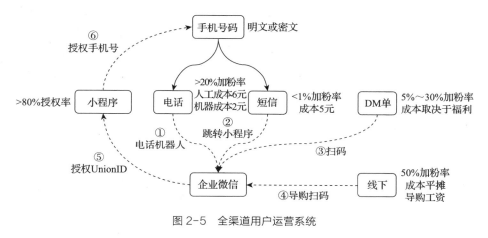

图 2-5　全渠道用户运营系统

从目前来看，私域销售一般占到全域销售的 10%～20%，并且私域还是以导购为核心向用户进行开单。

我们认为快消品行业私域产值的标杆有两种计算模式，每个模式的具体数值有些差异。

- 按导购人效计算：每个导购的年产值通常在 30 万元到 120 万元不等。
- 按消费者年消费金额计算：通常一个微信好友每年贡献 60 元到 120 元不等。

结语

以用户为中心是一项费时、费力、费心的系统化工程，也是 CEO 的一把手工程。它是一件难而正确的事情，但企业增长之道就在其中。

在过去近三年时间里，我们都在做企业数字化增长相关的基础研究，我们也经常将中美进行对比。根据我们的判断，中国未来十年有两个趋势需要我辈去实现：

- 进行全球贸易，不断提升我国 GDP 总量；
- 将中国的数字化水平提升到人类前所未有的高度。

第二部分

产品力

创新是对原有元素进行新组合

第三章

元气森林

套利与降维的游戏

巨头饮料品牌对于新物种元气森林的崛起非常好奇：巨头饮料品牌有着固若金汤的渠道布局和极致的产品成本把控，为什么还能让一个游戏背景的创业公司在饮料行业杀出来？

元气森林操盘手跟我们分享道：元气森林虽然还很小，但有着很大的愿景，直接对标可口可乐。但他们又对可口可乐现在的做法不太满意，讲了不少截然不同的价值观。

这自然激发了我们的好奇心。通过对元气森林的研究，我们观察到其身上一些与众不同的地方。

- 元气森林的产品几乎都是对旧元素进行新的排列组合，每个产品几乎都能找到其借鉴的创意原型。

- 元气森林作为新品牌就敢定高价，也敢投入成本买贵的原料。每瓶元气森林气泡水原料成本是 1 元，远高于传统巨头，就是因为采用的代糖"赤藓糖醇"价格比较高。
- 元气森林 SKU 研发速度和研发规模是同行的数倍，但只有 5% 的 SKU 上市了。
- 饮料是个 to B 的行业，一般企业只有 5% 的直营渠道，但元气森林直营比例高达 22%。
- 主力产品刚跑起来，元气森林就已经开始投资其他品类的品牌。

为了给大家详细地解释以上不同特征，我们将从以下六个方面与大家分享我们对于元气森林的研究成果。

- 游戏老兵为何能跨界做饮料；
- 挖掘爆款的"套利思维"；
- 数据驱动的新品测试；
- 以用户为中心的"补贴模式"；
- 扁平化的渠道管理；
- 用私域构建 DTC 渠道。

元气森林的前世今生

元气森林的创始人唐彬森一直在从事互联网与游戏行业，所拥有的资源和经验与饮料行业完全不对口，为何有能力从零创办一个饮料品牌？

我们发现唐彬森在创办元气森林之前，已经对于消费零售行业有了较深的理解，甚至对于软饮公司的运营也有了经验，可以说是有备而来。

2014 年，他卖掉自己的游戏公司后，成立了一家 VC 机构：挑战者资本。运作到 2021 年，挑战者资本累计管理资产规模已经达到了 100 亿元。细看其所投标的，可以发现唐彬森除了会支持自己的老员工在游戏领域创业，更专注消费零售赛道，像拉面说、熊猫精酿，挑战者资本都在很早的时候便投资了，一度大火的观云白酒也是其投资标的之一。

投成一家公司，必然要研究行业和上百个标的，深度参与被投公司的运营，这是积累经验的极佳方式。

顺着这条线，我们发现唐彬森其实投资过一家与元气森林极其相似的公司，这家公司早在 2015 年就开始运营了。

在挑战者资本的投资组合包中，可以看到这家名为"优选固本"的饮料公司，其业务模式、面向"90 后""95 后"人群的定位跟元气森林如出一辙，二者均是集研、产、供、营、销于一体的创新型饮品公司。再来看它的主打产品"加一点"，"拒绝高糖分、拒绝高卡路里、拒绝增加脂肪"的三无理念，与如今元气森林"0 糖、0 卡、0 脂"的卖点也高度相似（见图 3-1）。

图 3-1 "加一点"产品理念

如果说上面两点仅仅是巧合，那接下来的信息可以充分印证：从股权结构能够看到，唐彬森的妻子许筱，竟然被安排去当了这家公司的股东，持股 6%。从挑战者资本的历史记录来看，这是从未有过的。而这个品牌从市面上销声匿迹的时候，正是元气森林成立的时候。

也就是说，唐彬森非常严肃认真地投身于做饮料这件事，并且懂这个行业。当然，除了经验之外，另一大必要条件就是钱。

与其他快消品不同，饮料行业的市场集中度非常高，各大巨头纷纷占山为王。在 2019 年的中国市场，碳酸饮料是可口可乐、百事可乐两个国际品牌的天下，分别占 59.5%、32.7%；茶类饮料中，康师傅、统一占比 60%。因此想打造一个知名品牌需要非常多的营销投入。

另外，饮料行业本质是个 to B 的生意，非常依赖经销商体系。这种即时消费、冲动消费的产品，大家购买场景主要在线下，线上比例一般也就占市场的 4%，所以就需要企业掏一大笔渠道费将产品上架到各种零售终端。像全家这样的便利店，上架费用更是高得离谱。

招募人才、从零搭建渠道和销售体系，更是不能省钱：元气森林早期从巨头手里挖来了不少顶级专家。

唐彬森很早就做出辉煌的业绩，一直不缺钱。2008 年，他在北航毕业后成立了智明星通，专注于游戏领域，并在校内网的扶持下打造出当年爆红的"开心农场"。随后，这款游戏登录 Facebook，一时间风靡全球。跟紧第一桶金的节奏，智明星通先后开发的导航网站、杀毒软件、手游"列王的纷争"等，均成为当年海外的爆款产品。2014 年以 26 亿元卖掉公司后，唐彬森更是在 32 岁彻底实现了财务自由。

至于唐老板为何会诞生做饮料的想法，坊间传闻，当年他看到身边这些同事工作强度很大，所以天天喝饮料，像可乐、红牛什么的，同时还对无糖饮料有着很高的诉求，因此他产生了"跨界"的想法，立刻就开始招募团队去做了。

挖掘爆款的"套利思维"

我们向众多专家请教过一个问题：元气森林增长的核心驱动力是什么？

答案总是高度相似：产品做得好。

我们的研究结论可能会让大家失望了：元气森林并没有什么"一招鲜"的策略来打造爆款。

在饮料行业，一个爆款的出现是营销、渠道、定价、时机等众多因素的集合，不存在固定的"爆款公式"，大家都是慢慢试出来的，不管是巨头还是新品牌，在这一点上是相对平等的。元气森林通过流程的优化和创新，加速了"试"的过程，大幅提升了爆款出现的概率。

从产品创意的诞生，到市场反馈测试，再到提升产品质量的投入，元气森林都带入了很强的互联网思维。

先从产品创意开始分析：我们认为元气森林最关键的产品战略是地缘套利（Geographical Arbitrage）。[1]

"世界从来以及未来都不可能达到所谓的'扁平状态'，而所谓成功的商人，比的就是谁能够率先利用信息落差而谋得利益。"首先提出这个理论的是俄罗斯著名投资机构 DST 的前合伙人亚历山大·塔马斯。过去十几年里，DST 已经将这一理论运用得炉火纯青，先在美国投了 Facebook，然后把目光转向互联网不发达的地方找替代品，在早期就重仓了京东、阿里巴巴、小米等互联网巨头，还在俄罗斯、巴西等地挖掘出了独角兽。

有意思的是，DST 正是当年开心农场在海外的老对头 Zynga 的投资方。

2015 年，在媒体人阑夕对唐彬森的一次采访中，他本人对这套理论表示出极大的推崇：一款产品只要能够在一个市场取得成功，也就意味着它有潜力被推行到其他市场，人们通常忧虑的文化和习惯差异，并不会造成决定性的阻碍。[2]

回顾唐彬森早年做互联网公司的经历，我们可以发现无论是之前大获成功的导航网站、免费杀毒软件还是手游，都是把中国成熟的流量模式带到了互联网欠发达的地区。智明星通很长时间里有一半收入来自俄罗斯、巴西等国家，这些地方每十个人里就有一个在用智明星通的产品。

当然，这套十几年前的打法，依然可以被复制到今天。举例来说，唐彬森在 2015 年成立挑战者资本，投资的老虎证券就是把美国公司 e Toro（e 投睿）成熟的商业模式搬到了中国。而 2019 年，老虎证券也在美股上市了。[3]

那回到元气森林身上，这种套利就是把发达国家成熟的、已经跑通的快消品概念，拿到中国来再做一遍。

据我们了解，DST 背后的逻辑是通过 GDP 和互联网渗透率来判断一套成熟的互联网商业模式能否被搬到另一个国家，以及增长空间如何。如果对应到消费品赛道，饮料行业的规模决定了潜力，那么品类的渗透率就决定了增长空间。在无糖茶、无糖碳酸饮料等领域，日本等其他国家明显走在前列。

毫无疑问，极度发达的日本消费市场充满了套利机会。在元气森林的无糖茶产品燃茶面市之前，日本市场就已经有三得利的无糖乌龙茶、伊藤园的无糖绿茶等无糖茶饮了；而元气森林的乳茶，或许灵感也来源于日本市场的伊藤园乳茶（见图 3-2）。存在机会的一个很大的因素是国外巨头的产品概念有很多并未在中国上市，但在当地卖得很好，或者已经进入了中国市场，但并未火起来。正如美国广告大师詹姆斯·韦伯·扬所说："创意，就是旧元素的新组合。"

当然，要打造一个独特的品牌，仅靠搬运是行不通的。这里面就有了基于品牌定位的第二种套利理论，也就是说，"伪日系"风格是有意而为之的。

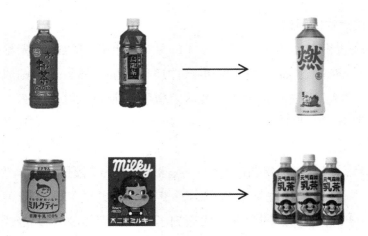

图 3-2　旧元素的新组合

2017 年，唐彬森受邀去得到内部做培训时，极力推荐《定位》这本书，并提出了自己的"神经网络"理论：从人的心智维度进行套利。

他本人给出了一个例子："当提到'日本'这个词，神经网络会让我们联想到'品质'，还会联想到'无印良品'这个以'品质'闻名的日本品牌。而'名创优品'正是刻意地去跟'无印良品'建立联系，让你下意识地认为，'名创优品'和'无印良品'有关，也和'无印良品'的关键词'品质'有关。"

其中有两个关键点：

- 找到消费者心智的空白点，并与之建立联系；
- 这个空白点必须有价值。

可以发现，元气森林目前的所有产品都围绕 0 糖、无糖或不添加蔗糖展开（见图 3-3）。在"无糖专门家"的品牌定位下，所有产品调性都与之契合，这样的一致性也有利于帮助元气森林聚焦无糖饮料这一品类，聚焦关注健康的核心目标人群，在当时的市场中，这不仅仅是"空白"，而且满足了"价值"这一条。

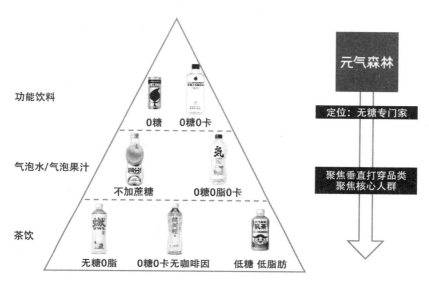

图 3-3 元气森林产品家族

资料来源：奎艳品牌咨询，增长黑盒。

数据驱动的新品测试

再厉害的创意，要是得不到市场验证也不过是一堆废品，所以产品测试才是最关键的环节。

分众传媒的董事长江南春曾公开提到，元气森林早年测试了几十种创意才确定了燃茶这个产品，而气泡水更是测试了 100 多种，这总共才花了 1 年多时间。[4]

为何元气森林能够如此高效地进行新品测试呢？我们不妨先来看看传统消费品公司常用的手段：焦点小组座谈会（Focus Group Discussion，FGD）。

从所要研究的目标市场中慎重选择 6～8 人组成一个焦点小组，由一名训练有素的主持人以自然的方式与小组中被调查者进行交谈等，从而获取被调查者对产品和品牌的看法。焦点小组座谈会通常是在设有单透镜和监听装置的会议室完成的，参与者并不知道自己被监控。

焦点小组座谈会已经在快消行业应用了几十年，自然是被验证的科学方法。但其中存在的问题有两个：价格贵，交给尼尔森等头部咨询公司来做，价格要几十万元；周期长，招募到适合的目标人群，非常耗时，一个项目执行下来要2～3个月。传统公司这一套搞下来，再加上各种烦琐的审批流程，开发一个新款的周期可能要一年。

根据元气森林前研发总监叶素萍的说法，元气森林走的是快速试错的研发路子。以口味为例，内部平均一两天就做一次饮品口味测试，然后快速调整，整个研发周期控制在3～6个月，快的时候3个月就出产品了。[5]

元气森林再次利用互联网的"降维打击"打法，把做游戏产品的那一套搬到了饮料产品测试上，用一手数据说话，成本低、速度快。

在互联网行业，你肯定听说过"A/B test"或者"Multivariant Test"的说法：为产品界面或流程准备多个版本，在同一时间维度，分别让组成成分相似的目标人群随机访问这些版本，收集各群组的用户体验数据和业务数据，最后分析、评估出最好版本，正式采用。

也就是说，你可以为广告设计若干个版本，先拿少量投放预算试试哪个点击率高，最后决定用哪个；也可以挑一小部分用户测试一下App里的按钮颜色到底是红的好还是绿的好。不论在国内还是国外，这都是一套非常成熟的方法论，比如Facebook每时每刻都有10 000个测试在运行，只为提升哪怕1%的产品数据。

元气森林就是沿用这种思路来测试包装、卖点、概念等。我们了解到，元气森林上百个SKU的"库存"储备，在不断进行着测试和对比，一旦经过验证，随时可以规模化投入生产和推广。按照唐彬森的话说就是"今年还有95%的产品没有推出"。

不过，这种数据驱动的测试方法并非一蹴而就，其实是慢慢摸索出来的，而且一直在迭代变化，同时会跑好几套。从时间顺序来看，元气森林的产品测试大致分为以下几个阶段。

（1）口味测试

最早的时候元气森林的产品测试似乎没什么章法，就是为了求快。包装设计和配方研发找专家来做，比如燃茶就是找日本的研发中心；新款饮料出来之后先让销售去喝，如果大家觉得通过了就拿出去铺货。

后来元气森林发现这样不靠谱，毕竟销售跟真实的消费者还是有区别的。于是测试方法进行了第一次迭代，把产品拿给大学校园的学生（"90后""95后"）去喝，进行第一轮内测。

（2）电商测试

显然，线上能够提供更加精确的数据来做测试。元气森林会把经过初步验证的产品先挂到电商平台（主要是天猫旗舰店和京东）售卖，通过后台的数据指标来判断一款新品是否达到了规模化的标准，然后再去线下渠道铺开。

这种方法今天也在沿用。举例来说，元气森林出品的满分气泡水相信大家之前都没有在商超里看到过，但天猫店每月却有接近2万箱的销量。这是因为该产品目前还在测试阶段，不过数据似乎没有达到标准，所以没有在线下铺货。

（3）便利店测试

既然线下是饮料销售的主要场景，那么消费者在商店里的真实行为是最应该去测试的。

为了解决线下数据难获取的问题，元气森林使用了十分直接的手段：把新款摆放到竞品的旁边，利用人工盯梢或者摄像头录像的方式，记录消费者选购时的行为，抬头率等数据可以清晰地反映一款新品是否会受到消费者欢迎。

当然，为了让产品更贴近自己的目标人群，便利店成了最好的选择，元气森林最早就是在便利蜂进行测试的。

（4）信息流投放测试

我们最新发现，元气森林通过在今日头条投放信息流广告来测试产品卖点。

例如，元气森林就未来可能会发布的一款豆乳在今日头条投放了多个素材，分别凸显了"高蛋白、高钙""双蛋白""未加蔗糖、低脂肪""低糖、低脂肪"等不同卖点，被点击之后会跳转天猫旗舰店首页，但店内并无真实豆乳产品在售。

在圈选的投放人群基本一致的情况下，通过统计点击不同卖点进入旗舰店的人数，元气森林便可以看出消费者对哪种描述更买账。用这种方式来测试，显然是数据维度更丰富、成本更低的。

（5）DTC 渠道测试

无论是问卷调研还是试吃，都是常用的测试方法。但按照传统的方法来，一大难题就是招募合适的人来参加调研。所以，元气森林在 2020 年开始运营微信私域，其主要目的也是低成本、高效地进行测试活动，元气森林将之命名为"体验官"活动。

例如，元气森林会在"元气会员店"（之前名为"元气研究所"）小程序里发布新品测评活动，经常活跃在元气森林小程序的多是忠诚用户，他们便会主动申请试用，待中签后仅支付运费便可拿到商品。在用户收到商品后，在专门的试吃交流群内，元气森林的产品助理会引导大家填写问卷，收集产品改进意见。

据观察，目前在小程序测评过的产品主要有用赤藓糖醇制作的可代替白糖的"0 卡糖"、低脂的"鸡胸肉肠"、北海牧场新品"宝石杯酸奶"和"爆珠波波酸奶"，还有外星人功能饮料等。

元气森林也在尝试利用大数据工具，对反馈内容进行分析，以进行更深入的洞察。例如，通过第三方工具，针对反馈和留言内容进行分析，为产品调整提供数据支撑。

为何元气森林的互联网基因可以被延续，而传统的巨头很难这样做呢？

最重要的一点是，这种模式非常新，以至于难以形成共识的模型或经验。传统公司沿用了几十年的方法，毫无疑问是经过时间验证，且做出了有效成绩。今天要应用一套完全不同的逻辑，其实说服力没那么强，稳定的收益是最高优先级。

第二点就是组织架构的灵活性。在早期，元气森林产品部门的人数一度达到全公司的 10%，到了 2020 年，全公司的产品研发人员依然有超过 50 人。他们每天都在探索和设计各种产品概念，并进行测试，可以调动的资源权限也很高。而且，产品开发以小组为单位，沿用了游戏公司常见的"赛马机制"，通过竞争不断激发创造力。

反观传统公司，大部分研发工作是外包出去的，从产品包装到品牌策划，都要交给专业的代理商来做，产品经理往往是寥寥几人充当指挥官的角色。这样的好处是少数人就可以操很大的盘，公司掌握价值链条的最顶端，可以追求极致的规模效应。很明显，打仗都让雇佣兵出马或许能提升胜率，但自己很难拥有一支特种兵部队。

以用户为中心的"补贴模式"

如果说一款饮料产品做得好，那必然绕不开一个本质的问题：口感。拿元气森林的王牌产品气泡水来说，它似乎解决了整个行业的难题。为什么呢？

无糖的健康饮料一点都不稀奇，可口可乐在 1982 年就推出了无蔗糖款，而百事可乐比它还要领先 18 年。但直到今天，几乎所有大厂的无糖碳酸饮料使用的都是阿斯巴甜、安赛蜜等人工合成代糖，这带来的问题就是难以满足消费者对口感的追求。

从原理上来说，代糖的甜度越接近蔗糖，就让人感觉越自然，"口感"就会越好。但阿斯巴甜的甜度是蔗糖的 150 到 250 倍，很难调配出自然口感，同时还包含热量（非 0 卡）。

元气森林却用赤藓糖醇成功解决了口感问题：因为其甜度只有蔗糖的 60%～80%，非常容易还原出自然蔗糖的口感。更重要的是，赤藓糖醇的热量不高。

天眼查显示，在气泡水专利上，元气森林首先通过测试找到了 7%～8% 蔗糖浓度为最佳口感，然后再通过赤藓糖醇与三氯蔗糖的配比来还原。

那么，赤藓糖醇 19 世纪就被开发出来，15 年前就在中国工业化生产，为什么饮料巨头们不用它呢？

答案或许很简单：成本问题。我们通过市场公开数据计算可知，使用赤藓糖醇的成本比阿斯巴甜要高 100 倍。这就引出了传统饮料行业的惯性和存量负担：以利润和规模为中心，而非以用户为中心。

饮料其实是一门"暴利"的生意，其最大的护城河不在于产品本身，而是商业模式带来的高毛利。比如可口可乐，常年毛利率超过 60%；2020 年上市的农夫山泉，毛利率有 55%；而母公司 2021 年上市的东鹏特饮，毛利率也接近 50%。把这种高毛利生意无限地扩大，才是众多巨头最在意的事。

就算消费者更喜欢赤藓糖醇配方的口感，公司也不可能突然更换原料承受利润率降低、新口味受众人群太小的风险。从另一个角度来看，上市公司都要为利润负责，为股东负责，谁都不想让财报的数字变得难看。

唐彬森早年在多次演讲中反复强调过一件事：这个时代是产品为王，

而不是渠道为王。这是他在自己产品上交过很多学费之后总结出来的道理。

那么，这是否意味着元气森林会在产品上做到超额的付出呢？

为了验证他是否言行一致，我们通过多方面的情报预估出了元气森林气泡水的成本约为 2 元。而经销商拿货（包销）的价格是 38～42 元一箱（15 瓶），即 2.5～2.8 元一瓶。也就是说，元气森林气泡水每瓶毛利最高约为 0.8 元（毛利率约为 28.6%），这与传统饮料巨头有着很大差距。

这部分多支付的成本，恰恰是补贴到了原材料上。根据公开资料，我们可以计算出每瓶 500mL 的可乐原材料成本约 0.2 元，而元气森林至少要 1 元。尤其在早期，元气森林的赤藓糖醇成本可能更高，因为采用了美国嘉吉公司的进口原材料。

如果再把营销费用平摊到每瓶上面，元气森林基本没有什么净利润。再算上运营、渠道拓展等开支，我们推测元气森林目前应该处于亏损状态。

看起来，元气森林的确是抓住了这个机会：把用户需求放在第一位，烧钱做补贴，贯彻产品为王的思路。

扁平化的渠道管理

分析完产品，我们来看看渠道，再怎么说，元气森林都要依靠线下销售与巨头去硬碰硬。

根据我们了解，元气森林 2020 年全渠道的终端销售额大于 25 亿元，超过其制定的目标。从渠道特点上来看，元气森林的电商销售占 25%，便利店销售占 35%，纯关键客户（Key Account，KA）销售占 1%，而餐饮、学校等传统渠道占近 40%（全国各地不一样，仅做平均预估）。

经过研究发现，元气森林与其他传统公司在线下销售的模式上并无太大区别，能够在渠道上获得突破的关键在于通过技术手段不断实现扁平化管理，大大提升了效率，管理方式上极具互联网公司的特色。

唐彬森曾在公开演讲中提到，小公司之所以能够在巨头的包围下杀出来，就靠效率取胜。他将其归纳为"幂次定律"：如果一个人有 3 亿元，每天增长系数是 1.1，另一个人有 10 万元，每天增长系数是 1.2，那么一段时间后自然是后者更有钱。所以这个"系数"比基础更重要。

对于大公司来说，资源是近乎无限的，因此所有问题都依靠钱来解决。员工的时间大部分也花在了"向上管理"层面，每天思考如何做 PPT 汇报，如何拿预算，如何帮老板完成 KPI，其增长系数自然受到了很大制约。

小公司在资源极度紧张的情况下保持高效的运作，能大大提高这个系数，使之成为取胜的基础。当年，智明星通的 YAC 杀毒软件就是基于这个原理战胜了拥有百倍预算的巨头。

我们通过几个例子，看元气森林是如何在管理上提升增长系数的。

1. 数字化办公

从 2018 年起，整个元气森林在生产、审批、报备等各个环节就已经实现无纸化办公了。公司最初采用钉钉，并基于阿里的框架进行了各种管理工具的开发，比如一线的销售人员都可以用钉钉后台的巡店系统，其中包含利润、销量达成的功能，公司通过手机可以看到业务人员的拜访情况，系统里还有周报、日报等工具。

到后来，公司启用字节跳动出品的飞书作为 OA 系统。另外，公司还开发了独立的巡店 App，功能包含网点列表、路线规划、费用签收条、业务数据等，让一线业务人员在巡店时能对所维护的零售点进行合理的划分，形成一条合理的行程路线。

这些看似花哨的工具，到底对效率有什么影响呢？举例来说：从销售代表到大区经理，要经过 5 个层级，每级如果批复不及时，会被扣钱，所以批复文件、处理问题很快，一个活动申请往往 3 个小时就能完成批准，而一个传统企业通常要 3～5 天。

当然，除了公司内部，元气森林还用数字化的方式来加强经销商端的管理，开发了供经销商一键订货的小程序"元气良品"，后台的价格自然也是"千人千面"的。

2. OKR 管理体系

近两年，以字节跳动为代表的互联网公司掀起了一股"OKR"[一]热潮，元气森林很早就引入了这套机制来取代传统的 KPI。OKR 管理体系的好处在于，目标更加聚焦，有助于提升员工的自驱力。

举例来说，大区经理可将最终目标（O）制定为 ×× 亿元的销售额，而执行手段（KR）则拆分为网点数、城市开拓数、陈列数、冰柜投放数等。另外两个常见的目标是团队建设培养，以及经营质量的提升。

目标的制定是从全国范围一层层往下拆解到个人，最终还要落实到业绩考核上，这里比较复杂，此处就不展开讲了。

3. 阿米巴模式

稻盛和夫在 20 世纪 60 年代独创出这种突破性的阿米巴模式：把公司拆分成一个个小集体，全员参与经营，让员工实现真正的"为自己打工"。

元气森林整个销售团队采取的正是该模式。每个区被拆分成不同的

[一]　OKR（Objectives and Key Results）即目标与关键成果法，是一套明确和跟踪目标及其完成情况的管理工具和方法，OKR 的主要目标是明确公司和团队的"目标"以及每个目标达成的可衡量的"关键结果"。

小组，经营利润的 10%～15% 给大家平分，剩下的公司拿走。这样就赋予了销售人员极大的灵活性，一定程度上能够掌控预算与产出。而对于传统公司来说，全年的销售费用都是在上一年就定好的。大区的销售主管从总部申请预算额度，一级一级批复下去，中间可以优化调整的空间其实没那么大。因此，这种阿米巴模式非常具有创新性。

4. 线下数据反馈

对于传统快消公司来说，不够"扁平"的一大原因就是经销商不愿意给线下数据，导致一线情报有很长的延迟，而元气森林正在试图解决这个问题。

我们了解到，元气森林选择了一家名叫"马上赢"的数据供应商，马上赢能够打通零售门店的 POS 机数据，直接获取店面的交易订单信息，从而拿到精确的销售数据。2020 年，唐彬森背后的挑战者资本更是投资了"马上赢"。

元气森林最常用的数据指标就是"可乐指数"，以此来量化产品的销售水平。因为自己产品销售的绝对值容易受到很大的季节性影响，所以元气森林需要一个稳定的参照物来衡量一款新产品究竟卖得好不好。

经典款 500mL 可口可乐在全国零售终端的铺货率能够达到 80%，一年四季的销量长期处于稳定。通过与该指标的对比，元气森林能够以周为周期，不断监测新款上架后的销售情况，从而判断哪些产品不行，需要赶紧下架，哪些产品好卖，需要大力铺货。这种情报的及时性超过传统手段数倍。

比如外星人能量饮料这款产品，最早是在一些便利店试点铺货的，但很快数据就监测到这款产品其实并不好卖，于是它马上就被下架了，现在换上了外星人电解质水在测试。

当然，经销商不愿意给数据这件事肯定没有这么好解决。在 2020

年经销商大会上，元气森林宣称要在当年投放 8 万台智能冰柜，实时监控各零售终端的产品销售数据。比起可口可乐 87 万台、农夫山泉 36 万台的数据，8 万台虽然是差了很多，但也是必不可少的试水。

元气森林渠道上有两大特点：重便利店渠道、电商渠道高比重。

做过饮料行业的人都知道，便利店铺货是基本不可能赚钱的，因为抽佣非常高，包含物流费、冰道费、营销费等，总计甚至能达到 30%～40%。元气森林选择从便利蜂、7-11 开始铺货，主要就是看中了便利店的增长空间，以及与目标人群的重合度。

从图 3-4 可以看到，便利店是除了电商之外，增长最快的渠道，2020 年整体规模超过 2500 亿元。以 7-11 为例，其客群构成主要是 20～29 岁的年轻人，两个最大的群体就是公司职员和学生（见图 3-5）。

由于便利店的进入门槛较高，所以这个过程并不是一帆风顺。在 2020 年之前，元气森林把这个工作完全交给经销商来进行，公司给经销商供货，然后由经销商与当地的便利店去谈合作，大大提升了效率。

但中间毕竟隔了一层经销商，渠道费用不透明，元气森林还承受着经营质量下降和便利店倒闭的风险。因此，从 2020 年起，公司开始将大型的便利店渠道收回公司直营。

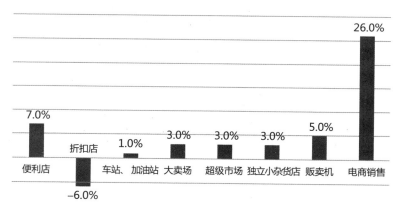

图 3-4 2013～2018 年各渠道销售额复合年均增长率

资料来源：《农夫山泉招股说明书》。

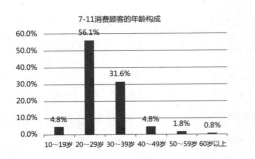
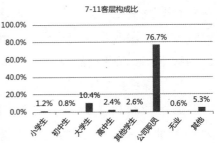

图 3-5　7-11 客群构成

资料来源：德勤研究——《便利店业态分析》。

关于元气森林电商渠道的运营状况，数据显示，元气森林的线上销售比重远远高于传统公司，例如，农夫山泉的电商销售只占总营收的5%，元气森林的线上销售占比一度高达 30%，其中，天猫和京东是最主要的销售渠道。

2020 年是元气森林爆发的年度，仅天猫的销售额就翻了数倍，近4.5 亿元（见图 3-6）。我们分析发现，这主要还是归功于营销投入的大幅提升。

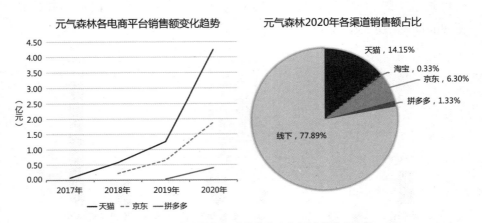

图 3-6　元气森林销售额变化趋势及各渠道销售额占比

资料来源：一面数据，百观科技。

从电商数据里，我们能很明显地看出元气森林的销售额是依靠爆款单品驱动的，其中气泡水就占了将近 60%。反观其他商品，除了 2020 年推出的乳茶，似乎都不太理想。

我们原本认为，电商既然是直营渠道，应该拥有很高的毛利，相对线下来说肯定能成为一个高盈利渠道。但后来发现，虽然运营活动是公司负责，但货还是走经销商渠道。也就是说，元气森林本身还是在赚经销商的差价，线上与线下并未有太大区别。那么，线上的零售价本来就是比线下低的，再加上各种广告投放费用、主播带货的各种低价促销，线上的毛利甚至比线下还要低。

我们推测，元气森林是为了在扩展渠道规模的同时控制运营成本。

用私域构建 DTC 渠道

营销并不是元气森林的全部，但不可否认强大的全渠道营销能力是元气森林成功的必要条件。根据我们推算，2020 年元气森林在线上与线下的营销费用或超过 6 亿元，按照营收占比来看，在饮料行业也算非常高了。

之前许多新兴的快消品牌，都是通过"农村包围城市"的战略来突破巨头封锁，比如飞鹤奶粉，就是从三四线城市开始打造高端奶粉品牌，最后反攻一二线。但元气森林采取的是相反的策略，从城市包围农村，而且紧紧围绕 Z 世代的年轻人来做营销。

这种"高举高打"其实也沿袭了唐彬森当年做游戏的思路。2015 年，唐彬森在接受采访时表示："我们敢在创造 20 亿元收入时就掏出 18 亿元去做广告投放，在纽约、伦敦、莫斯科等中心城市做品牌露出，这种从高往低打而不是反过来的做法，让'列王的纷争'成为中国历史上最成功的出口游戏之一。"

2020 年，元气森林广告投放了 6 部综艺和 1 部电视剧，且聚焦女性用户为主的芒果 TV、湖南卫视等媒体及卫视；2020 年年底，元气森林花了 1.5 亿元拿下 2021 年 B 站春晚的赞助权，B 站粉丝数直接从 0 涨到了 150 万人。

下面，我们展开分析元气森林近年在快速布局的一个点：私域流量。

元气森林自 2020 年起便开始布局私域，不仅建立了自己的小程序商城、服务号体系，还使用了企业微信来加粉，并且持续运营微信群。根据我们的数据监测，元气森林在微信私域（企业微信及服务号）的用户量已经超过 20 万，而小程序近 5 个月的总营收接近 1000 万元。

虽然这并不能对公司营收产生太大的贡献，但如同前文提到的，DTC 渠道却是收集用户反馈、测试产品概念的绝佳流量池，对于时刻都想贴近用户的元气森林来说，应该拥有很大的战略价值。

按照"引流—孵化—转化"的私域工程模型，我们拆解分析元气森林的私域体系是如何运作的。

首先是引流阶段，主流的方式就是通过朋友圈广告投放，将用户引导至落地页，然后导流关注服务号。活动的诱饵通常是新品发售，或者大力度优惠促销，用户想要领取优惠券，就必须添加企业微信客服，从而真正进入私域内，最后去小程序下单。有意思的是，元气森林的客服叫"小元子"，不知道这是不是向完美日记的"小完子"致敬呢？

以我们之前的经验来看，按照此链路运作的拉新成本是每个粉丝 10 元以上，那预估元气森林可能花费了数百万元在私域引流上。

再来看孵化阶段。这里的形式就比较多样化了。

- 以每天 2～3 次的频率在群内推送大量以优惠为主的产品信息；
- 以 1～2 周一次的频率在企业微信私聊推送优惠活动；
- 在小程序上发起"体验官"系列活动，邀请用户参与新品测评，并撰写评价，形成一个内容社区。

最后是转化环节。其实我们认为，元气森林的重点指标应该不是私域的 GMV，而是收集了多少用户数据。所以，私域团队应该没有很重的销售 KPI。

与天猫等电商渠道不同的是，元气森林小程序销售的商品 SKU 非常丰富，除了自家的产品，甚至还上架了其他品牌的口腔护理用品、礼盒等。除此之外，我们还发现元气森林在售卖会员卡，价格为 98 元 / 年，主要作用就是省钱。根据数据监测，目前差不多有数万人付款，感觉"铁粉"还是不少的。

结语

元气森林通过产品研发、渠道管理、营销推广三个方面的创新，把互联网公司高效的运作模式带到了快消品行业，提升了试错的速度，为爆款的诞生打下了基础。

套利思维：把国外成熟的概念带到中国，并通过定位包装来贴上"高品质"的日系标签。

快速测试：借鉴互联网行业 A/B 测试的思路，通过线上线下多种方法收集数据，测试出最有卖点的产品。

用户补贴：以用户需求为中心，降低毛利，提升口感，而不是片面追求规模和利润。

扁平管理：打造数字化的管理工具，应用互联网化的管理方法，提升组织的运作效率。

布局私域：在"高举高打"做品牌营销的同时，利用 DTC 模式贴近用户，加速需求开发和产品测试。

追求创新的代价就是风险。就算元气森林再怎么尊重用户需求，也不可能一直亏损下去，这个模型必须要跑正。所以元气森林必须控制生产成本，提高给经销商的出货价格。

由于元气森林过去一直依赖代工厂，生产成本自然会高。另外，这种模式也导致了生产周期和终端销售不匹配的问题，即淡季压货，旺季断货，过去常常发生今年三月卖去年九月货的情况。这样一来经销商的意见自然很大，解决的方式就是提货的时候多送一批，那么又造成了出货价格被分摊降下来。

因此，元气森林大力投入自建工厂，目前滁州一期自建工厂年产量在3000万，年度产值达8.5亿元左右，可生产燃茶、气泡水、乳茶、功能性饮料等饮品。而2020年8月，滁州二期生产基地、广州肇庆新工厂已经开工，华北地区的工厂也在筹备中。借助数据团队的优化工作，生产成本也能大大降低。

元气森林的另一个问题就是过度依赖单个爆品。从2020年数据来看，气泡水的销售额就占了60%，燃茶占30%，乳茶等其他产品加起来占10%。而在气泡水当中，又是白桃味等少数SKU占大头。整个气泡水的市场预估不过100亿～200亿元，靠单一品类来完成更大的销售目标恐怕有点难度。这就需要元气森林进一步加快爆品开发的流程，扩充产品线。

从全局来看，元气森林似乎从来就不是一条腿走路。按照唐彬森的说法，他想要做"中国的可口可乐"，甚至打造"一个消费品帝国"，所以拓展产品线是元气森林一直都在做的事情。

元气森林内部目前分为了多个事业部，包括饮料、功能饮料、乳品等，它也一直在布局自己的子品牌，比如从2018年起就开始卖酸奶（北海牧场）了。另外，元气森林和挑战者资本利用投资的方式，已经布局了更多赛道。我们发现，观云白酒51%的股份实际上都由元气森林控制，而2020年元气森林还在内部启动了一批专供白酒使用的销售渠道。

元气森林能否把一个有限的游戏玩成无限的游戏，让我们拭目以待！

参考资料

[1] Anon. The emerging online giants[J]. Economist, 2010.

[2] 阑夕. 专访唐彬森：只做把世界熨平的生意 [EB/OL]. (2017-05-25)[2022-01-16]. https://baijiahao.baidu.com/s?id=1568298226035219&wfr=spider&for=pc.

[3] 数汇金融. 中国本土外汇新势力，唐彬森首谈"老虎金融" [EB/OL]. (2016-04-25)[2022-01-16]. http://inews.ifeng.com/mip/48578293/news.shtml.

[4] 刘润. 江南春：商业的本质是赢得人心，而不是赢得流量 [EB/OL]. (2020-11-06)[2022-01-17]. https://baijiahao.baidu.com/s?id=1682563917520419898&wfr=spider&for=pc.

[5] 步摇. 访谈｜"元气森林"前研发总监叶素萍：爆款踩中的时间点最难复制 [EB/OL]. (2020-09-04)[2022-01-18]. https://baijiahao.baidu.com/s?id=1676891985916605138&wfr=spider&for=pc.

第四章

完美日记

做大牌的"平替"，抢夺大牌的生意

不少有着悠久历史的化妆品品牌和奢侈品品牌，命名都符合一个规律：以创始人的名字命名，例如雅诗兰黛、路易威登、宝洁（P&G，两个创始人联名）、古驰、香奈儿、迪奥等。

可以说，创始人是品牌的灵魂，创始人和创始团队的愿景和野心是品牌做大的核心动力。

当今时代新品牌迭出，鲜少再以创始人名字作为品牌名。即便如此，我们在挖掘一个品牌时，依然倾向于从创始团队的背景和愿景着手。

通过简单的股权穿透以及对逸仙电商官网的检索，我们基本可以锁定完美日记三个持股的创始人：黄锦峰（David Huang）、陈宇文（Vincent

Chen）和吕建华（John Lyu）。这三位创始人均毕业于中山大学，因为孙中山号"逸仙"，所以公司名为"广州逸仙电子商务有限公司"，其品牌名"完美日记"的官方寓意是"美不设限"（Unlimited Beauty），符合产品特性。

成为"新欧莱雅集团""新雅诗兰黛集团"是完美日记多篇公关稿中提到的愿景。既然要达成这个目标，那么就必须"师夷长技"，并对这些国际品牌的做法进行根本性的变革，以此来适应越来越复杂的用户需求和商业环境。

国际品牌大多是穿越了漫长经济周期的巨头，它们在多年的战斗中找到了配合默契的合作伙伴，具体表现就是专业化分工非常明确，它们会和诸多代理商一起配合完成工作，例如：

- 广告投放、内容制作交给 WPP 集团、4A 公司去做；
- 天猫商城运营交给天猫代运营（TEP）去做；
- 需要技术开发就找外包团队；
- 战略研究可以请著名的咨询公司；
- 打通数据标签可以找各种独立软件开发商（ISV）；
- 线下渠道开发可以找专门的运营公司；
- 产品研发也同样可以找 OEM、ODM 工厂。

这样的好处是品牌团队的杠杆很大，只要去市场上找最强的专业团队就能稳定撬动很大的生意，也不容易犯错误，缺了谁都能转。但换个角度来看，在互联网时代，割裂的组织架构一定程度上影响了全渠道数据的打通，过多的内外消耗也不利于快速迭代试错，国际品牌在中国的团队也很难集中力量办大事，而且有时候还需要说服外国人。

新物种团队的一大特点就是敢于内化各种职能，目测除了供应链，其他基本都自己做，完美日记甚至还有一家小红书 MCN 可以服务其他品牌。

完美日记仅在前程无忧上就发布了超过 400 种岗位，而这种招聘逻辑对于国际品牌来说几乎是无法想象的。

在挖掘中，我们深刻感受到这种无边界的团队职能，非常有效地支撑起了完美日记在产品端、营销端和新零售端的丰富玩法。我们接下来就从这三个角度继续解读新物种的变革。

新物种的产品端变革

1. 用大牌代工厂制造平价替代品

全世界最强的化妆品 OEM、ODM 工厂几乎都扎根在长三角和珠三角，在为大牌化妆品代工多年后，它们已经非常体系化了，哪怕是快速崛起的国货品牌也可以轻松地站在巨人的肩膀上。

国家化妆品备案数据显示，完美日记从 2017 年到 2020 年一共备案了近千个 SKU，其中很多是代工厂生产的。

完美日记总计合作了数十个代工厂，而其主力代工厂更是大牌同款，可以说在产品的出生上完美日记不希望低人一等（见表 4-1）。

表 4-1 完美日记大牌同款代工厂

完美日记三大主要代工厂	代工品牌
科丝美诗	完美日记、迪奥、欧莱雅、兰蔻、YSL、香奈儿、MAC
莹特丽	完美日记、迪奥、兰蔻、阿玛尼、古驰、海蓝之谜
上海臻臣	完美日记、宝洁、玉兰油、欧莱雅、雅诗兰黛

资料来源：增长黑盒。

同时，为了更好地和代工厂合作，完美日记招募了一定数量的驻厂代表。这些驻厂代表好似买手一样，驻扎在各种货源地，当有新的产品或者是包材，他们能够马上排列组合创新，迅速进行迭代。

完美日记不仅高效地使用了与大牌相同的代工厂，极大地降低了研发周期，还把毛利压缩到极致。配合营销节日再来一些大幅优惠，完美日记很快就成了广大女生心目中大牌的平价替代品，简称"平替"。在某博主的攻略里，我们还找到了完美日记的平替，其价格只要完美日记的零头。我们不禁感叹：品牌想把附加值做高，着实还有很长的路要走。

2. 数字化时代下的量化选品

解决了供应链和研发的问题，产品端最重要的就是选品了。毕竟各家品牌都用着差不多的供应链，能否打造爆品就各凭本事了。

数字化时代的选品已经很像一个量化交易的游戏，品牌要深度研究市场上 Z 世代的需求、舆情，其他竞品的数据以及自身消费者的数据，才能在进销存⊖的过程中打个漂亮仗。

从资料上来看，黄锦峰曾经在御泥坊做过高管，我们翻阅御家汇（御泥坊母公司）的财报发现，御家汇自从 2018 年上市后，利润一直在下降。财报显示，2019 年上半年公司营业收入 9.73 亿元，同比下滑 0.82%，也是上市以来增速首次出现负数；归母净利润 596 万元，同比下滑 90.83%。截至 2019 年三季度末，御家汇的存货金额为 7.41 亿元，存货周转天数达到 227.84 天，同时营销费用花掉了 6.77 亿元。而同样专注于化妆品研发、生产和销售的上市公司丸美股份（603983.SH）和珀莱雅（603605.SH）同期的存货金额则分别仅为 1.74 亿元和 2.81 亿元，存货周转天数分别为 105.25 天和 92.21 天。

宏观上看，护肤品赛道的竞争相当激烈，大家的库存都有积压的情况。而完美日记起家的时候则避开了护肤品赛道，从美妆切入，直到 2019 年才陆续推出个护产品。

事实证明完美日记押对了赛道：2019 年 1～11 月，完美日记天猫彩妆销售额达 276.76 亿元，同比 2018 年增长 79.4%，彩妆发展势头比护肤品来得凶猛得多。

按近期表现和融资估值来看，完美日记基本上已经全面超越老东家

⊖　进销存，又称购销链，指从商品的采购（进）到入库（存）到销售（销）的动态管理过程。

御家汇了，完美日记显然找到了不错的"量化选品策略"。

优秀的选品策略自然离不开对公开数据源的研究，以下我们列举三个常用的数据源。

- 消费者在社交媒体上的舆情数据，例如微博、抖音、B站、小红书等。
- 市场中竞品的公开数据，例如天猫销量、用户评价等。
- 自身销量数据的挖掘。

不少公关稿里提到：完美日记是一个泡在社交媒体里的品牌。既然要研究舆情数据，那么爬虫工程师自然是少不了的，而完美日记团队的爬虫工程师待遇颇为丰厚。完美日记也是我们目前了解到的美妆行业里全渠道数字化营销做得最齐全的一个公司，它必然对媒体平台做了大量的研究，这一点我们将在后面进行解读。

另一个角度是监测市场上的销售情况，美妆复杂的颜色体系让监测难度变得很大，天猫上有好几万个卖得还不错的口红SKU，每个颜色在"直男"眼中都差不多。但如果把颜色换算成RGB[⊖]或者是HSV[⊜]数据，我们立马就可以用机器开始解读了。

在这里我们可以给大家展示一下如何通过机器学习和大数据来研究色号和销量的对应关系。[⊜]

研究的第一步是将天猫40 000个口红SKU的产品图片提取出来，根据图片中的嘴唇位置提取颜色，从而可以得到一个每个口红SKU的RGB数据（见图4-1）。

⊖　RGB色彩模式是工业界的一种颜色标准，通过对红（Red）、绿（Green）、蓝（Blue）三个颜色通道的变化以及它们相互之间的叠加来得到各式各样的颜色，这个标准几乎包括了人类视力所能感知的所有颜色，是目前运用最广的颜色系统之一。
⊜　HSV是根据颜色的直观特性创建的一种颜色空间，也称六角锥体模型，这个模型中颜色的参数分别是色调（Hue）、饱和度（Saturation）、明度（Value）。
⊜　感谢合作伙伴"魔镜电商数据"提供的专业技术支持和电商数据。

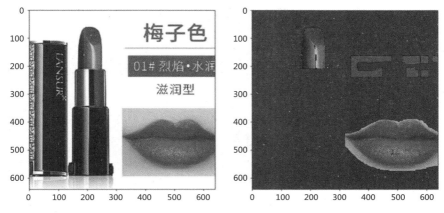

图 4-1　提取口红 SKU 的 RGB 数据

如图 4-2 所示，每个小点就是一个 SKU，不过 40 000 种颜色实在太多了，我们可以用 25 种颜色来进行 K- 均值聚类。最终我们可以将40 000 种颜色简化成几十种色号，再结合天猫销量就可以大致看出哪些颜色卖得不错。假以时日，美妆选色和销量预测说不定可以像天气预报一样准确。

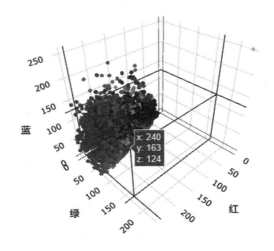

图 4-2　天猫口红颜色 RGB 空间分布

资料来源：魔镜电商数据。

新物种的营销法则

新物种的营销主要分为三个部分，三者的有机结合从而撑起了"认知—转化—复购"的营销漏斗。

1. 不拘一格的联名产品和代言人

完美日记曾推出一款小狗眼影盘，封面是某名人的比熊狗。虽然完美日记之前也常做联名，例如和 Discovery、国家地理、大都会博物馆、大英博物馆、《权力的游戏》等，但我们还是低估了它做爆款的决心，连宠物狗的流量都可以用来带货。

可能大家会好奇，为什么联名方还是以欧美 IP 为主呢？

虽然完美日记是国货，不过其品牌故事里还是强调创始人和英国时尚设计师相遇，把欧美彩妆风格带回亚洲。所以，这个倾向就好理解一些了。从结果来看，中国的"90 后""00 后"消费者也确实很吃这套营销逻辑，毕竟很多联名产品都在天猫破了销售纪录。

Z 世代的消费者注重品牌所宣扬的价值观，所以含有人文、宠物、环保、女性主义等元素也更容易让企业在一众品牌中脱颖而出。例如饱含文化感可以让消费者有足够的分享动机，属于比较典型的社交货币。

通过跟这些耳熟能详的国际大牌联名，完美日记从一开始面世的时候就强化了"国际时尚"的基因，这个打法也让我们想起了近年来再次焕发生机的 Gucci。

Gucci 近年来通过创意总监 Alexander Michele 个人对文艺复兴风格的热爱，大炒文艺复古风格，并且通过数字营销将目标对准年轻人，不仅十几个季度的销售额保持了高速增长，其年轻用户的比例还大幅上升，这在奢侈品行业里也是罕见的。Michele 的 Instagram 社交账号很少发产品，而是经常发布游历欧洲各国，在古堡、教堂和文艺复兴时期建筑中"汲取灵感"的照片。

　　除了全球联名外，完美日记还有一大特长是跟粉丝群体中的女性粉丝们无障碍沟通。完美日记曾经深度联名热门偶像，甚至直接用偶像粉丝的称号来命名产品，比如某某同款小黑钻 208 "珍珠糖色"，库存 50 000 件被快速抢空。

2. 公域流量的投放和种草矩阵

　　我们将新物种在公域流量获客上的特点总结如下。

- 懂得撬动渠道和合作方：例如和小红书进行深度合作、借力天猫的流量扶持、和腾讯搞倍增计划。
- 生产海量消费者导向的内容（包括自制和第三方制作）：14 万篇小红书笔记、13 000 多场淘宝直播、近万条信息流广告素材、成千上万的抖音带货视频和 B 站视频以及快手视频。
- 擅长全渠道内容的分发和社交营销：让每个社交渠道都能搜到品牌，不留死角。
- ROI[⊖] 导向：以效果广告为主，KOL 种草为辅。效果广告和 KOL 种草的投入比例分别为 60% 和 40% 左右，年消耗至少 5 亿元。

　　完美日记当下在公域流量上与用户的触点俨然已经从一条线进化成一张蜘蛛网，无论你在抖音、微信还是 B 站，都可以被它网罗进去。由于内容太多，在这里我们只能简单展示一些。

（1）信息流广告

　　完美日记进行了近万条信息流广告素材的投放，其中视频素材是绝对的大头，内容基本就两种：教学内容（Educational Content）和推广内

　　⊖　投资回报率（Return on Investment，ROI）指通过投资而应返回的价值，即企业从一项投资活动中得到的经济回报。通俗来说就是获得的收益和投入成本的比值，即投入产出比。

容（Promotional Content）。

巨量引擎的开屏广告也是兵家必争之地，对其的投入属于相对品效合一的操作，目测完美日记在其中投入了重金去发布新品。

（2）淘宝直播

淘宝直播本身的逻辑就是：爆品 + 低价折扣 +KOL 带货。同样地，完美日记也在这个主策略下布局自己的直播。

以小黑钻为例，完美日记在 2019 年 11 月、12 月对直播的投放达到高峰，参与带货的 800 万以上粉丝的主播高达 66 人（全年一共只有 92 位 800 万以上粉丝的主播带货）。而探险家十二色眼影的直播是所有产品直播数量的 Top 1，完美日记在 2019 年 11 月、12 月连续投入了上千位主播。

淘宝直播可以直接带货，所以直播场次和销量有一定正相关性。

（3）逐渐渗透的 B 站

完美日记在创立之初就精准地指向"95 后"、Z 世代人群，自然也不会忽视 B 站这片流量高地。完美日记投入了不少精力，引导 B 站的 Up 主围绕平价美妆测评、美妆教程推荐完美日记产品，B 站的 Up 主结合自身特点，把完美日记产品深入融合在创作内容中，如古风、摄影等，让消费者身临其境地感受到产品的特性，从而成功"种草"。

完美日记在对内容素材的把控上做到了极致，绝大多数内容由内部团队制作，并由自己控制的商务团队去对接 KOL。我们搜遍全网都只发现了零星的几家承接完美日记业务内容制作的公司，且它们的业务都限于帮完美日记制作 TVC 广告。

完美日记是我们目前观察到的内容制作能力最强的公司之一，同时在内容分发渠道的操控上也极具敏锐度。虽然其中的花费肯定是巨额的，但换个角度来看，钱本来就不是稀缺的，将钱转化成结果的能力才是稀缺的。这种烧钱换规模的逻辑反倒是资本市场喜欢的模式，这也是完美日记被高瓴和红杉领投的原因。

3. 私域流量数据中台和营销体系

中国企业在过去很长一段时间享受着各种红利，可以说非常忽视精细化运营，导致留存复购很差，同时也不重视和终端用户建立触点和联系，偏好第三方渠道销售。

在国外，基于客户电话和邮箱体系，公司完全可以低成本运行自己的客户关系管理（CRM）系统，并且高效地和客户进行一对一的对话和营销活动。而这套体系在中国几乎被超级 App 完全打碎了，电话也基本仅剩拿外卖的作用。

现在所说的私域流量基本都指向了微信生态，但如果你还把微信生态的销售等同于微商去看，恐怕会在未来品牌 DTC 的竞争中处于不利的地位（见图 4-3）。

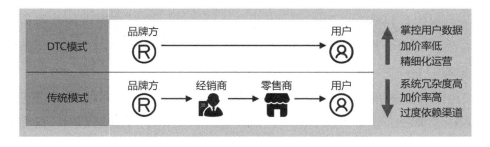

图 4-3　DTC 模式与传统模式对比

我们认为，在未来的一段时间内，中国最大的熟人网络——微信（包含企业微信），将成为中小企业最主要的留存和精细化运营的手段，且成本相对可控。

道理很简单，理论上你在微信生态内可以不花钱地加到你所有用户的联系方式。你和你的用户只要有一方知道了对方的微信号（部分手机号也行），且对方通过好友申请，这件事就成立了，微信在其中是不收你一分钱的。并且你在微信里卖货给好友也是没有抽成的，你在法律范围内想卖什么都可以，随时随地都可以，只要你的用户不把你拉黑。

毕竟，在淘系和头条系的产品里不存在这种条件，它们的主要营收都是广告费用，它们的商业模式决定了它们只想挣你的营销费用，你想给你的老客户推荐个新品可能都得通过做广告来实现。所以很多企业都在淘系和头条系做广告获客，然后再想办法把用户沉淀在微信生态做复购。

从长期利益来看，品牌必须建立和终端用户直接沟通的桥梁。

完美日记和终端用户直接建立信任关系的媒介正是美妆顾问。美妆顾问的首要目标应当是给消费者提出能够变美的建议，在产生信任后推销美妆产品。而完美日记版的美妆顾问叫作"小完子"和"小美子"，由数千个微信个人号组成，躺在数百万个美妆消费者的微信好友栏里，背后由数百个专员运营。

这么多个人号要怎么管理呢？

我们在完美日记服务号的技术供应商里看到了广州壹豆网络科技有限公司的身影，这家公司的产品叫艾客，是微信生态内出名的营销工具。

但是，2019年"6·18"的时候，微信曾大力封杀过个人号管理工具，虎赞之类的公司几乎全部停业修整。而艾客的CEO也表示，在那之后，他们已经全力开发更加合规的适用于企业微信的运营管理工具。

完美日记现在是怎么解决这个问题的呢？

腾讯智慧零售在2019年3月发布的"倍增计划"是微信官方的品牌私域流量培训计划，完美日记也参与其中。完美日记作为高速发展的新零售公司，腾讯应该希望可以和它一起打造行业标杆，所以，完美日记有可能在一定程度上受到了白名单般的待遇，被许可在不骚扰用户的前提下规模化运作私域流量。

就算解决了运营工具的问题，那又是什么魔力让数百万消费者去加这些美妆顾问的联系方式呢？

其实也没什么神奇的，主要就是撒币和送福利等利益驱动的手段。

- 在产品里塞红包卡片，加美妆顾问领取 1～100 元。
- 在线下零售店内送美妆蛋，加美妆顾问领取。
- 加美妆顾问还可以参加限时秒杀，获得赠品。

除了微信个人号，完美日记还有很庞大的微信公众号和小程序矩阵。

- 公众号：PerfectDiary 完美日记、完美日记颜究所、完美日记美妆 TV、完美日记颜霸少女、完美日记变美实验室、完美日记体验店、完美日记宠粉联盟。
- 小程序：Abbys Choice 完子心选、完美日记旗舰店、完美宠礼、完美日记京东自营旗舰店、完美日记官方体验店、完美日记品牌店。

目前看来，完美日记有以下三条最主要的用户路径线路。

- 产品附赠的口令红包卡片——小完子个人号——完子心选小程序（美妆攻略 + 商城 + 直播）——小完子玩美研究所微信群。
- 产品附赠的口令红包卡片——PerfectDiary 完美日记服务号——完美日记旗舰店小程序。
- 线下新零售店客户——小美子个人号——完美日记会员商城（美妆攻略 + 商城 + 直播）——小美子的微信群。

可以明显看出，完美日记的私域流量是仅用来做复购的，基本上都是买过产品或者去过线下店的用户。

可能有人会问，这个和微商有什么差别呢？

下面，我们将以完美日记为例，给大家解释完美日记的技术加强版微商。

首先，完美日记在微信生态内一定是存在数据中台的。我们来看一下完美日记三个主力的小程序——完美日记旗舰店、完美日记官方体验店、Abbys Choice 完子心选，它们都有同样的数据接口（见图 4-4）。

开发者
汇智为美(广州)商贸有限公司（91440101MA
5CLU3E7N）

账号原始ID
gh_c4aec01db646

AppID
wx11b052f4886d61fa

服务及数据由以下网址提供
https://api.mall.perfectdiary.com
https://pub-img.perfectdiary.com
https://stat.perfectdiary.com

图 4-4　完美日记主力小程序的数据接口

一开始我们还以为完美日记的销售主力是有赞商城，但是后来仔细看下来才发现，完美日记导流的重点商城早就是自己开发的了。

根据我们的观察，完美日记所有小程序的商品数据都是从 api.mall 那个接口里调用的，来自同一个数据库。但每个商城小程序几乎都独立运营，有自己独立发优惠券的能力，毕竟三个小程序的功能还是有出入的，营销活动的力度自然也不同。通过 api 我们也可以推测完美日记每次私域流量营销活动的效果，并估算销售额。

第三个域名中的"stat"应该是 statistics 的意思，目测是用来统计用户行为的，对于正常做商城来说，这个是最起码的。理论上完美日记可以识别每个用户逛了哪些产品，可能对什么产品感兴趣，加购了哪些产品，最终收集到用户的意愿，也为研发新品和优化进销存打好基础。

接下来我们来解读一下完美日记的营销中台。

一个营销中台需要包含以下几个部分。

- 数字化的营销内容（Digital Ready Content）：小完子每天发布

3～8 条内容丰富的朋友圈，微信群里会发布海量的促销活动图文，偶尔还有微信直播等。

- 自动化的内容分发：由近千台手机靠群控完成。
- 个性化的营销活动：完美日记大量采用了引导用户私聊小完子领优惠券的模式。

我们主要观察的是 Abbys Choice 完子心选小程序，从名字就能看出来，它不只是为卖完美日记而存在的。

小完子作为美妆顾问，走的就是精选的路线，不仅销售完美日记的产品，自己还有一条个护产品的线，同时还帮好几个友商一起带货，例如素士的牙刷和电吹风、小奥汀的联名彩妆、COSBEAUTY 的焕肤仪等。

小完子的营销活动特点比较明显，给人的感觉就是在清库存，看来是想极力避免御家汇 7 亿元库存的尴尬局面。

- 促销力度：大力折扣、捆绑销售，如第二件 1 元、买二送一、半折销售、99 元 3 件任选。
- 营销节奏：提前几天预告，活动当天 10 点、14 点、18 点分别有三场秒杀活动，每月有好几次大活动，中间还有各种小活动。
- 内容素材：大量带表情符号的文案、测评内容、完子出镜测试图等。

我们可以来具体看一下完美日记"年货节"的案例（2020 年 1 月 10 日～2020 年 1 月 12 日）。

1 月 9 日：开始预热。

所有活动商品只能看不能买。预热主要信息有活动商品、折扣力度、领券通知、直播预告等，以制造一种活动紧迫感。

1 月 10 日～1 月 12 日：正式活动。

小完子在群内同步打折优惠信息和直播链接，穿插使用测评图片，再辅以"库存少""错过无""十二点准时抢"等字眼，充分调动消费者的购物冲动，给活动造势。

活动效果：4 天总交易额估计为 1000 万元。

活动热销的产品销售情况如表 4-2 所示，而这仅仅是完美日记多次销售狂欢中的小规模活动。

表 4-2   完美日记 2020 年 1 月 10 日～1 月 12 日微信生态促销活动数据估算

产品名称	原价	折后价	销售量	销售额预估	销售时间
完美日记"小黑钻"倾色慕光唇膏	79.9 元	59.9 元（领券）第二件半价	76 050	350 万元	活动期间
完美日记　探险家十二色动物眼影	129.9 元	119.9 元（领券）第二件半价	20 169	180 万元	活动期间
完美日记　新年花火限定礼盒	319 元	179.9 元（领券）	12 238	200 万元	活动期间
完美日记　雾色梦境哑光唇釉	59.9 元	39.9 元（领券）第二件 1 元	34 312	70 万元	活动期间
完美日记　臻颜焕彩素颜霜	—	79.9 元第二件1元	18 000	73 万元	活动期间

资料来源：Abbys Choice 完子心选小程序、增长黑盒。

小完子还曾经在群里销售小米生态链品牌素士吹风机（销售额达 500 万元）、COSBEAUTY 美容仪（销售额达 350 万元）和小奥汀的联名彩妆（销售额达 400 万元）等。这些都证明了社群营销强大的交叉销售（Cross-sell）和向上销售（Up-sell）的能力，完美日记也实现了名副其实的"美不设限"。

总的来说，完美日记投入了大量的人力和技术资源到微信生态做留存，一年直接带来的复购销售额估计在 4 亿～5 亿元，而 2019 年完美日记在淘系的销售额估计是 24 亿元。虽然直接的财务回报没有那么高，但是完美日记仍然在不断加大投入力度。

那我们只能将其解释为一种战略投入了，其隐性目的还是补充以下能力：强大的去库存能力、孵化新产品和新品牌的能力、收集用户终端数据的能力、建立多触点的能力。

新物种的新零售野心

完美日记目前的产品毛利不高，利润空间低到不足以打入其他渠道，所以自己融资来做线下渠道可能是最好的选择。况且线上获客的成本并不低，且只有可能越来越高，最终近似于线下获客的成本。这也意味着，所有想要做大的新物种都必须有全渠道（Omni-channel）获客的能力。

完美日记目前在线下开店的逻辑主要就是在参照 8 年内在中国开了500 家店的悦诗风吟（Innisfree）。完美日记的新零售公关稿里有两个确切的指标：其一，3 年要开 600 家店；其二，2020 年开始为线下店招募3000 名美妆顾问，其中包含 500 名彩妆师。

全球范围内的"黑天鹅"新冠肺炎疫情，在一定时期内直接导致商场关门、装修停工、客流骤减、员工不能复工，最初的指标怕是很难完成。但完美日记的线下用户几乎都留存至微信生态了，哪怕是疫情期间，至少还能做到不失联。

1. 3 年开 600 家线下店

我们采集了大众点评上完美日记所有线下店的数据，发现完美日记确实在推进这项计划，而且可以明显观察到其行动期分为前期试错期和加速推进期。从 2019 年 1 月到 2020 年 1 月底，完美日记一共开了 54家店，且这些线下店集中分布在南方一线城市和内陆新一线时尚城市。

能展示完美日记在线下攻城略地雄心的，不仅是它的开店速度，还包括它"沉浸式"的营销体验。完美日记的单店都是冲着"网红打卡店"的标准去做的，门店设计师团队是来自韩国的 Betwin。

完美日记成都春熙路体验店号称是目前全中国最大的品牌单店，铺面有 1000 平方米，共 4 层。选址成都作为完美日记最大线下店也非常有意思，成都除了在休闲经济上不亚于全国一线城市外，还在打造中国的"医美之都"，预计 2025 年医美营收可达 1000 亿元。可见完美日记对区位的分析也颇为高瞻远瞩。

通过研究网上的探店指南，我们发现：完美日记成都春熙路体验店的一、二、三层都是产品展示区，有充裕的开放空间供产品陈列和展示，相当具有设计感；更值得一提的是，四层设置的休息区提供茶饮和休息座位，增加客户的进店时长；五层是完美日记的会员之家，提供补妆台、新品陈列等，是为完美日记会员提供增值服务的专区。

完美日记在线上和线下都把"导流"思维运用到极致，一层的美妆顾问会用语言把客户引导到二、三层体验更多，在客户购买结账后美妆顾问会赠送可用于四层茶饮柜台的 10 元代金券，这样就把小姐姐们的"探店之旅"完美串联起来。

2. 招募 3000 名美妆顾问

完美日记在线上和线下都有一套完整的美妆顾问系统，美妆顾问在当下看来投入大、回报小，但是他们是完美日记自有的、可以随时调度的、与终端消费者零距离的品牌触点，是收集一手数据、掌握市场趋势的核心资源，是品牌需要紧紧把握住的"新触点"。

不仅如此，我们可以看到完美日记的线下体验设计几乎在向苹果官方店看齐。

大家都知道苹果官方店是没有收银台的，消费者直接通过店员的工作机付款，并原地等待店员将产品从后仓送到自己手中。在收款方面，完美日记和苹果是一样的，消费者选定商品后，原地直接扫描美妆顾问工作手机上的二维码即可付款（只是消费者需要在收银台提货），这样尽可能减少了等待时间。另外，这样做的好处跟线上的小完子一样，消费者与美妆顾问直接结算，有利于追踪单个美妆顾问的业绩，考核 ROI。

相互导流、多次"吸粉"已经成了完美日记的标准操作，据说完美日记进店复购率能够达到 70%。

在大众点评的几万条评论中，我们发现了一个极其不寻常的高频词"美妆蛋"，复原评论发现，完美日记一直在用美妆蛋从线下往线上引流，从线下店过来的顾客扫码添加"小美子"个人号，即可找美妆顾问领美妆蛋。而扫码添加小美子的微信个人号后，顾客又会被邀请进群和关注服务号。也就是说，仅花一个美妆蛋的成本，完美日记又把线下顾客圈引到线上，配齐"个人号＋群＋小程序"的微信生态触点，后续的运营逻辑同小完子和完子心选。完美日记还专门配了实习生做地推。

"线上线下美妆天团"在短期内难以产生回报，从悦诗风吟的公关稿数据来看，悦诗风吟也是在做了 5～6 年后才能将线下的营收做到 40 亿元，单店单月做到 50 万～100 万元销售额。

我们统计了完美日记新零售店的开店情况，按照单店单月 75 万元销售额来计算的话，2019 年完美日记线下店的营收大概在 1 亿元。

可以看出，新零售门店事实上和微信生态私域流量一样需要战略级投入。

假设线下店能通过面对面的接触了解消费者的肤质、发质、脸型，这些数据再和线上数据一一对应，消费者画像收集就相当圆满了。同时，线上线下美妆顾问因为对消费者的了解从而推荐恰当的商品，久而久之建立起信任，那么完美日记的美妆顾问就变成了消费者的专属美妆顾问，可以销售的商品也渐渐不只局限于品牌本身，届时交叉销售的产品类别会比现在的完子心选更加广泛，甚至完美日记做成了丝芙兰也不会让人意外。

结语

完美日记从团队、供应链模式、数字营销、新零售布局等领域都展现出一种"实验室级别"的科学创业打法。

- 核心团队：从传统行业出走，打造无边界的团队。
- 产品端：真正做到数字化选品倒逼生产和供应链的商业模式。
- 营销端：全渠道获客，微信端做复购。
- 新零售：小步试错到快速迭代的线下新零售决心。

这里我们就不下太多的结论了，一千个人眼中有一千个哈姆雷特。一个企业能不能成，一方面看团队的能力，另一方面还得看天下大势，正如资生堂参考的那句《易经》中的话：至哉坤元，万物资生。

第五章

Babycare

用美学撒手锏，让品牌资产可跨品类迁移

即使我们拆解了不少典型的新品牌案例，有一个品牌依然成功勾起了我们的好奇心：一个时常被消费者误以为是进口货的国产品牌，一个由设计师创立并在产品颜值上投入大量人力的母婴品牌，一个持续打造爆款并实现品牌资产跨品类迁移的新锐品牌，一个从低频耐用品向高频快消品转型成功的消费品牌。

集众多标签于一身，它就是 Babycare。

暂且先不提这些标签和特点，仅从现阶段的经营表现来看，据 Babycare 官方介绍，2020 年全渠道 GMV 已经突破 50 亿元，年复合增长率超过 100%。这一指标在 2018 年还仅为 11 亿元，可见 Babycare 增长势头之迅猛。尤其是 2020 年"双十一"期间，Babycare 全渠道销售

额超过 9 亿元。

在一众母婴消费品牌（排除奶粉、童装）当中，Babycare 不仅销量居首，增速也排在数一数二的位置（见图 5-1）。

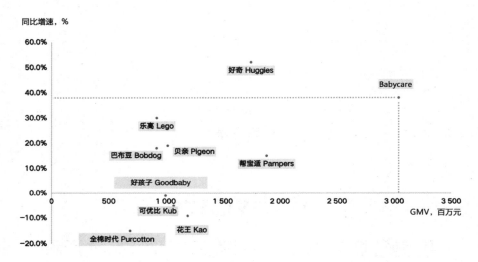

图 5-1 母婴品牌 2020 年天猫 GMV、增速对比

资料来源：久谦中台。

不俗的表现自然引起了各方资本的注意。据了解，自 2017 年在天猫起量，Babycare 在 2019 年获得来自红杉资本的 3 亿元 A 轮融资，2021 年年初获得 B 轮融资 7 亿元，由鼎晖投资领投，华兴资本、红杉中国跟投。

在新消费品牌这个赛场里，用 50 亿元 GMV 换 7 亿元融资，并不算很快或者杠杆很大的案例。不过，Babycare 在国内集中度很低的母婴赛道上，7 年内能有如此声量，仍然值得我们一"拆"为敬。

在做了大量市场调查、业内访谈和分析研究之后，我们拆解的思路如下。

- Babycare 是如何从零起步打造一个品牌的？爆品打造的方法是什么？
- Babycare 为什么注重产品的颜值？有多注重？

- Babycare 是怎样通过单一的淘内策略打出市场的？接下来又如何规划营销？
- Babycare 蓄力的线下门店将会是什么样的？

堆叠爆款就能形成品牌吗

2014 年，先有京东于 5 月上市，后有阿里巴巴于 9 月登陆美国资本市场，互联网电商界可谓风生水起。

随即，母婴行业垂直电商之风刮起，除了天猫、京东、苏宁等综合性平台之外，蜜芽、贝贝网等垂直性玩家在资本的助力下一路狂奔，向母婴零售行业输入新玩法。为配合电商的突飞猛进，乐友、孩子王等线下连锁业态也开始向线上拓展，母婴行业体量得以全面快速增长。

艾媒咨询数据显示，截至 2020 年，中国母婴市场规模已超过 4 万亿元。随着三孩政策的落地以及生育配套措施的发布，母婴行业市场规模有望持续攀升，预计到 2024 年市场规模将增至 7.5 万亿元。[1]

也正是在 2014 年这样堪称"选秀大年"的节点上，Babycare 在国内市场初露头角。

1. 始于"腰凳"的拓品类之路

从眼下的时间节点回看，Babycare 已经拥有了多款爆火过的单品。我们整理后发现，这些爆品虽同属母婴行列，但它们之间并没有很强的品类上或者技术上的关联性，换句话说，Babycare 这些年不仅能将品类拓得够宽，还能保证爆款率。

品类的扩展是 Babycare 在短短几年内销售额大幅增长的首要原因，那么，在弄清楚其拓展品类的秘诀之前，先来看看 Babycare 都陆续覆盖了哪些母婴用品品类（见图 5-2）。

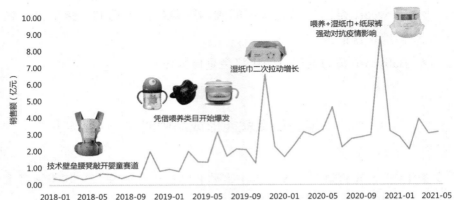

图 5-2　Babycare 品类拓展带动销售额增长

资料来源：魔镜市场情报，增长黑盒。

（1）腰凳

Babycare 最早打入市场的单品，是母婴消费品中相对不那么热门的腰凳，许多还未生育宝宝的消费者们甚至都有可能没听说过这类产品。

Babycare 选择从腰凳入手，源于它有硬件和技术的壁垒，同时，彼时腰凳尚且不属于较大的品类。于是，Babycare 与实验室进行合作研究，通过对人体工程学痛点的解决，逐渐在这片小众的市场里挖掘出更多的潜在用户。

小众市场意味着什么？一方面意味着有消费者需求未被满足，另一方面意味着产品一经问世就已经具备了差异化竞争的优势。[2]

Babycare 也正是利用了腰凳这一款产品，快速地切入市场，占领小众分类的制高点，实现了 Babycare 这个品牌的首次亮相，以及对用户心智的首次覆盖。

一开始 Babycare 以抱婴袋起家。抱婴袋不是刚需产品，定位高端人群，进口价格为 1000～2000 元 / 个，原来只有在一线城市和有海归背景的人群才用进口抱婴袋，Babycare 的价格为 200～600 元 / 个，普通大众都能承担得起，进而 Babycare 得到了首批种子用户的信息——抱婴袋的妈妈需求和用户的支付能力都很高。

（2）啃咬类用品

Babycare 进军的第二个品类是牙膏和奶嘴等婴幼儿啃咬类产品，定位为在保障产品安全的情况下所研发的高性价比产品。Babycare 的产品使用台湾工厂开发的银离子基础材质，这种材质抗菌性较强，市场认可度很高，据说比硅胶贵 50%。

（3）母婴电器

Babycare 逐步向消费者普及电器类产品，比如消毒柜、消毒锅和辅食机，涉猎的第三个品类是母婴电器。在 Babycare 推出相关产品之前，市场上的母婴电器均为进口品牌，价格在 1000～8000 元/个，普通消费群体难以承担。Babycare 的母婴电器价格定位在 300～1000 元/个，相当于将一些原本不是该品类的目标客户转化为了用户。

（4）喂养用品

Babycare 推出的第四个品类是喂养用品，比如奶瓶、水杯、保温杯等。奶瓶是母婴用品行业的核心，是一个新品牌必须要做好的单品，其技术含量在母婴产品里排名第二，仅次于奶粉。

据说 Babycare 开发一款奶瓶耗时 5 年，其纳米云概念的重力学奶瓶，目前技术含量在整个行业排名第二。纳米云具有抑菌功能，重力学则解决宝宝喝水时呛水的风险。

（5）纸巾和湿纸巾产品

Babycare 推出的第五个品类是纸巾和湿纸巾产品。这个品类原本门槛并不高，但 Babycare 发现，市面上许多湿纸巾含有酒精、防腐剂等物质，对宝宝的肌肤有所伤害，所以 Babycare 的湿纸巾采用锡纸包装，不含任何添加剂，在安全性和防病菌等方面做到位。

同时，Babycare 在渠道上聚焦对湿纸巾的投入，特别是 2019 年在湿纸巾的营销广告上投入了近 30%，从效果上看，这的确也带来了跨越式的增长。从图 5-3 中可知，Babycare 的湿巾类产品从 2017 年的不到 5000 万元 GMV，冲到 2020 年的近 8 亿元 GMV，市占率也从 2017 年的 2.9%，一路上涨到 2020 年的 24%。

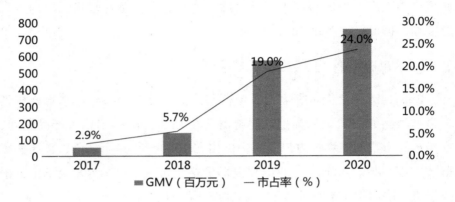

图 5-3　2017～2020 年 Babycare 湿巾品类 GMV、市占率

资料来源：久谦中台，增长黑盒。

（6）纸尿裤

2018 年下半年，Babycare 切入纸尿裤赛道。推出纸尿裤，并决定将纸尿裤板块作为未来的主要战场，是因为 Babycare 的纸品已经成熟，全球供应链也已经完善。

Babycare 的纸尿裤主打高端路线，花色多、较薄、舒适度高，还能保证吸尿量高、透气性好，同时还添加银离子，降低出现红屁股的概率。

然而，Babycare 的纸尿裤从 2018 年的 2700 万元 GMV，冲到 2019 年的近 9 亿元 GMV，并未明显撼动头部外资三强的市场份额，更多的是整合吞并了众多长尾品牌的市场，这一点在后面会具体讲到。

与此同时，Babycare 洗护系列也增加了护臀膏和纸尿裤搭配。护臀膏做得好的屁屁乐，一年有 4 亿～5 亿元的收入，但只靠单品就能养活自己的品牌很少。

讲到这里，我们可以对 Babycare 起盘之初的产品迭代做一个小结：首先，在细分品类中，挖掘尚未被满足的用户痛点；其次，利用创新的产品设计和高科技为产品赋能，以此来获得母婴用户的信任感，实现第一波口碑发酵。从腰凳到喂养用品的转变可以看出，Babycare 的战略从门槛产品转向了扩充品类，接着利用类目流量优势带入高频复购产品纸巾和湿纸巾。

这样盘点下来我们发现，Babycare 在母婴这个大类里，除了不销售食品，其他用品几乎都有涉猎，与此同时，自研产品占比 90%。

Babycare 计划在每个品类推出几个爆款，因此尝试的 SKU 有上千个，销售排名前三的 SKU 收入占比 20%。我们推断，Babycare 未来将精简 SKU，淘汰销量不好的 SKU。

2. 从 0 到 1 不足为奇，品牌资产可跨品类才是真功夫

毋庸置疑，多品类布局是 Babycare 弯道超车的一大利器。

作为一个多品类的品牌，我们用一句话高度概括 Babycare 的品类迁移之路：以小众且高科技感的腰凳起盘，喂养用品打爆款，利用爆款流量带入高频产品——湿巾，扩充品类切入的是集中度低的纸尿裤赛道，最新的方向是童装。

按照前文展示的情况，Babycare 似乎做到了一件事：品牌资产的跨品类迁移。

通常来说，消费品，尤其是快消品，其品牌资产只能覆盖同一品类，比如提到可口可乐就想到可乐，提到农夫山泉就想到天然饮用水，提到德芙就想到巧克力。而 Babycare 则在每一个投产的品类里，都找到了自身品牌的一席之地。[3]

　　Babycare 的 SKU 非常多。据我们得到的数据，2020 年 Babycare 在天猫生态超 34 亿元的 GMV 中，婴幼儿用品占比 8%，孕产用品占比 6.1%，家庭清洁用品占比 3%。其中，销量 Top 3 的产品为纸尿裤、湿巾和玩具。

　　相关专家分析称，Babycare 所切入的细分赛道都有一个共同点，就是集中度不太高。因此，Babycare 的发展空间在于整合杂牌以及淘汰不给力的竞品。具体到各细分赛道，情况有细微区别。

　　最早期针对出行场景，Babycare 的打法是用腰凳开拓全新需求，在红海中造蓝海。2016 年，相较于推车等传统品类的高集中度，腰凳品类的体量和 CR5 都是相对低的，Babycare 在 2017 年洞察到了市场需求，甫一入局就占据了细分赛道的头名。

　　依靠着在小众赛道的"一举成名"树立起品牌声量后，Babycare 自然想要入局母婴用品中市场需求最大的赛道——纸尿裤。

　　国内的纸尿裤赛道常年被帮宝适、好奇、花王占据，这三家之外的品牌无明显竞争力。但这并非意味着国内纸尿裤市场集中度高，国内纸尿裤市场集中度实则仍然处于一个相对较低的水平，毕竟放眼他国市场，2019 年美国的纸尿裤 CR3 达到 72.4% 以上，日本的纸尿裤 CR3 更是接近 75.6%。

　　整体来看，目前我国纸尿裤市场仍由外资企业占据主导地位，国内纸尿裤生产企业数量虽然较多，但大部分为中小型企业，产品多集中在中低端市场。因而，Babycare 从 2018 年起切入纸尿裤赛道，迅速抢占这三强之外的市场。到 2020 年，Babycare 在拉拉裤与纸尿裤两个细分品类合计实现营收 8.8 亿元。

　　据说，Babycare 在美国凯迪亚研究中心和苏亚模实验室，定期会产出一些实验数据，一方面可以帮助 Babycare 挑选尚未饱和且有商机的赛道，另一方面可以帮助 Babycare 建立一定的门槛。

　　除了占据这样一个天然的优势赛道之外，Babycare 铺品类的路径有点类似于小米。

小米最初以手机品牌切入数码电器赛道，与华为、vivo、OPPO 等瓜分消费市场。手机市场的"厮杀"十分激烈，小米直到后来确立了打造智能家居生态链的定位之后，才彻底与其他品牌区别开来，这是典型的实现了品牌资产跨品类迁移的案例。

母婴产品与家居产品有一定程度上的类似，就是都比较容易做出一个生态来。基于多款爆品的成功，Babycare 有意覆盖整个母婴产品的生态链，不过区别在于，小米的全生态依靠科技来实现，而 Babycare 目前只是在设计外观上做到了较高的一致性和识别度，相对而言，Babycare 做全生态的护城河是比较浅的。

事实上，Babycare 最初想要主打的利器，不仅仅是设计，还有研发，只是早期的研发水平曾遭遇过不少质疑的声音。

Babycare 第一款爆品腰凳的宣传点是：根据坎贝尔医学中心（KANBEL MEDICAL CENTER）对婴儿骨骼和智力发育进行的各项研究成果，进行婴儿用品的人体工程学（Human Engineering）设计创新，并且将研究成果转化成 Babycare 这款腰凳，以符合中国宝宝的骨骼发育情况。

Babycare 的一些拥趸们，不乏因为美国的研发买单的。国内消费者十分看重母婴产品的安全性，但市场上的确又缺乏优秀的国产品牌。根据町芒研究院统计，在国潮兴起之前，国外品牌占据了一半以上的国内市场份额。Babycare 在国内主打美国设计和研发，并且在官网上以美国设计师的短视频作为主页进行宣传，因而迅速获得了一部分人的青睐。

然而，有人曾对坎贝尔医学中心提出质疑，表示没有搜到这个医学中心，并且译为坎贝尔的加利福尼亚州圣克拉拉县下的一个小城市，其英文为 Campbell，不知 Babycare 的 KANBEL 是否有其他所指。也有不少媒体报道，Babycare 很多产品的研发生产并非来自美国。

　　随着研发质疑声逐渐淡去，Babycare 近两年在加足马力提高产品研发能力。不过，很多细分品类的市场份额仍然由领先企业占据，比如奶瓶领域的领先者贝亲和新安怡。因此，在全品类的打法下，Babycare 提高竞争力的最大挑战来源于自己。

　　话说回来，在研发尚弱的阶段里，设计无疑成了 Babycare 快速出圈的"亮剑"之一。所以接下来，我们不妨探讨一下，"颜值"究竟能够如何作用于产品，乃至品牌。

颜值投入到底值不值

　　19 世纪晚期，德国和英国分别是欧洲的两大工业力量，不过德国领导人依然对英国充满了羡慕嫉妒：因为艺术创新及其商业应用正在为这个国家创造着财富。德国派出的建筑文化"间谍"赫尔曼·穆特休斯在探究后指出，令英国资本主义经济蓬勃发展的"魔法要素"是一位设计师——威廉·莫里斯。莫里斯是艺术与工艺运动的创始者，希望挖掘艺术的价值，将原本投入风景画和大理石雕塑的热爱、汗水和技艺，同样倾注于手工艺品的生产。

　　莫里斯的这番灵感来源于英国艺术史家约翰·拉斯金，拉斯金对工业时代充满了恐惧，控诉资本主义利润至上的本质，更控诉将手工业者视为工具的行径。

　　于是，以莫里斯的思想为起点，包豪斯在德国诞生了，它继承和发展了这种艺术与工艺相结合的体系。20 世纪科技驱动下贪婪的消费主义，在经过包豪斯这类时尚设计学校的包装之后，成了一种现代主义的审美趣味：不拘小节、品味高雅。

　　虽然包豪斯专精于建筑领域，但其创始人沃尔特·格罗佩斯在美学与商业融合上的成功仍然影响着后来的工业产品美学。[4]

1. 母婴行业里最会做设计的公司

暂且抛开功能性不谈，Babycare 的产品颜值确实很高。

公开信息显示，Babycare 网罗了来自美国、德国、日本等世界各地的工业设计师、平面设计师及插画师，且 Babycare 在中国和美国都有设计中心，其美国的设计中心位于犹他州盐湖城，中国的设计中心位于杭州。

Babycare 的设计与其他品牌最大的不同在于，其他品牌只设计功能，而 Babycare 重视色彩设计，有几个主色调，品牌形象高度一致。

不少人可能会质疑，消费品不是花架子，最重要的难道不是功能和质量吗？

苹果的产品质量受到全球消费者的高度认可，但鲜少有人知道的是，其实苹果也把视觉摆在第一位，一切开发环节都以工业设计（Industry Design，ID）部门的方案为出发点。

倘若不以苹果这类行业超头部为例，对于一个普通规模的品牌来说，其产品的功能和质量大多出自正常的供应商，呈现出的是行业平均水平。当产品同质时，往往好看为先。

"颜值即正义"也许带有一点戏谑的成分，不过这也清晰地彰显出，在这个颜值经济的时代，高品质已经不再是消费者唯一的追求。

一位工业设计的专家告诉我们，消费者对于审美的追求其实远远超越我们的认知，毕竟，在人类的五官中，眼睛接受的信息量是占比最大的，高达 83%。但国内的绝大多数品牌并没有意识到产品需要满足消费者审美，所以只把注意力集中在了满足使用功能上。[5]

进一步说，视觉设计与满足使用功能非但不冲突，反倒同样是在满足消费者的需求，同样是对产品力的加持。

我们在调研时发现，Babycare 在产品外观的设计上，采用低饱和度的颜色，这样的颜色看上去给人一种舒缓、平静、淡定的感觉，对于孕产期和哺乳期的宝妈来说，可以缓解其焦虑的情绪。

专家表示，品牌想要抓住消费者的心智，要遵循视觉设计先行。

2. 深度掌控供应链

那么，这种以设计为出发点的产品创新路径该如何良好运作呢？

著名的建筑与工业设计师黑川雅之曾经说过，设计者需要与供应链在一起，甚至于应该让设计师参股。

与其他将设计工作外包的品牌不同，Babycare 从一开始就建设了自己的设计团队，起初的成本或许确实不低，但成本的边际递减效应较为明显。想要设计的独特性得以保证和最大限度地被实施，Babycare 着手将设计与供应链有机结合起来。

截至 2019 年年底，Babycare 自有产能贡献了营收的 30%，它将营收的 20% 用于投资 ODM 的若干条生产线，持续合作的 ODM 数量为 50 个，而收入的 50% 被用于商务合作。

Babycare 选择的 ODM 基本上都不是小厂，也不是国内顶尖级别的，大多是中等偏上的类型，因为小厂产能不够，头部工厂又不允许注资。

目前，Babycare 拥有生命周期 1 年以上的 SKU，正是因为其 ODM 数量占比 50%。不过，更多的是生命周期仅为 1 年的 SKU，品控对于上新速度和翻单速度的要求高，就只有自己的工厂才能跟得上节奏。

于是，Babycare 正在计划，以后会将代工厂全部转化为自己的工厂，类似纸尿裤这种高复购率的品类，均由 Babycare 自己生产。加之中国少子化趋势明显，未来行业发展重点一定是围绕单个妈妈将客户终生价值（Life Time Value，LTV）做到最大化。

许多人普遍的感知是，时装珠宝、鞋帽包包、玩具周边、家居用品等商品是消费者在购买时对设计感比较看重的，但 Babycare 的快速增长让我们意识到，婴童用品也逐渐加入了被看重时尚感的行列。

将设计与供应链都掌握在自己手里，并将二者深度结合之后，未来的 Babycare 才能拥有较高的品牌壁垒。

3. 设计只属于产品力？不，它还赋能了营销

前文讲到，设计使得品牌形象达成了一致性，这种一致性不仅仅体现在产品本身及其包装的设计上，线上渠道的产品详情页也力求颜值佳和质感佳。

在电商店铺主图的呈现上，Babycare 的设计师们采用了原本多用在 3C[⊖]类目的 C4D 渲染图，渲染图的好处在于可以把产品展示得非常干净、纯粹，让产品的质感表现到极致。

C4D，全称为 Cinema 4D，是一套由德国公司 Maxon Computer 开发的 3D 绘图软件，以高运算速度、优质建模和强大的渲染插件著称。视觉上三维比平面更具张力，而且 C4D 可以快速造型，渲染出来的图片效果非常逼真，给人一种摄影棚拍摄图片的感觉。

在一些大型的电商购物节上，不少大品牌的 banner 页、创意海报、产品详情页中都融入了 C4D 元素，而入局的品牌也从电子行业，一路扩展到了汽车、服装、美妆等行业。C4D 出色的渲染能力能创造出极具真实感的作品，效果比普通的棚拍更真实，也能实现平面软件实现不了的三维立体效果。

但是这样的渲染图成本高昂，非头部卖家基本无力承受。而 Babycare 能够做到全店都是这类风格，说明其在视觉投入上花费的成本不小。据业内人士透露，渲染图在不包含图纸设计的情况下，纯操作成本约在 1000～1500 元 / 张，而一个负责整体设计出图的灵魂设计师更是无法用纯粹的经济成本来衡量的。

⊖　主要指计算机类（Computer）、通信类（Communication）、消费类（Consumer）电子产品。

　　有了工具自然要有配套的人力，Babycare专门设置了产品渲染师的岗位，并开出诱人的薪水。我们在某招聘网站看到，一名3~5年工作经验的产品渲染师，Babycare最高可开出2.2万元的月薪。

　　即使需要为了高颜值而投入高昂的成本，这笔钱对于Babycare来说，也算是花得超值。天猫数据显示，C4D设计作品的点击转化率会比普通页面高出7倍。

　　当然，高速的增长不可能仅仅出于产品好看，也包括新品类推出速度快和产品质量高等其他主要原因。但正如那句话——"颜值决定是否在一起，内涵决定在一起多久"，消费者对于一款商品的选择，很多时候也遵从这样的道理。

　　作为一个新品牌，在像老品牌一样树立起口碑和建立起信任之前，产品本身以及详情展示页的设计是否吸睛，大概率决定了消费者的首次购买冲动，而使用后的体验又决定着消费者是否对该产品进行复购。有了复购意愿之后，消费者才有可能尝试该品牌其他商品。而设计，正是传递这种口碑和信任的"表面功夫"，因为它维持了一个品牌的调性和风格。

　　此外，视觉设计的力量甚至可以直接替代广告的效果，Babycare从来不请代言人也正好可以印证这一点。

　　所以，对于"颜值"的一次投入，使得产品力、运营力、营销力等多个环节共同受益，不同环节环环相扣实现了品牌增长的目标。

"淘内淘外"联合作战

　　产品有了，想要走近消费者，有时候需要等风来。Babycare的这阵风，正是电商渠道带来的流量红利，创立于2014年的Babycare，几乎是跟随天猫成长的脚步一路壮大的。

1. 站内谋效果：早期吃透淘宝单渠道红利

从销售渠道来看，2019 年时，Babycare 的天猫销售量占其所有销售渠道的 77%，天猫是 Babycare 当之无愧的主阵地。

早在 2018 年的时候，Babycare 旗舰店"双十一"的销售额就已经达到 2 亿元，在母婴行业排名第一，天猫全品类排名前三。之所以说吃透单渠道红利，是因为 Babycare 早期在淘内获得的大部分流量都是免费流量，这种态势一直持续到 2020 年。

通过对 Babycare 天猫旗舰店 2020 年 4～6 月流量来源及成交金额占比的数据进行分析，我们发现：淘内免费流量中，相对流量占比较高、较为稳定的是"手淘搜索"和"我的淘宝"两个流量渠道。其中，"手淘搜索"每个月对店铺流量的贡献可达 30% 以上，"我的淘宝"访客人数高达 200 万，这充分说明该店铺在老客户和忠实粉丝中具备高品牌力和高产品力。

实际上，2019～2020 年，Babycare 遭遇过一些瓶颈，平均月销售额为 1 亿～2 亿元。2021 年 2 月经历新冠肺炎疫情后，婴童用品线上开始发力，Babycare 得以突破瓶颈，平均月销售额增长至 2 亿元以上。

遭遇瓶颈之后，Babycare 开始投放淘内付费流量。淘宝客是 Babycare 官方旗舰店主要投入的付费推广工具，2020 年 4～6 月，淘宝客的销售在全店的销售收入中占比 15% 左右。其他付费工具如品销宝、直通车及超级推荐则在相对稳定的投入范围内，Babycare 仅在大促月会追加，在平推月没有特别集中的投入。

将淘内的这些策略工具分品类来看，Babycare 对它们的使用并不是"一锅炖"，而是投放有术。

（1）腰凳

从 2019 年年中至 2020 年年中，腰凳在 2019 年 11 月的销售额最高，达到 850 万元，但访客数却是 2020 年的 6 月最高，达到 55 万人次，相比之下，该产品在 2019 年"双十一"的营销投放效果比 2020 年"6·18"更好。

腰凳是 Babycare 店铺"双十一"重点策划的对象，每年 10 月的时候，商家就会有意提高客单价做一波蓄水，使"双十一"当天销量大增。这也是结合了"双十一"主会场的赛马机制：卖得越好的产品，排名越靠前，曝光就越大，形成良性循环。

从流量结构上看，Babycare 针对腰凳主要使用的是直通车打爆款的策略。直通车是付费流量渠道里访客人数占比较大的渠道，在全店的访客人数占比约为 30%，在没有 S 级促销的 4 月，直通车带来的访客占比甚至达到了 41.3%。

（2）水杯

从 2019 年年中至 2020 年年中，水杯在 2020 年 3 月的访客数最多，达到 100 万次，2020 年 6 月的销售额最高，达到 560 万元。

从流量结构上看，免费流量占全店的 60% 左右，"手淘搜索"带来的访客及成交金额占比都是主力，说明该链接能够撬动较高的淘内免费流量，竞争力大、权重高。当然，这也离不开付费工具的精准推广，特别是直通车的投放力度。该链接的主要付费工具就是直通车，其次是品销宝，直通车带来的高流量也侧面反映了该链接在直通车的关键词及人群定向上较为精准，所以做好直通车这个淘内第一大推广工具非常有必要。

（3）棉柔巾

从 2019 年年中至 2020 年年中，棉柔巾在 2020 年的"6·18"活动大促中表现尤为突出，销售额和访客数都达到了全年的巅峰。

从流量结构上看，付费流量中的淘宝客在 6 个月内的销售额占比一直都是最高的，说明棉柔巾的策略是用淘宝客稳住链接的销量权重，再用直通车清洗人群标签及流量拓新。在淘宝客的推广数据中，某产品原价79元，淘客放券30元，佣金20%（9.8元），店铺单件实际收入39.2元，相当于该产品打了5折，优惠力度不小。

此外，有关棉柔巾的搜索关键词中，品类词占比76%，品牌词反倒占比不高，品类词占比高可以不断收割淘内的免费流量，从而获得更多的流量访客。

综上我们发现，母婴品类里面很少有像Babycare这样在阿里生态中如此精细且紧跟节奏的品牌，从这点来看，Babycare有点类似于零食行业里的三只松鼠。

2. 站外树品牌：后期铺设社媒是必然选择

根据我们的观察，从电商单渠道起盘的新品牌，若年GMV超过3亿元，那么应当开启全链路内容种草，将站外的流量向站内转移，Babycare也不例外。曾经站内的红利再多，如今也不足以支撑Babycare想要进一步做大做强的野心，因此，动用站外的社交媒体的力量是一种必然选择。

毫无疑问，Babycare的社媒投放集中在微博、抖音、小红书三大平台上。果集数据显示，2020年1月～2021年5月，Babycare关联微博数量占整体推广内容数量的一半以上，微博月均产出3351条以上相关内容，抖音关联视频数量占比约30%，小红书关联笔记数据占比约15%。

Babycare在微博、小红书、微信公众号、抖音、快手均开设了企业号。其中，Babycare在微博的更新频率最高，每天发布3～5条内容；其次是小红书，更新频率少则5～7天一篇，多则1～2天一篇；在微信公众号的更新频率为1个月一篇。

　　Babycare 通过全年在各个社媒平台投放内容，持续扩大品牌声量。具体来看，各平台的热门关联内容会随着大促节点变化，主要布局节点包括三八妇女节、京东品牌日、"6·18""双十一"、年货节等。

　　由于 Babycare 主要面向中高端消费人群，站外的主要作用在于塑造品牌力。而在功能侧重点各不相同的若干社媒中，微博是 Babycare 重点投放也是效果显著的社媒之一。

　　艾瑞咨询研究发现，在 2021 年中国母婴人群获取育儿信息渠道 Top 10 中，微博是仅次于母婴类网站的公域信息平台。一方面，母婴人群会在微博主动搜索信息，另一方面，母婴人群比较倾向信赖专家并对知识类内容有着非常强的刚需。[6]

　　微博作为母婴重要的社交阵地，具有知名度高、影响力大、母婴人群聚集、KOL 多、可信赖的专家多等综合的平台特点，非常契合 Babycare "深耕品牌"和"整合营销"的需求，这也是 Babycare 选择微博作为线上主要品牌宣传阵地的原因。

　　从 Babycare 在微博平台的关联账号类型分布来看，母婴育儿、美妆时尚、影视娱乐三类博主占据大头，其中，母婴育儿类博主占比达 59%。关联的头部主播包括明星和微博红人。

　　Babycare 在关联微博中推广的商品以快消品为主，耐消品则较少。其中，湿巾及棉柔巾推广数量最多，推广数量适中的品类包括纸尿裤、水杯、纸巾、拉拉裤等。

　　前文提到过的社媒大促节点，在微博上也有着很典型的呈现。2021 年母亲节期间，Babycare 发起的"爱的 2 平方"话题得到央视网等众多大 V 转发，全网讨论量破亿，其内容为呼吁社会在公共场所乃至工作场所多建立母婴室，以解决"背奶妈妈"群体的生活困扰。此次营销事件，是品牌站在目标群体视角的一次发声，并将品牌价值提升到了社会责任、人文关怀以及群体情感的高度。

　　微博拥有大量步入育婴或备孕年龄段的（准）妈妈们的精准流量人

群，随着"90后"女性逐渐成家立业，长期陪伴她们的微博社区，自然而然转变为分享育儿经验、晒娃和晒母婴好货的社交分享场所。

从重要营销节点的明星代言，到触及妈妈内心的营销活动引爆，再到无数妈妈们互相分享、自发创作的UGC，微博给Babycare提供了一个与用户亲密接触、无缝情感链接的小世界。

老品牌和新品牌终将走向统一

Babycare虽然起盘于线上渠道，但近两年越来越重视线下渠道的铺设。尤其对母婴赛道来说，若只有线上渠道，线下没有铺货和展示，难以提升用户信任度，因此，做好线上线下配合尤为重要。

2018年内，Babycare首次覆盖了全国2000家母婴店，母婴店销售占比10%。到2020年，Babycare已进入2万家线下门店，布局KA和百货商场，包括盒马鲜生、永辉超市。

Babycare的销售渠道分为直销和分销，直销占比92%，分销占比8%。也就是说，除了母婴专卖店之外，Babycare还通过省代理商供货。

数据显示，2019年Babycare在全国有30个省级代理商，Babycare的终端毛利率为30%，其省级代理商毛利率为15%，省级代理商的返点值为2%。没有设置二级分销，是因为没有给二级经销商留出毛利空间。

据了解，Babycare对省级代理商的服务较好，Babycare会派市场专员帮助省级代理商开拓终端商，甚至会帮助他们与终端商谈合作，然后再将合作权转交给省级代理商。省级代理商通常都能获得费用支持，该费用占Babycare总费用的5%，但这笔支持费用不单独计算，而是与毛利打包，这使得Babycare省级代理商的黏性很高。

Babycare支持终端货架，但对终端商的选择有一定要求，需要终端商保证销量。Babycare 同款产品的线下零售价会比线上的活动价高，可以给终端商保留利润空间。

此外，Babycare 也有自己的母婴品牌店，数据显示，Babycare 2021年上半年开了 17 家新店，店铺总数达到 42 家。

我们看到，Babycare 铺货的线下渠道里，包括了母婴零售店的龙头企业孩子王。孩子王以大店模式为主，选址高端，且注重单客经济。我们在研究孩子王时发现，它将母婴零售做到第一之后，自身依然存在一定的增长瓶颈。为了稳固地位和保持增长，孩子王正在从原先的集合售卖各品牌的产品，向着研发自有品牌做转型，并不断强化和扩大自有品牌在店内货架上的占比。

而 Babycare 则正好相反，从单一爆品树立起品牌，到做出品牌矩阵，再到建立线下门店，在门店中不仅售卖自己的产品，同时也售卖一定比例的其他品牌产品。

于是我们猜测：在同一个行业内，新锐品牌发展到全渠道之后的形态，与老品牌进行数字化升级之后殊途同归。

孩子王和 Babycare 的殊途，最后都将同归——成为既有自有品牌产品，又有集合零售形态的母婴品牌。我们认为，Babycare 未来对标和需要竞争的，并不是其他单一品类的母婴品牌，而是掌握了高质量零售终端，又大力发展自有品牌产品的新型母婴零售商。

结语

通过对于母婴强势新品牌 Babycare 的深度拆解，我们总结出了 Babycare 以下四点成功之处。

第一，经营数据亮眼。从 2018 年开始，Babycare 的 GMV 持续爆发，一年内翻了近两倍，2020 年更是突破 50 亿元，年均复合增长率超过100%。同时，2020年"双十一"期间，Babycare全渠道单月销售额直接超过9亿元。换言之，Babycare利用三年时间坐稳了母婴用品的首席位。

第二，跨品类打造爆款。相比其他母婴品牌专注单一爆品，Babycare并没有在打造第一款爆品后就戛然而止，而是不断拓宽产品品类，打造多爆品效应。Babycare的热门产品种类繁多，其中，喂养用品和湿巾类目排到了Top 1，纸尿裤排到了Top 3，都处在母婴产品的头部位置，可与单品类的领军品牌抗衡。

第三，注重颜值设计。设计师出身的创始人将设计的重要性延续和贯彻进了Babycare品牌的打造中，设计团队庞大，设计成本投入较高，Babycare更将设计与供应链深度结合，从而维持了产品的颜值和品牌的调性一致。

第四，全域营销大师。Babycare能够稳坐龙头位置，很关键的一点在于早期吃到了淘系单渠道营销的红利。起盘之初，Babycare紧跟阿里生态，打磨出了一套成熟的电商投放策略，2019年突破10亿元GMV后，即刻转向全渠道营销。与此同时，站外种草也没落下，Babycare牢牢把握住以微博为首的社交媒体，充分利用微博用户人群的优势，将自身的品牌力深植于消费者心智中。

至此，这个从起盘到成为行业第一只花了六七年时间的新品牌，我们已经拆解完了大部分内容。实际上，Babycare还有另外一大撒手锏——深耕私域运营。

Babycare通过以微信生态为核心的线上私域，以及以直营门店为核心的线下私域，稳步搭建起"线下门店导购引导＋线上客服陪伴＋线上社群维系"的线上线下一体化会员系统。

参考资料

[1] 艾媒生活与出行研究中心 . 艾媒咨询 |2021 年中国母婴人群营销趋势报告 [EB/OL]. （2021-07-15）[2022-01-23]. https://www.iimedia.cn/c400/79663.html .

[2] 向辉 . 小众市场的有效渠道 [J]. 现代企业文化，2014（03）.

[3] 张云，王刚 . 品类战略 [M]. 北京：机械工业出版社，2014.

[4] 贡培兹 . 现代艺术 150 年：一个未完成的故事 [M]. 王烁，王同乐，译 . 桂林：广西师范大学出版社，2017.

[5] 原研哉 . 设计中的设计 [M]. 朱锷，译 . 济南：山东人民出版社，2006.

[6] 艾瑞咨询 . 2021 年中国母婴人群消费及信息获取渠道研究报告 [EB/OL].（2021-05-18）[2022-01-29]. https://www.thepaper.cn/newsDetail_forward_12573358.

CHAPTER 6

第六章

Ubras

细分品类的开创与崛起

在消费主义大兴"千人千面",甚至"一人千面"的时代潮流之下,眼花缭乱的商品使消费者从过去"没得选"纷纷变成"选择困难"。Ubras 却反其道而行之,走起了标品化的路子。

标品化并不少见,但将女性内衣标品化,推出"无尺码内衣",Ubras 是以"全球首家"自居的。

仅用了 1 年多的时间,Ubras 一举拿下了 2020 年"双十一"天猫内衣销量榜 Top 1,年销售额突破了 15 亿元,同比增长超过 800%,将一众"前浪"品牌结结实实地按在了沙滩上(见表 6-1)。

Ubras 在 2016 年就成立了,一直默默无闻,早期甚至还通过"微商"的模式卖货,直到 2020 年才突然爆发。Ubras 这个"新物种"的成长路径究竟是什么？难道通过一个概念的包装就能撑起十几亿元的生意吗？这背后又有哪些值得新品牌学习和反思的地方？

表 6-1　2019～2020 年天猫"双十一"内衣销售榜

排　名	2019 年"双十一"	2020 年"双十一"(截至 11 月 1 日)
1	南极人	Ubras
2	优衣库	Bananain 蕉内
3	恒源祥	优衣库
4	曼妮芬	南极人
5	猫人	曼妮芬
6	芬腾	芬腾
7	浪莎	猫人
8	Bananain 蕉内	恒源祥
9	三枪	Gukoo 果壳
10	歌瑞尔	红豆

资料来源：2019 年数据来自淘宝官方发布榜单；2020 年数据来自 ECdataway 数据威。
资料说明："内衣"包括天猫"女士内衣 / 男士内衣 / 家居服"类目下所有商品。

为了探索 Ubras 背后的秘密，我们的研究团队花费一个月时间，探访了行业内众多专家，分析了几百万条数据，终于梳理出一个完整的框架，接下来，我们将按照如下四个方面展开探讨。

- Ubras 到底在产品上做了什么创新？
- Ubras 如何通过营销策略打造出超级爆款？
- 爆款制胜的 Ubras 将会面临哪些问题？
- 新品牌实现从 1 到 N，除了爆款还需要什么？

从多尺码到无尺码

1. 爆款能顶半边天

从数据来看，Ubras 在"双十一"一夜爆红的成绩，多半要归功于爆款单品。截至 2021 年 5 月 8 日，Ubras 天猫旗舰店共计卖出商品 1260 万件，其中，最火爆的单品卖出约 439 万件，占总销售额的 34.9%。

Ubras 2020 年全年天猫销售额为 15.53 亿元，要知道，这个数据在 2019 年才仅仅是 1.7 亿元，同比超过 800% 的增长率，非常引人注目（见图 6-1）。

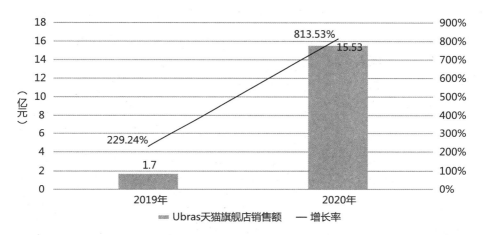

图 6-1　Ubras 天猫旗舰店销售额及增长率

资料来源：一面数据，数据威，增长黑盒。

作为一个电商为主的品牌，15 亿元和 1.7 亿元在业内是个什么概念呢？拿出同行数据一比便知。2019 年，国内主要的内衣品牌全年线上销售额分别为——曼妮芬约 5.6 亿元、蕉内约 3.5 亿元、爱慕约 3.1 亿元、内外约 2.7 亿元。也就是说，仅仅一年时间，Ubras 就从行业"小妹"，翻身做了"大姐"。

从时间节点上来看，依托"6·18"活动，Ubras 2020 年 6 月的销售额达到 1.38 亿元，同比增长 515%，迎来了自 4 月起量后的第一个小高潮。下半年的"双十一"期间，Ubras 的销售额更是冲刺到 4.35 亿元，一举确立了年度行业黑马的地位。

从品类表现上来看，2020 年 Ubras 无尺码内衣的天猫销售额为 7.8 亿元，占总销售额的 50%，不仅撑起了自己品牌的半边天，在行业里也是一枝独秀。

在无尺码这个品类创立之前，Ubras 曾针对市场上知名内衣品牌进行了数据采集，选取了当时的 50 个流行款，收集并分析用户的产品评价，包括穿着感受、款式设计、喜爱程度等。调查发现，女性消费者在线上购买内衣很容易出现尺码不准确的问题，偏偏平台又不支持贴身衣物退换，而支持退换货的品牌也会规定，仅能退换存在质量问题的产品，且要保持原装无拆封痕迹。

尺码摸不准，加上苛刻的退换条件，导致线上内衣销售存在着诸多消费者差评，内衣品牌比其他服饰类型更难把握线上渠道。于是，Ubras 趁势决定将内衣无尺码化。

表面看起来，Ubras 似乎是抓住了品类的红利，填补了市场的空白，能够取得高速增长的逻辑非常简单。如果顺着时间线逆推，我们发现早在 2018 年，Ubras 就正式推出了无尺码内衣，却并没有激起太大的水花。直到 2019 年年末，Ubras 才开始发力，让无尺码成为一个真正的爆款品类，整个品牌的 GMV 随之暴涨。这么长的适应期说明，Ubras 不是只有填补市场空白那么简单。

居家隔离、足不出户、公共场所暂停营业，新冠肺炎疫情带来的特殊社会生态，无疑加速培育了线上消费的土壤。以前只信任线下店的消费者，也别无选择，只能不同程度地被迫接纳线上购物。哪怕是对线上买内衣抱有怀疑态度的消费者，只要萌生了试一试的想法，就为以 Ubras 为代表的线上内衣销售增加了 GMV。

诚然，Ubras 眼前的成功是一项复合因素叠加的产物，除疫情之外的原因，后面我们会陆续讲到。

2. 老技术，新套利

在每个人身材都不可能完全一致的情况下，一件贴身产品是如何做到不分尺码的呢？毕竟，衣服做成均码的，至少建立在大家可以容忍一定程度的大小浮动的基础之上。

　　Ubras 为此采用了一种点状胶膜技术，其所用的将 PUR 热熔胶湿固化的技术并不是什么新发明，而是早已广泛应用于各个行业。该胶水固化后粘接强度大、耐热、耐化学品，对含有活泼氢的基材和金属、玻璃、塑料、橡胶等光洁基材表现出优异的粘接性能。该技术用于内衣制作后助力行业开创了新品类，正如我们认同的理论：世界上真正的创新是少之又少的，大多数所谓的创新，只是将原有的元素重新排列组合。

　　至于把这种技术应用于内衣生产，最早是日本企业的主意，Ubras 的全球首创款其实仍然没逃开地缘性套利。

　　根据我们的调查，在无尺码产品正式面世之前的 2016～2017 年，Ubras 主打的是无钢圈背心式内衣，早期是从日本进口在国内进行售卖。再往前推三年，2013 年，在 Ubras 的创始人钭雅前供职于爱慕并任市场总监的时候，爱慕就已经推出过一款背心式内衣，这款内衣的设计又很像日本华歌尔内衣中的一个品类。

　　纵观现代内衣发展史，中国内衣行业 20 世纪 70 年代从香港起步，"中国现代内衣之父"郑敏泰用面包切片机切割夹棉，将其放到自制的压膜机中倒模而出，制造了中国第一批立体围内衣，而此时日本老牌内衣华歌尔已经成立了三十年。

　　很显然，作为无尺码内衣的前身，爱慕"套利"了华歌尔，Ubras 又"套利"了爱慕。

　　2021 年 5 月 31 日，爱慕在 A 股敲钟上市，成为继都市丽人、汇洁股份、安莉芳控股之后，国内第四家上市的内衣品牌。爱慕在开盘后立刻涨停，市值一度超 120 亿元，内衣赛道似乎迎来了资本前所未有的青睐。

　　说回内衣本身。当时爱慕的背心式内衣与当下 Ubras 的无尺码内衣相比，无论是外观还是设计上都高度相似，区别点仅在于二者使用的技术不同，Ubras 使用的是点状胶膜技术，而爱慕使用的是条状胶技术。

　　我们请教了一些专业人士，发现条状胶虽然很大程度上减少了内衣的接缝、走线，但由于胶水的不稳定性，在经过洗涤或者长时间拉升时，仍然容易出现变形、脱胶等问题。当时帮助爱慕生产这款产品的是一家位于泰国的日本工厂，后又曾迁至大连。但由于无法在技术上达到爱慕的要求，2015 年，爱慕直接砍掉了这个品类。

就在爱慕停止生产背心式内衣的第二年，Ubras 成立了。我们猜测，或许是钭雅前坚定地看好无钢圈和背心式内衣在国内市场的前景，而当时老东家的传统产品和传统打法，暂且无法让钭雅前充分试验她的想法。

3. 左手精简供应链，右手便利消费者

通俗点说，无尺码内衣就像是松紧裤，它允许一定范围内不同腰围的人穿。因此，无尺码并非百分之百的无尺码，它还是有范围限制。点开 Ubras 天猫链接，尺码一项的后面明确标注着"A-C 杯 /90-130 斤 / 底围 70-85cm"。这样看来，无尺码的概念效果客观上是大于产品实质效用的。但这没有妨碍 Ubras 制造出了一鸣惊人的效果。那么，底层的逻辑到底是什么？

我们认为，从有尺码到无尺码，这个看似直白的概念背后，其实是一套组合拳，左手精简了供应链，右手便利了购买场景。

先看供应链端。

一般情况下，根据女性胸围大小的不同，一款传统非标品内衣会定 12～16 个尺码，若同时拥有 5～8 个颜色，则单个 SPU 就有近百个 SKU；而无尺码内衣仅有单个尺码，就算加上颜色也仅有 5～8 个 SKU。

一件传统内衣的制作通常需要多种材料以及 40～50 道工序，且自动化程度较低，一条流水线需要约 40 人配合完成，甚至人工的要求也不低，因此人力成本较高。一款内衣从设计、打样、生产再经各个渠道售至消费者手上，周期短则半年，长则一年。与此同时，由于周期长、迭代慢，传统内衣对于市场的反应往往很被动，大量的产品只能储存在仓库，导致库存压力较大。

相对地，点状胶膜技术最大限度地精简了工序，实现了机器自动化

大批量生产，缩短了人力培训周期，目前已在广东潮汕、佛山等工厂大面积应用，一台设备可抵 6～10 个人力。在统一尺码的优势下，企业不需要为大量的 SKU 扩库存，且能根据市场反应对产品的颜色、设计做出快速迭代，减小清仓压力。

再论消费端。

前面我们提到，新冠肺炎疫情使得线上购买内衣的需求空前激增，而不用选尺码就能下单的 Ubras，无疑是众多参与赛跑的品牌中，决策链路最短的那个。

有尺码的品牌，需要顾客准确知道自己的胸围尺码，倘若不知道，需要先自行测量，即便是知道了，也会担心自己的测量方法与商家有出入，为保险起见，还会花时间去咨询在线客服。一来二去，大大拉长了决策周期，而每一个环节所产生的摩擦力，都有可能损耗掉一部分消费意愿不够强烈的顾客。

Ubras 的决策链路则简单粗暴，选个颜色即可下单，无须反复纠结的产品最适合直播电商的销售场景（见图 6-2）。

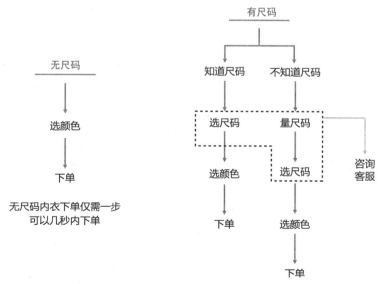

图 6-2　无尺码内衣天生适合直播场景

营销史即是发家史

爆款的诞生，通常少不了营销手段的辅助。

我们得到的数据是，2020年全年Ubras花在营销上的费用共计约6.5亿元，占总营收的42%。其中，淘内流量花费3.75亿元，站外信息流广告花费1.8亿元，KOL带货、代言人签约、微博广告、朋友圈广告、线下广告等其他营销费用占比不到10%（见图6-3）。

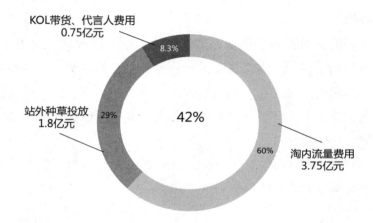

图6-3　Ubras 2020年营销费用

资料来源：专家访谈，增长黑盒。

与其他新消费品牌一样，Ubras的营销费用占比非常高，是传统内衣品牌的两倍以上，在如此强大的攻势之下，才有可能将无尺码这个新品类打爆。那么，Ubras的钱都花在哪里了？它在增长之路上究竟采取了哪些策略呢？

我们发现一件很有趣的事，只要说清楚Ubras营销之路上的几位重要KOL，基本上就可以完整地勾勒出Ubras的发展史。

1. 早期出圈KOL——公众号软文

这个时期，Ubras借助微信流量测试商业模式和品类。

Ubras 最初在微信公众号安营扎寨。Ubras 初期并没有什么高大上的概念，更没有什么对抗固有行业格局的撒手锏，于是趁着公众号的红利期，从微店起盘。

Ubras 先是锁定了一批公众号，这些公众号的共同特点是，粉丝群体集中在 25～38 岁，已经开有微店，例如妈宝帮帮帮、十月呵护、60 分妈妈月华等。Ubras 用授权代理的方式，通过公众号软文进行推广，并在文章末尾缀上微店链接，一些软文的阅读量甚至可达 10 万以上。当然，Ubras 也尝试过类似微商的手段，招募二级代理，扩大销售渠道。

Ubras 从微店起盘的时候，打的还不是无尺码的概念，就是普通的无痕内衣，完全照搬日本的款式，主打来自日本、适合孕妈的产品，宣传特点包括透气、轻薄、聚拢、随意洗都不烂。

或许有一定的流量红利，但这种走渠道的方式很难打造出一个真正的"品牌"，与今天靠信息流广告单页去卖白牌[⊖]产品其实没有什么区别，显然无法对消费者心智产生影响，更别提输出品牌文化和理念了。

Ubras 显然不甘于做个白牌。很快，2017 年，在微信渠道收割了一波流量的 Ubras 开始布局各大线上平台，包括天猫、京东、淘宝、考拉，甚至还找了专门的代运营机构在一条生活馆等新兴渠道开店。

在无尺码即将面市之前，Ubras 在公众号的投放上收获过一些软文爆款，不难发现，植入的软文中鲜少有直接讨论产品的，大多都是评论文章本身的内容。换句话说，公众号里即使舆论爆炸也无法与销量画等号。

2. 常规操作 KOL——"00 后"女星

这个时期，Ubras 通过站外种草和淘内流量打造无尺码爆款。

2018 年之后，由于微信公众号红利逐渐褪去，Ubras 转向一些公域

⊖ 品牌名气不大，用户层面无人知晓。

平台开始投放信息流广告。

通过明星代言提升品牌形象，是品牌发展中想要提升价值感的常规操作，也是快速打响知名度和认知度的手段，Ubras 也不例外。2019 年 10 月，Ubras 签约某年轻女星为首任品牌代言人，并在微博上官宣。

该女星作为"00 后"，具有年轻、活力、行走的种草机等特质，微博粉丝超 2000 万。官宣后不久，通过"被 ××× 暖到了"的话题，关联"美"和"暖"，传递了 Ubras 产品的舒适特性。Ubras 选择该女星代言，也贴合它的目标群体，是一招保守但不出错的棋。

作为品牌代言人，该女星的身影不只出现在微博上，还包括抖音、小红书、今日头条等。

2020 年 2～5 月，Ubras 在主流平台均进行了大量站外 KOL 种草投放。根据生意参谋的数据，这波站外种草为店铺在 5 月带来了近 300 万流量，占 5 月全店访客量的 31.8%。

在进行大量站外种草之后，Ubras 组合了淘内的各种付费工具针对这部分流量进行更精准的承接和转化。一方面，5 月起直通车持续在站内引流，不断承接通过搜索"文胸""无痕内衣""舒适内衣"等关键词的站外种草用户；另一方面，"超级推荐"带来的"猜你喜欢"的个性化人群，在蓄水期不断为店铺沉淀收藏加购用户。双管齐下，分别为"双十一"预售期及爆发期带来了超 320 万的访客量，占总访问量的 73.6%。

值得注意的是，2020 年 2～6 月，品销宝交易金额不断提升，说明品牌在站外的投放已经具备一定的声量，但由于品销宝带来的流量是搜索"Ubras"字眼的人群，人群天花板比通过行业大词搜索入店的直通车低，所以在"双十一"大促期间，直通车表现更好，交易额达 1400 万元。

3. 风口起飞 KOL——头部主播

这个时期，Ubras 由长期量变积累引发了质变，找到了高速增长的突破点。

数据显示，直播带货为 Ubras 整个 2020 年的销售成绩贡献了 35%～40%。显而易见的是，在直播上的投入无疑是 Ubras 营销端最成功的决策之一。2019 年 12 月～2020 年 11 月，Ubras 的直播策略主要包括：绑定头部主播、高频品牌自播、其他淘客直播等。

据业内人士称，头部主播 H 是 Ubras 从天猫 Top 10 直接一跃成为 Top 1 的主要因素。

头部主播 H 本人首轮为 Ubras 挂帅出征，分别在 2019 年 12 月的 8 日和 29 日。尽管是混场带货，曝光时间不过短短几分钟，但顶流 KOL 的头衔确实不是白得的，这款带有"××推荐"标签的无尺码内衣于 12 月共计卖出 14.5 万件，销售额约为 2175 万元，表现远胜于店内其他产品（见图 6-4）。

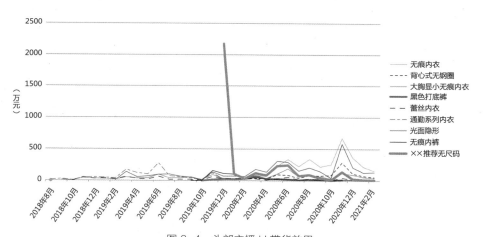

图 6-4　头部主播 H 带货效果

资料来源：魔镜数据，增长黑盒。

那么，Ubras 的淘宝直播究竟做得怎么样？我们决定回溯一年的淘宝直播历史数据，进行全面观察。为此我们联系了国内最顶尖的淘宝直播数据分析平台知瓜数据，由他们的技术团队帮忙，汇总了 Ubras 各个维度的详尽数据。

2020 年 2 月起，Ubras 的线上订单开始激增，尝到了甜头的 Ubras 果断选择和头部主播 H 的团队签订年框合约，将直播合作作为营销的重中之重。根据果集数据，该头部主播在 2020 年 3～10 月期间，为 Ubras 总计带货 17 场，其中"双十一"大促前的 9～10 月每月带货 4 场（见图 6-5）。仅在"双十一"预售期间，其直播间就为 Ubras 创造了 34% 的预售额。

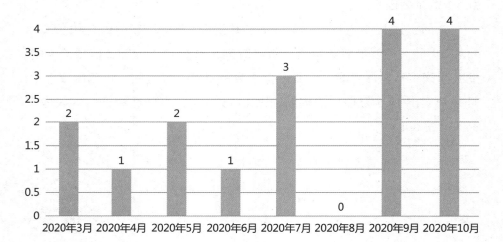

图 6-5　头部主播 H 2020 年 3～10 月直播场数

资料来源：知瓜数据，增长黑盒。

头部主播 H 之所以在众多品牌中愿意与 Ubras 合作，也是因为 Ubras 自身的特质充分迎合了直播电商的销售场景。对此，我们请教了一些 MCN 机构专家，他们认为，头部主播在选品时一般会看重四个要素：品牌背书、产品特性、库存容量以及供应链能力。

让我们具体来看。到 2020 年时，Ubras 已经入驻天猫三年多，也就是说，此时的 Ubras 已经基本摆脱了白牌的制约，树立了自己的品牌形象。上一个板块我们已经解读过，无尺码解决了顾客线上购买内衣时对尺码的顾虑，更短的决策链与直播场景完美契合。

与此同时，单一尺码和工序缩减下的供应链高度自动化，意味着产品在直播间卖出后，供应链可以根据下单情况快速响应，库存不涉及大量 SKU，也就避免了供应缺口。不仅如此，Ubras 还与菜鸟裹裹签订了年框合约，在新冠肺炎疫情期间，菜鸟裹裹帮助 Ubras 打通了"最后一公里"，确保了产品的及时送达。

于是，仅凭这个"快"字，Ubras 在 2020 年电商渠道大踏步跑赢了诸多竞争对手。

除了绑定头部主播 H 之外，Ubras 旗舰店本身也在进行高频的品牌自播，2020 年 3 月直播了 198 场，随后稍有减少，但均维持在 120 场左右，平均每天直播约 4 场（见图 6-6）。淘宝客推广也没落下，其他主播于 5～8 月为 Ubras 的商品进行带货，最高峰的 7 月直播达到了 2281场，直播场数居于淘宝直播内衣行业前列（见图 6-7）。

直播的场景将 Ubras 自身的优势成倍放大，超 15 亿元的奇迹就这样乘势而生了。

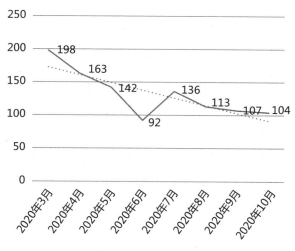

图 6-6　店铺自播场数

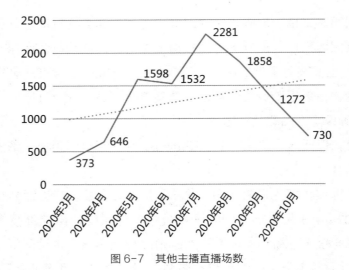

图 6-7   其他主播直播场数

4. 创新翻车 KOL——男性脱口秀演员

也许是捞到了花式营销的好处，Ubras 的营销逐渐开始"不走寻常路"。

2021 年 2 月，Ubras 大胆尝试了男性代言人，然而，这张牌一经出手便惨遭翻车。代言人某脱口秀演员和"让女性轻松躺赢职场"的广告语，让 Ubras 一度在网络上成了众矢之的。

一方面，代言人不具有产品的使用需求，涉嫌违反广告法；另一方面，"躺赢职场"的说辞很难不让人联想到更深层的隐含意义，从一个男性口中说出，触发了某些敏感话题，形成了一定的舆论旋涡。

此次营销事件更多带来了负面效应，被 Ubras 方面及时叫停和下架以后，一片骂声也渐渐淡去，由于周期和效果都较短，这里不再过多讨论。

综上所述，从各种风格的 KOL 及其所代表的营销策略上，我们大概可以窥见，钭雅前是一个敢于试错、敢于拓展新路子的品牌人。Ubras 今天所呈现出来的一切，在某种程度上归因于钭雅前的敢想敢做。

当然，摸着石头过河原本就是新品牌的共性之一。倘若抛开试错的成本和天降好运的加持以外，我们究竟能从Ubras的"大起"和"不确定是否会大落"这两件事情上学到什么？

爆款了，然后呢

既然爆火存在着不小的偶然性和大环境的推波助澜，在这场新品牌对决老品牌的攻防战里，Ubras必然存在弱点。

1. 营销制"胜"，不保其长远

根据上一节的拆解分析，Ubras在营销端的投入可真不少。那么，超15亿元的营收，究竟是不是真的让Ubras赚到真金白银了呢？

我们找来爱慕和汇洁股份（曼妮芬母公司）的数据做了个横向对比，发现Ubras 42%的营销投入远超这两位行业老将。2020年，爱慕的电商销售收入为10.57亿元，电商销售费用为1.6亿元，费用率约为15%；曼妮芬所在的汇洁股份的电商销售收入为7.5亿元，电商销售费用为0.68亿元，费用率约为9%。

相比之下，Ubras的亮眼成绩在某种程度上正是狂砸营销的结果，不得不说有点虚高。事实上，它有可能不仅盈利能力不如老品牌强，费用结构也不如老品牌健康。

这样的问题大概率会影响后续的发展，一朝崛起后又迅速销声匿迹的品牌比比皆是。爆款本身还不足以将用户心智长久地培养起来，潮流和新鲜感褪去之后，Ubras曾经收割过的"韭菜"必将奔向别处。

2. "跳级生"是否需要回头补课

品牌从0到1，只需要有一个强项就够了，例如营销能力、渠道能力或者供应链能力，将一项能力做到极致，一个品牌就有可能实现破亿元的销售额。但从 1 到 N，考验的不再是单一能力，而是综合能力，包括组织发展能力、品牌力、产品持续创新力等，缺乏任何一项，品牌都难以真正做大做强。

《天猫宝藏新品牌成长白皮书》对品牌的四个生命周期进行了更细致科学的划分：根据天猫旗舰店的 GMV，将品牌划分成初创型（0.5 亿～3 亿元）、成长型（4 亿～6 亿元）、进阶型（7 亿～10 亿元）、成熟型（大于 10 亿元）（见图 6-8）。

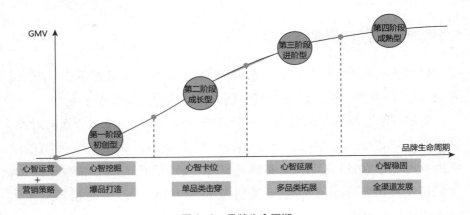

图 6-8　品牌生命周期

Ubras 在 2019 年的销售额仅为 1.7 亿元，按照天猫对于新品牌生命周期的划分标准，Ubras 是一个典型的初创型品牌。到 2020 年，超 15 亿元的销售额使得 Ubras 一跃成为成熟型品牌。

然而，Ubras 称得上是一个货真价实的成熟型品牌吗？直接跨过了成长型和进阶型这两大阶段，Ubras 这个"跳级生"会不会依然需要回头补补课？

如图 6-8 所示，初创型的发展关键在于在自身赛道中站稳脚跟，用爆品来挖掘心智这一点，Ubras 的"姿势"就很标准。我们认为，Ubras 目前应该属于成长型，该阶段的发展关键在于在自身赛道中建立护城河，将竞争对手挡在河的外侧，同时，需要着眼于核心用户群的外延和裂变。

按理来说，Ubras 以开创无尺码品类而出圈，最大的护城河应当是技术。但是，点状胶膜（湿固化热熔胶）技术在国内已经发展成熟，并不是 Ubras 的专利。不出意料，很快，一众老品牌和新品牌纷纷下场，就在 2020 年 10 月，蕉内推出了 500P 无尺码内衣，内外推出云朵无尺码背心内衣，还有一些品牌甚至在价格上比 Ubras 更有吸引力，例如有棵树、爱慕旗下的乎兮等。如此看来，Ubras 恐怕需要另寻一个更加坚固的护城河。

进阶型和成熟型的评判标准，同样也是 Ubras 的改进方向。进阶型的发展关键在于横向拓展打开自身赛道，通俗点讲，就是不仅要有更多的子品类，而且要将在爆品身上成功验证过的策略复制到新的子品类上。

我们选取了蕉内进行对比。截至 2021 年 3 月，Ubras 的天猫店 SKU 共计 317 个，蕉内的天猫店 SKU 共计 554 个（见图 6-9）。

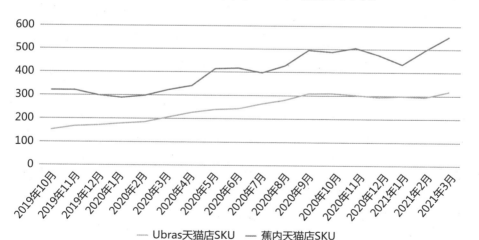

图 6-9　Ubras、蕉内天猫店 SKU 数量对比

资料来源：一面数据，增长黑盒。

从数据侧看，Ubras 的 SKU 并不算少，317 和 554 其实没有量级上的差别，但我们随机采访了一些有相关产品消费经验的消费者之后，发现大家对这两个品牌 SKU 的直观感知大相径庭。

主要原因是，蕉内的品牌矩阵面向男士、女士、儿童三大人群，产品类型也丰富，覆盖内衣、袜子、家居服、保暖衣等。而 Ubras 暂时仅聚焦在女性贴身衣物上，内衣占比高达 55%，且基本上都可以归为无尺码内衣。

一提到 Ubras，消费者就只能想到无尺码内衣，那么，300 多个 SKU 又是怎么来的呢？

我们仔细翻阅了 Ubras 的天猫店铺，发现其上架的内衣品类之间差别极其微小，主功能和主款式几乎完全一致。Ubras 用于区别 SKU 甚至是 SPU 的元素，并不是促使消费者选定某件商品的关键因素，以至于还存在一模一样的商品上两个重复链接的情况。

眼下，Ubras 尚不具备开发大量子品类和打造完整矩阵的能力，短期之内一下子把子品类数推高到 300 多种，多少有点充门面的意思。

说回成长阶段，Ubras 的 15 亿元销售额能触摸到的成熟型，要求和目标其实非常高，关键在于持续稳固地迈向全渠道发展。而 Ubras 目前仅仅跑赢了一个天猫的内衣赛道，距离全渠道还差很大一截。

Ubras 自 2018 年开始布局线下门店，截至 2021 年开店 10 家。反观内外，目前拥有 100 多家线下店，线下渠道能力是 Ubras 的十倍。

事实上，直到今天，内衣市场大部分还停留在线下。在这个全渠道比拼的时代，只做线上能否行得通，我们暂且对 Ubras 打一个问号。

3. 均码 vs 定制，都有现在，谁有未来

比起国内的两大典型竞争对手蕉内和内外，也许有一个美国内衣品牌更值得被拿来讨论，它叫 Third Love。

前文刚刚讨论过，Ubras 的 SKU 较少有可能是未来短板，而且 Ubras 也已经意识到这一点并开始行动起来了，但受限于无尺码本身的概念，拓品类并不是一件容易的事。

同属于新品牌的 Third Love，走了一条与 Ubras 完全相反的路。Third Love 的尺码多达 80 多个，尺码数量是维多利亚的秘密的 2 倍之多，之所以有这么多尺码，是因为其创始人经调查发现，仅用传统的测度方式，例如 34B、34C，会有 30% 的女性没有办法选到真正适合自己的尺码，进而借鉴半码鞋子的思路，设计了 34.5B 等的中间码。

无论是超多尺码的 Third Love，还是单一尺码的 Ubras，二者看似选择了恰好相反的方向，但想要解决的根本问题都是合体舒服。而且二者还有一个最大共同点，就是都以线上销售为主，不太注重线下门店。

Third Love 在营销手段上强调"先试再买"，免费试穿期长达 30 天，虽然冒着被使用 30 天的商品退货之后无法再卖出的高风险，但 Third Love 还是获得了 70%~75% 的保留率，并以此在充斥着传统巨头的红海中斩获一席之地。2017 年年初，Third Love 的线上月销量突破了 3.8 万件，2019 年总营收约为 1.25 亿美元。

线上销售后的保留率超过 70% 意味着什么呢？意味着只有不到 30% 的顾客退回了 Third Love 的内衣，而国内电商服装类商品的平均退货率在 30%~50%，其中，内衣因顾客对尺码的高要求，退货率会更高。另外，直播场景之下冲动消费，事后的退货率也会更高。

于是我们特意去关注了 Ubras 乃至各个品牌无尺码内衣的消费者评价，发现均存在某些类型的差评，例如不固定、容易跑、胸垫不适合、性价比不高等。看来，由于每个人的身体形态各有差异，松紧裤般的解决方案仍然存在漏洞。

新品牌究竟如何从 1 到 N

如何从爆款走向品牌长远发展，不仅仅是 Ubras 要面临的问题，更是新时代下新品牌需要共同攻克的课题。

1. 未来将至，私域里一决高下

中国新品牌的崛起，与美国的 DTC 品牌崛起非常类似。整体而言，二者有三大共通的商业要素上的变化：渠道从集中式的大卖场转向碎片化的互联网电商平台，媒介从电视转向互联网社交平台，供应链由分散小型工厂转向大型超级工厂。二者的区别在于，中美电商渠道流量差异巨大，这导致美国 DTC 品牌通常将官网作为沉淀消费者的渠道，官网不但可以直接拿到消费者数据，还不需要通过经销商加价销售。中国则是借力于电商平台的流量红利。

Ubras 卖产品 5 年多来，营销获客的本质都是在电商平台和社交平台上获取了大量的流量和消费者的关注，但问题是，就在 Ubras 净利率低于行业均值的情况下，消费者依然认为产品定价虚高。很明显，买方和卖方两头都没有将利益最大化，交易平台才是那个坐收利益的"渔翁"。

以 Ubras 营业额 15.53 亿元和爆款单价 129 元为依据，可估算出 2020 年 Ubras 共售出产品 1200 万件，叠加 20% 的行业平均复购率，等于约有 1000 万人消费。

根据第七次人口普查数据，我国女性人口为 6.88 亿人，15～60 岁的内衣主要需求群体约 4.62 亿人。再将购买力框定在 100 元以上，这个客群还不到 2 亿人。全行业来分这个 2 亿人的蛋糕，以中国内衣市场低集中度的现状来看（见图 6-10），Ubras 已经离自己的客群天花板不远了。

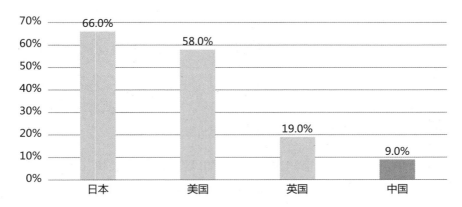

图 6-10　2019 年全球女性内衣市场前五品牌集中度（CR5）

资料来源：Euromonitor, Frost & Sullivan。

　　国内天花板已近，肯定会有人建议品牌出海。女性内衣这个品类比较特殊的一点是，它的设计需要参照人体工学，因而受到人种的影响，这对品牌出海造成了一定的障碍，例如欧美顶流维多利亚的秘密，在亚洲的表现并不突出。

　　排除了国内扩群体和出海两个大方向之后，最可行的就是提升复购率，也正是当下越来越多品牌关注的"单客经济"（即在一个消费者身上赚到更多的钱）。而私域致力于解决的，除了摆脱平台的制约之外，正是单客经济的问题。

　　想要提高客单价，核心是与消费者建立强连接。美国在线定制眼镜公司 Warby Parker 就是一个因"强连接消费者"而获得成功的例子，它是一家从 2010 年起在网上售卖眼镜的美国公司，产品并没有什么过硬之处，而且渠道在当时还不怎么被消费者信任。但 Warby Parker 始终重视与消费者的交互，例如在创立初期邀请消费者来仅有 4 位创始人的办公室里做客，断货时向每一位下过订单的消费者写邮件道歉并说明情况，开发了虚拟试戴功能供消费者挑选，等等。到 2019 年，该公司 2000 名员工中有 350 名客服人员，客服部门是仅次于零售部门的第二大部门。创始人认为，作为公司与消费者之间的第一人际接触点，客服至关重要。

从这里可以得知，私域并不仅仅是一个渠道，更是与消费者连接的方式。

2. 品牌力才是硬道理

每个卖产品的人，都知道品牌的溢价最高，不做品牌，利润永远会被困在成本里。那么，Ubras 的品牌力究竟如何？

据微博数据中心统计，按年龄段来划分，在 Ubras 官方微博的粉丝中，Z 世代人群的占比高达 69.84%。

让我们来看看 Z 世代的喜好特征：97.56% 的 Z 世代都渴望放松心情、愉悦自我，进一步看，在 Z 世代的内衣词云中，16% 的人提及体验、审美、悦己、质感，10.3% 的人提及自由、定义、表达自我。

而"Ubras+ 无尺码内衣"的词云中，与以上特征相似或重叠的是，5.7% 的人表达了"舒服"的核心诉求，7.8% 的人表达了注重"自由自在"的精神满足。

由此可见，Ubras 对消费者的需求价值目前还停留在迎合的阶段，既没有覆盖更大的人群比例，也没有触达更多的价值要素。因此，Ubras 虽然已经确立了品牌价值定位，即"自在"和"自由"，但似乎对消费者心智的占领程度还远远不够。

我们发现，Ubras 投放在地铁站里的广告，也同样存在着品牌定位失焦的问题：虽然传递了舒适和自由的价值观，却没有强调"无尺码"这一最大的亮点。

社交好感、公众舆论是社交媒体时代占领消费者心智的一面镜子，是品牌建设中不可忽视的阵地。塑造品牌力，才能让品牌方不再简单地卖货。

将公域流量转化为私域粉丝资产，通过运营去扩充兴趣人群的比例，也许是 Ubras 接下来需要补的课，毕竟，Ubras 的社交资产积累还有很大提升空间。

很多企业在流量收割阶段，开始加大社交种草、直播和电商导流等方面的投资，也越来越依赖 KOL 和 KOC 产出的种草内容。但用烧钱模式换营收增长，导致品牌不得不为种草的 KOL 们打工，因为用户信任的是 KOL，而不是品牌。这也意味着，企业的品牌并没有真正在目标人群中建立起来。

所以，品牌应该追求的是实现用户的精细化运营，将品牌与 KOL 进行深度连接，形成"品牌挚友"关系而不仅仅是"流量"的依赖关系，例如在微博里升级品牌号，就是品牌资产私域沉淀的表现之一。

除此之外，专注于线上渠道的新品牌们很容易忽视的一点是，线下店不仅是一种渠道，更是一种品牌力的展现。例如 DTC 美妆品牌 Glossier，作为一个数字原生品牌，坚决选择开设线下店，因为这是最适合新品牌与顾客建立"直接对话"的场地，可以用更低的成本与顾客建立更深更广的联系，从而获得顾客数据这一宝贵资产。

由于社交场景能够进一步推高品牌声浪，这让线下零售店的开设仿佛是一场电商新品牌的"成人礼"。通俗点讲，一个原本只在网上销售的商品，有一天你突然在商圈里看到了它的门店，会不会更加觉得它是一个可靠且知名的品牌？

结语

Ubras 作为新消费品牌，是近年来十分典型的增长案例。它通过一定程度的"地缘套利"和技术应用，开拓了新的品类，对内衣行业进行了细分。这个新品类精简了供应链，一改内衣烦琐的制造流程，为快速供货提供了可能。同时，Ubras 在营销方面敢于试错并舍得投入成本，搭乘大环境和直播的红利快车，在 2020 年的"双十一"大战中"一战成名"。

　　不过，过高比例的营销费用让 Ubras 的成绩显得有些虚高，未来若要发展，单靠吃爆品的老本并无出路。因而，在交出从 0 到 1 的完美答卷之后，Ubras 从 1 到 N 的路还漫漫且修远。

　　参照一些成功的海外和国内案例，从单一爆品转型成有长期竞争力的品牌，不仅需要丰富的产品矩阵，还需要布局全渠道，更需要一个强有力的品牌价值定位。

　　我们通过拆解 Ubras，想获取并传达的思想不只囿于 Ubras 本身，而是旨在通过 Ubras 的成长史以及未来可能要走的路，发现一些新品牌可借鉴或可防范的点。

参考资料

[1]　艾媒生活与出行产业研究中心 . 2020 年中国内衣行业发展现状及消费者习惯分析报告 [EB/OL]. (2020-08-05)[2021-03-15]. https://www.iimedia.cn/c400/73270.html.

[2]　信达证券 . 女性内衣专题报告：方寸之间大有学问，女性内衣龙头成长空间广阔 [EB/OL]. (2019-02-22)[2021-03-20]. https://www.shangyexinzhi.com/article/86161.html.

[3]　雪球 . 汇洁股份 vs 南极电商，谁更像未来内衣产业王者？ [EB/OL]. (2020-4-13)[2021-03-22]. https://xueqiu.com/1005003219/146720186.

[4]　第一财经商业数据中心 . 2019 内衣行业趋势研究 [EB/OL]. (2019-03-03)[2021-03-27]. https://www.cbndata.com/report/1357/detail?isReading=report&page=5.

[5]　爱慕股份有限公司 . 爱慕股份首次公开发行股票招股说明书 [EB/OL]. (2021-04-22)[2021-04-24]. http://static.sse.com.cn/disclosure/listedinfo/announcement/c/new/2021-04-22/603511_20210422_3.pdf.

[6]　汇洁股份.汇洁股份：2020 年年度报告 [EB/OL]. (2021-04-23)[2021-04-26]. http://www.szse.cn/disclosure/listed/bulletinDetail/index.html?a2278889-822f-42fe-a39c-bf8cb8c6bdd4.

[7]　刘鹏程.湿固化 PUR 热熔胶研究进展 [J]. 中国胶粘剂，2019，28(08):56-61. DOI:10.13416/j.ca.2019.08.014.

[8]　品牌星球. ThirdLove：以"数据科技"为核心的新锐内衣品牌 [EB/OL]. (2019-03-09)[2021-05-06]. https://www.brandstar.com.cn/in-depth/935.

[9]　品牌星球.基于 DTC 模式，Warby Parker 如何成为零售创新的标杆？[EB/OL]. (2018-09-27)[2021-05-09]. https://www.brandstar.com.cn/articles/307.

[10]　品牌星球. Dollar Shave Club：因为一条广告，它一夜成名 [EB/OL]. (2018-11-22)[2021-05-10]. https://www.brandstar.com.cn/in-depth/423.

[11]　波士顿咨询公司.宝藏新品牌成长白皮书 [EB/OL]. (2021-04-26)[2021-05-14]. https://new.qq.com/omn/20210426/20210426A0BSU400.html.

[12]　邹沅铮.李诞"躺赢职场"代言女性内衣翻车 男性代言女性产品违法吗？[EB/OL]. (2021-02-26)[2021-05-20]. https://baijiahao.baidu.com/s?id=1692683938446743986&wfr=spider&for=pc.

第三部分

营销力

拓新、定位与破圈

第七章

花西子

在卖货之前，先讲好一个国风故事

在我们挖掘完当时市面上增速最快的完美日记的故事后不久，它就在纽约证券交易所上市了。不过，完美日记显然并不是一枝独秀，很快，另一个名为"花西子"的美妆国货品牌进入了我们的视野。

花西子听上去更像是一个精耕细作的江南女子，令人意外的是其创始人也是男性。更加匪夷所思的是，花西子背后的这个男人——花满天竟然已经成功操盘过百雀羚、水密码等多个国货美妆品牌了，用的手法也高度一致。

于是，我们翻阅了花满天过去的一些营销操盘日记，一边解答以下三个问题，一边试图寻找可以复制的增长方法论。

• 花西子的 DNA 是什么？

- 花西子的增长因子是什么？
- 花西子高速增长背后的隐忧有哪些？

花西子的 DNA 是什么

1. 坚持 10 年的东方之美

花满天曾在博客里写道："一个品牌能不能成长为一个大品牌，往往是由它的 DNA——品牌定位来决定的。"

在今天看来，花西子这个国风品牌的诞生，不是临时拍脑袋的决定，而是花满天一直都在贯彻实施的价值主张。

从 10 年前开始，他就一直选择操盘国货品牌，在美妆护肤领域战绩斐然。

- 2010～2014 年，百雀羚天猫旗舰店日销售额从 4000 元提升至 210 万元。
- 2014 年 8 月～11 月，水密码店铺月销售额从 270 万元提升到 1540 万元，天猫排名从第 58 名上升到第 13 名。
- 2012 年左右，花满天操刀玛丽黛佳"DIY 我的 eye（爱）"的整合营销活动（活动数据见图 7-1）。

而从他过去做品牌营销的经历，可以清晰地看到花西子的影子。

多年前，早在做百雀羚操盘手的时候，花满天自称曾经参与打造过百雀羚的产品线"三生花"。此时"花 + 东方美感"的定位已经根植其中。到了后来，"三生花"已经成为百雀羚一个子品牌，其"花酿美力"的品牌故事 $^\ominus$ 与花西子的"以花养妆"有着异曲同工之妙。

$\ominus$　"花酿美力"品牌故事：三生花承袭百雀羚百年风华，以花酿护肤与海派文艺结合，呈现花漾美学发掘大自然花草生生不息的美颜奥秘，历经五步三序，以现代自然科技及低温萃取工艺，将原花中鲜活成分淬炼成花酿，融入每一件产品，尽享精粹之美。

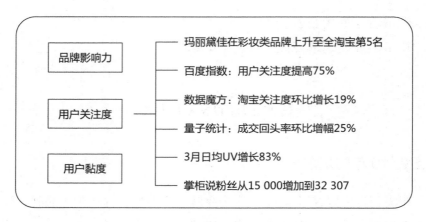

图 7-1 玛丽黛佳"DIY 我的 eye（爱）"活动数据总结

"三生花"的包装设计更是与花西子宣扬的"东方之美"非常契合（见图 7-2）。

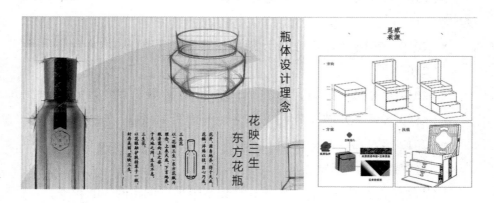

图 7-2 "三生花"瓶体设计理念

2. 定位增量市场

有了坚定的价值主张，花满天的下一步就是找准产品的市场定位：花西子成功锚定了"彩妆 + 一两百元价格带 + 有审美欲求（喜欢国风）+ 有一定消费能力"的人群。

　　从他的过往言行中，我们不难推测他深谙"定位"这一经典理论。在一次线上分享活动中，有人想让他推荐几本实用的营销运营书籍，但花满天却说自己从来不看战术层面的书，反而推荐他去看杰克·特劳特的《定位》和迈克尔·波特的《竞争战略》，建议他多去钻研一下 4P 营销理论[⊖]。

　　首先，为什么花满天选择了彩妆这个赛道，而不是百雀羚这种他更熟悉的护肤品？

　　我们退回去看花西子诞生之前的彩妆市场格局。2017 年，全球彩妆市场规模达到 725 亿美元，占整体化妆品收入的 13.18%，美国、日本、韩国彩妆规模占比以 18.21%、17.78%、15.99% 分列全球前三，而经过几年经营的中国市场份额只能达到 9.22%。国内彩妆行业上升空间巨大。

　　在中国彩妆市场中，国际品牌美宝莲、欧莱雅、卡姿兰还是当时的彩妆老大。市占率前 20 的彩妆品牌中，国货只有玛丽黛佳、韩束、兰瑟、韩后榜上有名，且加总市占率不超过 8%（见图 7-3）。国货彩妆还是一片蓝海，不难想象胸怀振兴民族品牌抱负的花满天正在摩拳擦掌。

　　其次，为什么花西子的定价这么高？

　　完美日记、橘朵等国货彩妆平均价格只有 50～60 元，而花西子高达 130 元。

　　从价格带来看，国产品牌均价处在 100 元以内价格带，而国际品牌则达到 0～500 元的全区间覆盖，国产品牌在 100 元及以上的价格带有非常大的成长空间（见图 7-4）。对此，花西子舍弃"廉价"的路线，在价格带上合理布局，其产品均价成为同类美妆国货里最高。

　　⊖　4P 营销理论被归结为四个基本策略的组合，即产品（Product）、价格（Price）、促销（Promotion）、渠道（Place）。

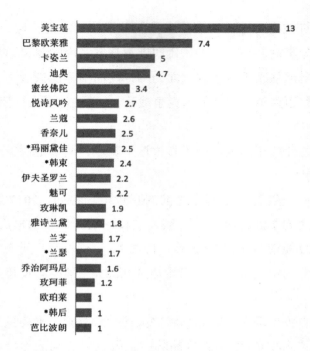

图 7-3　2017 年彩妆市占率排名前 20 品牌（%）

资料来源：Euromonitor，中国银河证券研究院整理（带 * 为国产品牌）。

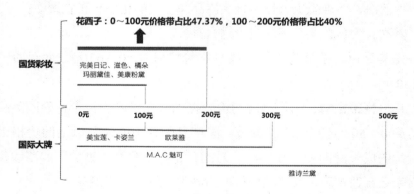

图 7-4　各彩妆所处价格带对比

资料来源：魔镜电商。

最后，花西子的产品卖点究竟与其他国货有什么差异？

从消费者的评论来看，花西子明显瞄准了 20～30 岁年轻人的"颜值经济"，"包装"是消费者评价中提及最多的词汇，"好看""效果""颜色"也被多次提到，这些评价很容易与花西子色彩丰富的百鸟朝凤眼影盘、雕花口红等热销单品联系在一起，品牌溢价正是源于此。

另外，通过淘宝产品的词云可以发现，花西子更看重"防水""保湿""持久"等功能性（见图 7-5）。对比下完美日记"明星同款""女学生"的特性，我们很容易发现二者卖点存在本质区别，这证明花西子在产品卖点上也找到了空白带。

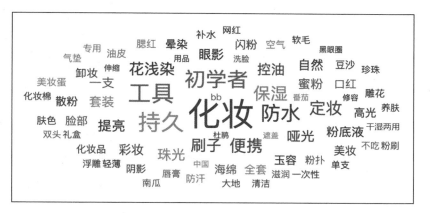

图 7-5 花西子产品淘宝词云

3. 借助体验官高速迭代产品

找准品牌定位是基础，打造出符合用户需求的产品则是将其推向市场的关键。对于消费品新物种来说，它们都会通过高频的上新及测试，持续打造爆款。花西子自然也不例外。

花西子成立之初，推出了包括眉笔、散粉、气垫在内的 6 大产品。如图 7-6 所示，一眼望去，初代核心产品与现阶段充满国风元素的东方彩妆形象相去甚远。但不到一年时间，这些核心产品从外观到配方上都有了惊人的改变。

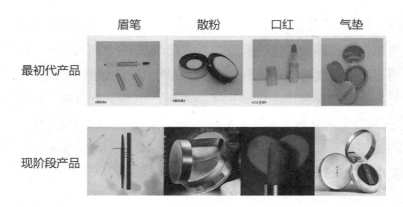

图 7-6　花西子产品迭代

从花西子的历史资料中，我们得以发现其产品快速迭代的秘诀：用户体验官。花西子从创立的第一天，就利用微博开始招募种子用户，进行产品共创了。

花西子化妆刷开发负责人满天星说，如果是花西子最早的一批体验官，应该会知道我们内部有一个机制，在产品和赠品开发前一定要做足市场调研，我们也会按体验官的需求紧急程度来决定开发的先后顺序。

如今，在公众号、微博、天猫店铺首页等都可以看到花西子体验官招募的信息，大多数体验官的反馈笔记都发布在微信小程序上。从体量上看，小程序体验官招募合集共收录 73 期，每期平均申请人数约为 2500 人，平均反馈报告数约为 300 份（见图 7-7）。

从 2017 年花西子上市初代产品到现在，主流款 SPU 都经历了至少 4 轮迭代，而且迭代节点与关键大促节点较为吻合（见图 7-8）。

其实我们还注意到，花满天曾操盘的品牌"三生花"，早在 2018 年就通过线下渠道招募了 18 万名体验官，虽然他早就已经脱离了这个项目，但我们依旧很好奇这是否也传承了他的创意？

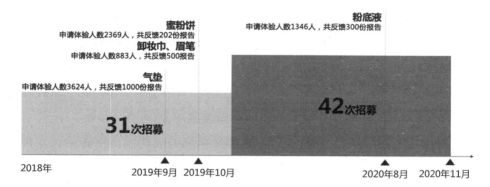

图 7-7　花西子合作体验官反馈情况整理

资料来源：花西子体验官小程序，增长黑盒。

图 7-8　花西子产品迭代策略

花西子的增长因子是什么

2013 年，花满天在《推广将死，营销已来：淘宝店铺运营模式的三代论》中提到了"运营三代论"，他自己则一直在奉行第三代"营销式运营"。

第一代——运维式运营：包括进货、上架、促销、发货、售后等，可理解为店铺管理维护。

第二代——推广式运营：利用直通车、钻展、淘宝客、淘宝试用等工具和平台进行营销。

第三代——营销式运营：在明确品牌和店铺定位的基础上，综合应用各种营销手段，借助各种营销方案整合资源。这种运营方式可以让顾客更容易记住甚至爱上品牌，可以在花同样的钱的情况下引进更多的流量，可以让店铺转化率、客单价和顾客忠诚度更高。

根据我们的观察，营销式运营其实是花满天成功操盘百雀羚、水密码，一直到花西子背后的可复制的方法论。接下来，我们来解释一下这究竟是什么意思。

在早期的电商环境中，"淘内推广＋产品＝销量"，增长由广告推广驱动，在淘宝内有流量就可以带来产品销售，是简单的摆摊式卖货逻辑，这便是第一代和第二代运营。

今天来看，淘宝内已经没有流量红利了，只有淘内资源是不够的，而且摆一辈子摊也做不成一个大品牌。所以逻辑转变为"淘外营销＋淘内推广＋品牌定位＋产品＝销量＋品牌知名度"，增长由营销驱动，这便是第三代。花满天追求的也不是单纯的销量，而是品牌的知名度和美誉度。

这个原理貌似非常普通，那花满天在落地应用时有什么特殊之处？我们根据他过往的操盘经历，比对今天的花西子，总结出"营销式运营"可复制的三大特征：讲故事、整合资源、精细化运营。

1. 复刻故事套路，然后"卖情感"

营销式运营的第一个特征，便是讲故事，让产品看起来更有"内涵"。

花满天本人就是文案策划出身，一步步成为操盘手，从种种资料可以看出，他本人就是个特别会讲故事的人，他的关键策略就是通过品牌故事让消费者"爱上品牌"。我们发现，他讲故事其实是有一套模板的：把民族文化元素和产品研发融合，打磨出一套推广品牌产品的同时宣传民族文化的故事脉络。

2012 年，花满天为百雀羚策划了名叫"北纬 30°·琥珀计划"的营销活动，该活动围绕"东方之美"的定位展开，其故事元素非常鲜明。

- 主题：北纬 30° 草本集萃之旅。
- 人物：彝族匠人吉伍伍各，传承草本文化。
- 地点：北纬 30° 的 7 个省份，背后有神秘的历史渊源。
- 物：北纬 30° 上 7 个省份最珍贵的草本植物，定制产品，作为产品主线。

活动形式回归公益上：与民间艺术家合作开发工艺品，通过义卖捐助他们。

为了体现自己克服种种困难发起这项传承民族文化的活动，百雀羚团队声称至少提前了两个月做准备，"且专门组织了一个团队，遍寻四川和浙江两个省份濒危的民间艺术，与艺术家合作，为本次活动专门设计和开发了一批赠品"。

我们再来看 2020 年花西子非常火爆的"苗族印象"产品，其营销活动"银火相传"也用了非常相似的手段来讲故事。

- 主题：苗族非遗公益探索之旅。
- 人物：苗族匠人龙太阳，传承银饰文化。
- 地点：西江苗族古寨，背后有悠久的历史。
- 物：非物质文化遗产，苗族银饰工艺，定制产品，作为产品线。

该活动还和中国扶贫基金会开展"苗族女童助学项目"。在活动期间，花西子官方渠道每售出 1 份苗族印象高定礼盒，则捐赠 10 元。首批 100 万元的捐赠金，将为超过 1000 名苗族贫困女童提供助学金。

为了创造更大的传播度，花西子不仅与人民日报合作了纪录片《非一般非遗》，还邀请了知名主播作为主持人，并强调这项活动筹划了两年，自己是下决心要弘扬民族文化的。

正如花满天自己所说："卖产品不如卖服务，卖服务不如卖情感。"

2. 整合资源：先搭舞台，后请演员

营销式运营的第二个特征，便是打破闭门造车的传统，整合市面上的优质资源，一起搞个大事出来。

在百雀羚发起"涌泉相报"这个营销活动时（2011年10月开始），花满天盘活各种资源搞了"八大借"。搞定大明星站台，联系数十家媒体发通告，发起品牌联合营销，等等，实现"空手套白狼"——比如说服百雀羚在电视广告里植入天猫的logo，以此换来天猫价值60万元的广告资源；在百雀羚旗舰店悬挂曼姿丝袜的横幅广告，换来价值80万元的袜子作为赞助……这让人很疑惑，在当时，花满天团队为何有这样大的能力调度起这样量级的资源？

花满天本人在日记里给出了答案：先用敏锐的眼光发掘高价值的资源，然后用一套营销策划方案把各种资源串联起来。以营销方案为"线"，把营销活动需要的资源"串"起来，然后拿这个方案去说服资源方，换句话说，先搭舞台，后请演员。

到了花西子时期，花满天沿用同样的思路，盘活多方资源。以前面提到的"银火相传"活动为例，我们可以看到花西子不仅在国内掀起热度，还高调出海。

当然，规划做得再好，最终还要落到执行上。种种资料表明，花满天是个执行力极强的人。举个例子，在操盘百雀羚"北纬30°·琥珀计划"时，花满天联合团队策划了一张一米多高的活动执行排期表，表格上一行内容代表一个工作，排期铺满一整个月，分工明确，计划严谨。

回归到花西子身上，花满天盘活了两大资源：头部主播和天猫国潮。

（1）从淘宝客到头部主播

在操盘百雀羚的过程中，花满天策划过一场非常轰动的事件营销：百万面膜送淘客。

据花满天本人复盘，淘宝客是当时所有付费推广方式中投入产出比最高的一种。当时 KOL 的概念没有兴起，但淘宝客推广本质上就是找人帮你带货分销，然后你付佣金。但是，当时吸引淘宝客群体参与分销的套路非常单调：靠反复发帖刷帖赚曝光，举行推广比赛，或者送奖金、iPhone 甚至价格更高的奖品。

大部分的淘宝客属于长尾阶层，如何在最短的时间内，找到足够多的淘宝客来参与分销呢？花满天这时候便扭转了思路：与其花大力气去找，何不让淘宝客自己找上门来。

于是，"百万面膜送淘客"就诞生了：2012 年的 8 月和 10 月，百雀羚先后推出"万瓶精华水送淘客"和"百万面膜送淘客"活动；部分产品的佣金拔高到 90%，并有 10% 的额外奖励。

这是淘宝联盟创立以来首个"100% 佣金"的淘宝客活动，充分具备新奇、有爆点、可病毒式传播的特质。伴随着"这个月我们为淘宝客打工"的口号，百雀羚成功捕获大量的淘宝客来加入推广计划。花满天透露："短短两个月的时间就把淘宝客的日成交额从 5000 元拉升并且稳定在 5 万元左右。"（见图 7-9）

图 7-9　活动前后店铺的改变

① UV（Unique Visitor），指独立访客，也就是说一个独立的 IP 访问店铺只产生一个 UV（无论访问多少店铺页面）。

可见，对于"共赢"这件事，花满天是绝不吝啬的，而且他发掘高

ROI 资源的眼光确实敏锐。

花西子和头部主播 L 的合作开始于 2018 年，最早的互动始于 2017 年互转微博。由于年代比较久远，挖掘那个时候的数据过于复杂，我们就对近年的数据进行分析，从中也可窥见一二。

花西子在淘宝直播这个渠道每天都有 200 场左右的关联直播，频次还是比较高的。但是，以 2020 年 10 月的数据为例，三个波峰均是头部主播 L 的直播场次带来的销售额暴增，与平日拉开十几倍的差距。也就是说，少了该头部主播，花西子在淘宝直播这个渠道基本不可能做起来。

头部主播 L 与花西子的紧密配合几乎是无时无刻不在的。以 2020 年 8～10 月数据为例，这位主播带货花西子的次数高达 17 场，仅次于欧莱雅的 23 场。

我们再根据数据进行一个简单的估算：9 月，头部主播 L 为花西子带货 GMV 预估是 2834 万元，而花西子 9 月天猫整体 GMV 预估是 1.91 亿元，一个人就给花西子带来了 15% 的销售额；而 10 月是"双十一"的预售节点，头部主播 L 给花西子带货预估 1.26 亿元，而花西子在 10 月的天猫 GMV 预估是 1.95 亿元，占比 64.6%。

我们还可以从其他角度来反证一下头部主播 L 目前的影响力。直播眼对各个主播层级的定义如下：

- 新人主播：开播时间 <3 个月
- 潜力主播：0< 场观人数 <1 万
- 腰部主播：1 万 < 场观人数 <10 万
- 头部主播：场观人数 >10 万

根据直播眼数据，在非大促节点（没有 L 直播的情况下），腰部主播的带货能力比较突出，在淘系主播中营收贡献约 50%。假设腰部主播的月均销售额保持这个水平，且不考虑大促节点头部主播的分流效应，各型号蜜粉平均每月营收约 8000 万元（取近 5 个月的平均值来算），其中腰部主播的营收贡献约为 7%。根据直播眼提供的数据，头部主播 L 在某月曾为蜜粉带来 1700 多万元的销售额，同样按照上述方式测算，营收贡献约为 20%。

总的来说，头部主播 L 给花西子带去了巨额的流量和收益，这一点毋庸置疑。

（2）搭上天猫国潮快车

花满天一向不会放过天猫的资源。2019 年，花西子加入了天猫"国潮来了"。

早在 2017 年，项目的名字还是"国品计划"，这个项目在市场上的水花还不算大。到了 2018 年，这个项目改名换姓卷土重来，操盘纽约时装周、国货跨界联名、国潮出海等大型营销项目，作为一个新生的营销 IP 逐渐被消费者认知。国家在 2017 年将每年 5 月 10 日定为"中国品牌日"，天猫自然也要全力投入，扶植国货。

根据官方说法："天猫平台从大数据洞察、创意共创、营销传播等多方面对品牌进行了赋能。"那么，天猫究竟给花西子带来了怎样的影响呢？

最重要的影响便是联名。天猫官方促成了一系列著名的品牌联名活动，比如，六神花露水 × RIO，周黑鸭 × 御泥坊，阿芙精油 × 泸州老窖。

我们曾详细梳理过花西子 2018～2020 年的营销动作，其中一个明显的特征是，从 2019 年开始，花西子进行了频繁的品牌联名活动，这在 2017～2018 年是从未有过的（见图 7-10）。而这些联名能够有效地进行"破圈"，大幅提升品牌的影响力。

3. 精细化组织架构

营销式运营的第三个特征，便是用超配的组织架构，打造精细化的团队职能。品牌故事讲得再好，卖货还是需要回归电商运营本身。早在

2012 年，花满天就开始实践"精细化运营"。

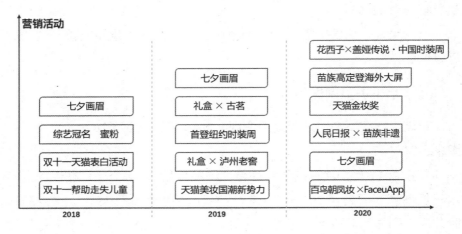

图 7-10   2018～2020 年，花西子跨界营销、出海登屏

资料来源：微博。

到了 2014 年代运营水密码旗舰店时，有 130 位员工参与到各个板块的运作，花满天不仅从人员数量上，更从工作维度上架构起了超配式组织进行精细化运营，这在当时是比较少见的。

当时负责水密码运营端的至美电商 COO 寻欢曾表示："公司的创始人兼 CEO 花满天提出的'运营三代论'中，营销式运营把店铺视作一个木桶，DSR[⊖]、转化率、客单价、回购率、收藏率、连带率等就是木桶的一个个木板，而销售额就像是木桶里的水，店铺销售额的高与低是由最短的那个木板决定，所以要进行精细化运营。"

今天如果我们再来看花西子的组织架构，就可以发现它依然秉持着精细化运营的传统思路，170 人的电商运营中心承接了花西子大大小小数十个营销活动（见图 7-11）。

⊖ DSR 即卖家服务评价系统，包含产品描述相符（Detail）、卖家服务态度（Seller）和物流服务质量（Rating）三项评分，买家可根据自己的购物体验对其进行一到五星的打分。

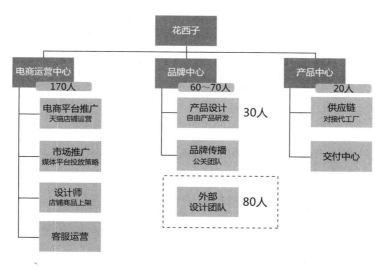

图 7-11　花西子组织架构图

资料来源：根据公开信息及专家访谈整理。

除电商团队的超配式架构，花西子产品设计部也采用了超配模式。30 人建制的内部设计团队负责与外部设计团队接洽。根据我们调查，花西子长期稳定合作的外部设计团队在 80 人左右，整个花西子产品的设计也以外部团队提供的方案为主。比如花西子经常与文渊设计团队合作，从网页页面设计到物料插画，到一度火爆的"苗族印象"，甚至包括花西子刚成立不久的护肤品牌——OGP 时光肌。此外，花西子还跟中央美术学院建立了合作关系。

产品设计体现品牌调性，策划助力品牌传播。早在创办电商代运营公司时，花满天就曾将自己定义为"电商行业的 4A 广告公司"。从花西子的招聘信息来看，新媒体策划相关的岗位竟然比天猫运营招得还多，可以想见文案策划对花西子品牌发展的重要性。从花西子所属的宜格集团 2020 年校招信息中可以看到，除了常规岗位，还有一个"文案策划方向管培生"，这在电商行业是比较少见的。

高速增长背后的隐忧

讲完营销策略，我们回到企业本身，花西子高速增长的背后，其实也有隐忧之处。

- 产品种类太少：花西子的 SPU 是同类国货里最少的。
- 营收集中度过高：蜜粉的营收占比长期超过 40%。
- 没有新的爆品接棒：爆款生命周期都很短，2019 年中期之后，再也没有现象级爆款出炉。

那么，花西子是在如何尝试破局，突破增长的天花板的呢？

尝试 1：品牌出海

2020 年"双十一"，花西子斩获国货美妆出海销量 Top 1。从东方彩妆到国风汉服，从国内宣传到登陆海外主流线下媒介平台，从国内 KOL 种草到国际明星联合宣传，花西子出海行动似乎一直很顺畅。事实上，之前已经有一些成功的先例。能够把自己跟中国文化绑定是绝佳的增长点，毕竟文化输出是受到政府大力扶持的。

尝试 2：线下新零售

电商时代，新物种产品在线上火了之后，一般都会开始铺设线下实体店。比如，完美日记从 2019 年开始布局线下店，到 2021 年已经有 200 多家门店了。虽然我们没有看到花西子真正去开彩妆店，但它却悄悄地开了一家线下奶茶店：西子黛茶。这家坐落在杭州科技总园的线下店铺，周边环绕十多所高校。

尝试 3：多维品牌矩阵

我们发现花满天在 2019 年间接投资了一个新的品牌——OGP 时光肌，该品牌主打面膜、面霜等护肤产品，甚至还推出了美容仪。不过这个新品牌目前表现平平，2020 年的天猫销售额不过 1400 多万元，我们似乎还没有看到它增长的发力点。

结语

能够十年来坚持初心，打造一个民族品牌，这是我们特别佩服花满天的地方。在他操盘多个电商品牌的背后，其实有一套可复制的"营销式运营"方法论。

- 找准增量赛道，打造差异化品牌。
- 讲故事，让产品看起来更有"内涵"。
- 整合资源，拒绝闭门造车，用营销活动方案串联众多资源方。
- 精细化运营，打造超配的组织架构。

花西子在未来是否能克服瓶颈保持高速增长？花满天坚持十年的方法论是否还能继续成功下去？让我们拭目以待。

第八章

Gucci

率先迈向数字化的奢侈品品牌

　　2021 年是 Gucci 诞生的 100 周年。作为一个真正的百年品牌，Gucci 在迈入新消费时代的过程中，特别在过去的六七年里，可谓是经历了大起大落。

　　自 2012 起，Gucci 营收连续三年几乎没有增长，停留在 34 亿～36 亿欧元区间。2014 年年底，已经在职 10 年的 CEO 和创意总监双双离职。2015 年，新的 CEO 和创意总监实施了以"数字营销 + 年轻化"为核心的新战略，帮助 Gucci 重新焕发生机，五年里连续实现高速增长，2019 年更是创造了近 100 亿欧元的营收。

　　然而，好景不长，新冠肺炎疫情的出现打击了整个奢侈品行业。2020 年，Gucci 所在的开云集团销售额下滑 17.5%，Gucci 销售额下滑

22.7%，降至 74 亿欧元。这个跌幅，与爱马仕、路易威登、迪奥等相比，似乎不甚乐观，爱马仕 2020 年第三季度全球销售同比增长 4.2%，LVMH 集团的时装和皮具 2020 年第四季度销售额同比增长 18%。

不过，受到中国市场的推动，Gucci 在亚太地区的销售额增长了 17%，且经过大幅度的线上转型后，2020 年上半年，开云集团在亚太地区（主要为中国）的电商营收同比大幅上涨 89%。

总体而言，Gucci 在新战略的指导之下，短短几年内创造了 30% 的年复合增长率，且销量连续领跑，这样的增长速度对于一家百年老店和一个传统行业来说，无疑是惊人的。

当然，高光时刻不是终点，Gucci 现阶段也存在一定的问题。于是，2021 年 2 月，开云集团掌门人 François-Henri Pinault 在分析师电话会议上表示，Gucci 的调整计划是重新吸引顶级客户、加快营销活动频率。

我们研究后认为，此番调整透露出的信号是，Gucci 此前将赌注押在"千禧一代"身上，虽然短期内增速显著，却不足以对抗"黑天鹅"，也不足以支撑长期稳定的增长。而对于奢侈品来说，效能最高的客群自然是财富积累充足的顶级客户。

接下来，我们将解答以下四个问题，帮助大家更好地看清和理解 Gucci 的表现，以及这些表现背后的操作和原因。

- Gucci 为什么选择将目光盯紧年轻人？
- 数字化是如何配合年轻化策略进行落地的？
- 黑天鹅来了之后，年轻化策略暴露了怎样的不足？
- 重新吸引顶级客户的背后，Gucci 未来的增长之路在何方？

百年 Gucci 为什么看准了千禧一代

截至 2014 年，Gucci 的业绩已经原地踏步三年了。

　　由于低迷的销量和惨淡的评价，当时在任的 CEO Patrizio di Marco 和创意总监 Frida Giannini 宣布了离职。一个奢侈品品牌的创意总监通常在位长达十年，Frida Giannini 2004 年接手 Gucci，但 2014 年匆匆离职，甚至都没有等到她的最后一场大秀。

　　2014 年 12 月，Gucci 母公司开云集团的掌门人 Pinault，从集团内紧急空降了 Marco Bizzarri 作为 Gucci 新任 CEO，这位功勋卓著的老将在葆蝶家任职 CEO 的五年中，将其营收翻了三倍。

　　Marco Bizzarri 上任的第一项大的变革，就是重新圈定了 Gucci 的目标客群——千禧一代。

　　因为 Gucci 发现，千禧一代的消费习惯有三个重要的特点：

- 千禧一代从"探索者"变为"VIGs"（Very Important Gucci Customers）；
- 千禧一代平均客单价与非千禧一代的差距逐渐缩小；
- 千禧一代留存复购率与非千禧一代非常接近；

　　在此基础上，Gucci 配合了产品、组织架构、渠道、营销等一系列的变革动作，使得千禧一代用户比例大大提高，且消费能力增强。截至 2017 年第四季度，千禧一代消费者人数占消费总人数的 60%，千禧一代贡献的销售额占总营收的 56%。

1. 优雅与街头的融合，调价与引流并行

　　想要变革产品，首先得知道千禧一代喜欢和需要什么样的产品。Gucci 之所以能比其他品牌更懂千禧一代，是因为它有一个秘密武器——"影子协会"（Shadow Committee）。这是由 Gucci 内部 30 岁以下员工组成的一个小组，CEO 和品牌总监会定期直接与他们交流，以获得灵感。比如，Gucci 提出的"零皮毛"概念，就来源于影子协会。

　　读懂年轻人之后，在新创意总监 Alessandro Michele 的带领下，Gucci 的产品一改 Frida Giannini 时代（2002～2015 年）陈旧老套的风

格，结合多种大胆的时尚元素，Gucci 也对产品线做了颠覆式的创新，以帮助产品出圈。

Michele 表达出对"优雅服饰"和"街头元素"的喜欢，并相信可以将这两种看似矛盾的审美融合在他的设计里，这打破了消费者对"奢侈品"的常规认知。

2015 年后，Gucci 大规模清理了以往的存货，开始上新 Michele 的新作。经过三年时间，Gucci 展现出的是一趟全新的审美旅程。

消费者似乎很满意 Gucci 的革新，新品往往刚发布时就会在社交媒体上引起轰动，如在 Harry Styles 代言的 2018 年秋冬男装系列照片，短短 3 天内，就在 Instagram 上获得超过 100 万的点赞和互动，打破了 Gucci 社交媒体史上的用户互动纪录。

2021 春夏系列发布"大秀"一改以往秀场 T 台的形式，被制作成了时尚迷你剧《无边序曲》，微博则是该剧发布的中国主要社交阵地。在第七集播出并官宣品牌代言人时，剧集获得了超过 3000 万次的观看，同时"Gucci 品牌代言人"话题也随着剧情的展开不断升温，阅读量达到了 5.4 亿次，单条微博传播指数达到了 100，传播层级达到 10 层，形成了涟漪式扩散传播，观看人数达到 1 亿人次。"GucciOuverture"和"GucciFest"两个话题阅读量更是达到了 13.8 亿次。

从 Gucci 在 Instagram 和微博上的表现可以看出，Michele 的产品设计理念可以用"Balanced"来描述，即创造力和市场需求的平衡。Michele 的成功之处在于，他的设计不仅仅依赖于单纯的创意，而是结合商业和市场需求，创造出"商业＋创意"的产品。这种设计理念延伸到传播策略上，便是先锋性和量产的平衡。它表达了一种"亲民"的时尚态度，也是 Gucci 近年来受众规模不断扩大的最好解释。

我们注意到，在产品端，Gucci 的策略除了覆盖设计本身之外，还运用了价格调控和引流产品（Traffic Builder）策略。

Gucci 2018 年投资者报告显示，从 2015 年到 2018 年，Gucci 的平

均价格上涨了 20%，其中 5% 来自原有商品价格的上涨，剩下的均来自新品定价的提高。

不过价格的上涨并没有影响 Gucci 的总营收，甚至平均客单价还上涨了 20%。这是因为 Gucci 引入了引流类型的产品，通过增加"入门级"产品的品类和选择，广泛地吸引用户，确保定价覆盖较为全面，产品价格梯度更加丰富。

引流产品有个明显的特征——商品单价相对较低。Gucci 主要的引流产品有饰品、珠宝、手表、眼镜、鞋履中的运动鞋、成衣中的街头服饰等。举几个例子：

- Le Marché des Merveilles 是手表系列中价格最低的款式之一；
- Streetwear 的价格普遍低于 RTW 其他系列；
- Ace Sneaker 均价 500 美元，远低于其他鞋履。

一旦购买发生，再通过交叉销售的策略引导用户购买单价更贵的产品，我们将这种策略称为"充分挖掘用户 LTV"。交叉销售甚至被作为重要的能力，写进直营店调整的策略当中。

总结一下 Gucci 产品端的变革：一方面利用多重时尚元素融合的先锋设计，重新唤醒年轻人的注意力，以此来争夺千禧一代新客源；另一方面利用引流产品，通过交叉策略来提高 LTV。我们认为，这是 Gucci 能够在短期内获得大量流量提升的关键因素。

2. 增设"产品经理"、数字业务和内容中心

目标客群和产品设计的调整，必然伴随着组织架构的变革。

2016 年，新的 CEO 上任之后，对结构进行了小规模的调整，增设了首席营销和授权经营官（Chief Merchandising and Licensing Officer）这一职位。该职位的定位类似于"产品经理"，当创意总监完成创意设计后，"产品经理"会根据目前的资源、市场的需求与之协调并把产品

上线。

2017年，为了满足快速扩张的需求，Gucci净增了1200名员工。尽管在通常情况下，快速增长期的企业不宜进行大幅调整，但CEO认为，高增长容易让企业固化一些东西，而只有对组织结构进行调整，才能让企业获得更好的增长。

2018年2月，Gucci对公司的组织结构再次进行了调整。这次增设了数字业务与创新（Digital Business and Innovation）部门，该部门负责电商、消费者洞察、技术、数字化转型。2019年，Gucci又为CRM的布局设立了客户关系管理事业部（CRM Factory）及数据和分析（Data & Analytics）两大部门。

值得注意的是，在这几年间，Gucci在各大社交媒体上有源源不断的内容贴文，且不同媒体渠道之间的口径、讲述的品牌故事高度一致。这是缘于Gucci搭建了一个强有力的"内容中心"，该中心负责制作和输出丰富的图片、视频和品牌故事。在强烈好奇的驱使下，我们从领英获取数据，拼凑出了这个责任重大却又神秘的部门。从数据统计来看，共有52人在工作描述中提到"内容"或"贴文"，他们主要分布在传播、设计和社交媒体板块，在活动执行、媒介投放和印刷部门也有少量的人员分布。其中总监级别有4人，分别来自传播、内容、设计和社交媒体部门，这样的人员架设也符合内容中心对人员的基本需求。

组织架构的变革让Gucci能够在逆转颓势的时候毫无顾忌，新CEO和新创意总监的密切配合更是助力了Gucci实现"梦幻乐园"。

3. 五大策略四项指标提高门店效率

作为连接品牌和终端用户的桥梁，渠道策略直接决定了品牌的营收结构。

为了优化营收结构，Gucci做了几项变革：减少经销商份额，重视线上销售，变革直营店。从分量上来看，直营店是重中之重。

过分依赖经销商，必然会削弱品牌自身的变现能力。所以 Gucci 渠道变革的第一步就是削减经销商份额，把变现渠道重新掌握在自己手中。

从 2015 年起 Gucci 逐步削减经销商数量，到 2017 年已经砍掉大半。目前 Gucci 比较大的经销商有 Farfetch、Net-A-PORTER、Shopbop、Forward、Mytheresa 等。

在众多数字化战略当中，电商渠道无疑是重中之重。自 2015 年开始变革以来，Gucci 在电商渠道上做了大量优化：首先，一改原先的陈旧版式，采用更贴近"90 后"熟悉的"杂志风格"；其次，内容展示更加丰富，促进用户在网站的留存和转化；最后，强化产品详情页的图片质量，改进结账流程。

2015 年 10 月，Gucci 新版网站率先在北美区域上线，在随后的一年内在全球其他地区更新。改版后的网站，无论是在设计风格、用户体验还是功能性上都有了极大飞跃。2017 年，Gucci 上线了风格统一的中国版官网。

这一系列针对电商渠道的动作取得了显著成效。2017 年，Gucci 的电商营业额高达 2.7 亿欧元，同比增长了 88%，年均访问量达到 2.24 亿人次。

截至 2018 年年中，网站 73% 的访客来自移动端。同时，移动端的访问量增加了 4 倍，购买转化率提高了 70%。Gucci 的管理层更是把"电商收益占总营收的 10%"作为未来几年的重要 KPI。

即使砍掉经销商，重视线上渠道，也不足以从根本上解决营收提升的问题。毕竟 Gucci 线下直营店占了公司营收的最高比例，零售店铺任何一个改变和效率的提升，都会带来蝴蝶效应般的影响。因此，为了减少成本，Marco Bizzarri 就任之后的第一年就砍掉了 5 家店。等公司业务逐步走上正轨，Gucci 才开始增加店面数量。

2016 年，Gucci 关闭的店面主要集中在欧洲，而在 Gucci 重点发展市场的日本，实际上店面数量有所增加。2017 年，Gucci 将重点发展市场转移至中国。也就是说，Gucci 始终保证将资源调配到最重要的地方。

Gucci 按照创意总监的新风格，重新装修店面，线下直营店一转之前的内敛奢华风，变成张扬复古风。从 2015 年至 2018 年上半年，共有 183 家直营店完成了形象升级。不过，线下店面投入占总营收的比例却一直在减少，且始终控制在 5% 以内。

在店铺运营方面，Gucci 运用了五大策略，以有效提高销售密度（Sales Density）。

店铺差异化策略：根据不同地区的特点，通过设置不同的店面形象（Store Profiling）打造个性化店铺，根据典型客源、流量特点、用户反馈等打造有特点的店铺，来满足消费者不同的需求。

人才策略：加大店铺人力投入，不仅继续招聘贤才，还增设了许多新的职位来打造无缝衔接的门店体验，如引导员（Runner）、楼层经理（Floor Manager）。

培养策略：通过新的方式和工具来培训员工技能；强化交叉销售技巧；最重要的是改变定位，原来的普通销售员变为"问题解决者"或"咨询师"。这一举动大大拉近了消费者与门店导购的关系，更贴近了 Z 世代的消费习惯。如其中一个小技巧就是将小饰品与成衣展示在一起，利用店内协调的视觉展示，交叉销售更多商品，在有限的空间内增加更多的成单机会。

客户体验策略（Clienteling）：比如启用最新的"神秘购物"项目来策划一个灵活的用户旅程（Customer Journey），并以此来评估店面从"进店浏览到退货"的全流程；再比如在重点地区店铺进行跨职能团队的持续曝光，对于同一个用户，通过提供不同职能团队的服务来提高用户体验，实现最终转化。

店铺运营策略（Store Operation）：持续优化门店体验和前置仓运营，持续观察付款流程，进行门店导购的工具优化。我们推测 Gucci 可能给店铺配备了更高效的"武器"（如 CRM），强化店面管理，并聘用和培训更多人才。

Gucci 为提升门店效率设置了四个指标，分别是流量（Traffic）、转化（Conversion）、复购留存（Retention）、平均每次消费价格（Average Ticket）。Gucci 2018 年投资者报告显示，这四个指标均有提升，其中流量增长最为显著。该报告还显示，从 2015 年到 2017 年，Gucci 全球店面的平均坪效已经从 20 000 欧元上升到了 30 000 欧元，当时的目标则是达到 45 000 欧元。

百年 Gucci 是怎么做数字化的

传统企业起步于线下，也通过线下把门店开到了世界各地，对于全球知名的奢侈品品牌来说，在新时代多少会面临一些"船大难调头"的境况。

在数字化兴盛的今天，Gucci 显然是奢侈品中最勇于"吃螃蟹"的那个。

世界顶尖咨询机构 Gartner 建立 Digitial IQ Index 排行榜，旨在评估各个品牌的数字化竞争力。在时尚品类排行榜中，Gucci 在 2016 年第一次登上榜首，并连续三年蝉联榜首，2015 年时它还仅仅名列第七。

Gucci 2016 年的财报明确指出，数字化创新是 Gucci 的支撑策略。我们经过研究发现，Gucci 的数字化运用主要体现在营销端。那么营销策略配合产品设计的调性，让一个品牌的形象从"高冷克制"到"敢于自我表达"需要多久？

Gucci 为千禧一代造梦，与为"传统贵族"（Old Money）造梦的方式大有不同，除了在旧触点上做新尝试，更显著的变化是数字化转型，目的是增加与千禧一代沟通的触点。

Gucci 转变在消费者心中的形象用了三年，并分三步走：重新定位，加快进度，强调一致性。

为了配合 Michele 的创新风格，2015 年后，Gucci 所有的品牌接触点都被创造性地更新与升级，例如，投入信息流广告、重视社交媒体、改版官网等。

据调查，截至 2018 年，在开云集团的媒体总开支中，数字媒体占比为 55%，首次超过了传统广告媒体的投放额度。而这一数值在 2015 年还仅有 20%，可见五年来的投入增长是十分显著的。但开云集团整个媒体预算并没有降低，媒体开支份额变化的主要驱动力来自对数字营销逐渐增加的投资。数字媒体中投放比重前三分别是：搜索引擎营销（Search Engine Marketing，SEM）、程序化购买和付费社交媒体。

从区域上来看，2015 年起，Gucci 把注意力集中在了亚太地区。

2015～2017 年，Gucci 聚焦日本，通过 360 度全方位的宣传策略迅速完成品牌革新，如通过纸媒、软植入、公关等方式。2017 年，Gucci 开始聚焦中国，8 月上线了中国官方网站，接入微信和支付宝支付方式，并将官方网站与微信商城打通。到 2018 年 7 月，Gucci 中国官方网站收到了来自 300 多个中国城市的订单，其中 1/3 的订单来自一线城市。

图 8-1 是 Gucci 有效传播的概览，我们通过逆向工程学对 Gucci 的传播到转化做了一个综合拆解，然后完全理解了 Gucci 连续四年的两位数增长从何而来。

1. 海外社媒官方"种草"

2015 年前后，Gucci 的社交媒体运营策略发生了巨大的变化，"种草"这件事，官方开始亲自操刀了。

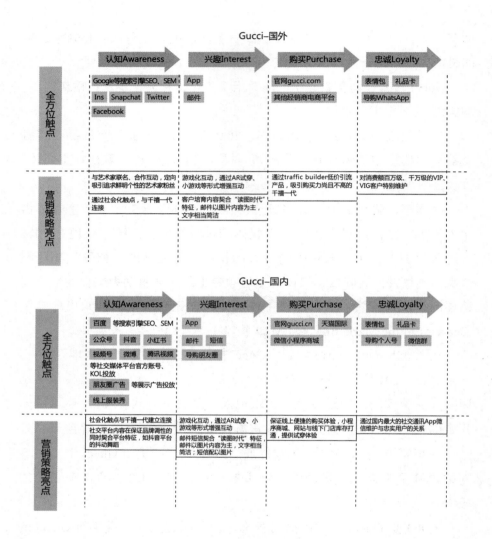

图 8-1 Gucci 数字化营销画布

在 2018 年年报里，Gucci 毫不掩饰自己在社交媒体的优异表现，用了一页的篇幅专门介绍粉丝和互动量的增长。仅 2018 年一年内，Gucci 在各大社交平台涨粉 3000 万，涨粉率达 55.7%。

我们横向对比了 Gucci 的 Instagram、Twitter 和 Facebook，发现 Instagram 推文量在这 3 个媒体中只占 33%，粉丝量占 60% 左右，但是

互动量竟然占了 98% 的份额，看来千禧一代聚集的 Instagram 果然是品牌主战场（见图 8-2）。

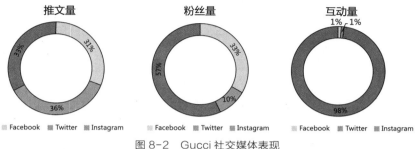

图 8-2　Gucci 社交媒体表现

资料来源：公开数据，增长黑盒。

我们截取了 Gucci 高层换帅前后的两段时间，从发帖量、互动量和互动率等方面做了个纵向对比：发帖量从 2014 年的 251 条陡升至 2018 年的 1300 条；用户互动量从 2014 年的 740 万次上涨至 2018 年的 18 340 万次；从用户平均互动率来看，2014 年仅为 24.64%，而 2018 年达到了 610.81%。

Gucci 还在 Instagram 上举办挑战赛。2017 年，Gucci 推出引流产品 Le Marché des Merveilles 腕表时，鼓励世界各地的 Meme（网络文化表情）创作者参与进来，围绕腕表系列进行创作。该活动不仅吸引数十万人参与，还成为各大时尚媒体报道的对象，等于免费公关了一次。

Gucci 借力社交媒体造"梗"，打造了一个又一个标志性品牌营销宣传活动，把品牌理念成功植入千禧一代的心智当中。Gucci 在嘻哈音乐中的"被点名率"一直名列前茅，曾被 Jay-Z、Kanye West、Nicki Minaj、Pusha T 等人所引用，2020 年就有三首歌提到了 Gucci。同时，Gucci 与嘻哈圈的明星保持着紧密的合作关系，如 A$AP Rocky、Dapper Dan，《中国有嘻哈》节目播出的时候，也顺便把 Gucci 带火了一把。

2. 国内社媒全方位运营

了解完 Gucci 在海外的社媒情况，再来看看国内。

贝恩相关研究报告显示，2020 年中国奢侈品市场逆势增长 45%，规模达到440亿欧元，预计2025年中国消费市场将占全球市场总份额的近50%。2020年，奢侈品线上渠道销售额占比33%，其中，50%来源于品牌官网。中国消费者年轻化趋势延续，30岁以下消费者占比超50%。

微博用户中，"90后""95后"占比超过80%，可见微博是符合Gucci通过"社交"的方式打入千禧一代的主阵地。据了解，Gucci 2011年入驻微博，到2017年1月时粉丝量超过80万，近几年粉丝增速大大提升，至2022年5月官微已积累了300多万名粉丝。

不过，想要影响Z世代的消费决策，仅凭官微发博显然不够。运营微博的重点在于——因为微博能够基于真实社交兴趣行为的数据属性，最大限度动态还原一个用户当下最真实的社交形态，所以通过微博矩阵式创意热点营销，可以有效实现高关联圈层的长期影响，和高价值Z世代兴趣用户的长效留存。

微博"小蛮腰种草模型"非常有代表性地展示了微博的生态：利用明星、头部KOL、热点IP、媒体、行业IP等为品牌背书，实现短线破圈引爆，在不同场景下激活达人的流量价值；接着通过企业蓝V和腰尾部KOL为品牌建设口碑，好让品牌保持长线活跃（见图8-3）。最终微博生态可以帮助品牌累积强大的社交资产，将公域引爆后的资产沉淀到私域，将兴趣用户逐步转化成为忠实用户（见图8-4）。

作为奢侈品品牌，Gucci最重视的自然是大秀，微博为其专门定制了一套"秀前—秀中—秀后"的全运营打法。微博社交用户数据显示，高奢秀展收割粉丝通常存在72小时的高速黄金周期，这72小时正好覆盖秀展的前中后三个阶段。

- 秀前：通过"品牌蓝V+挚友"发布预告、超粉开启直播预约、官微发布线上邀请函等方式，对大秀进行预热。
- 秀中：官方发布引爆大秀的话题，同时有达人进行内容的同步分发，流量的入口很丰富，例如品牌号直播、主话题直播联动、挚友线上线下内容分享、种草潮物榜等。

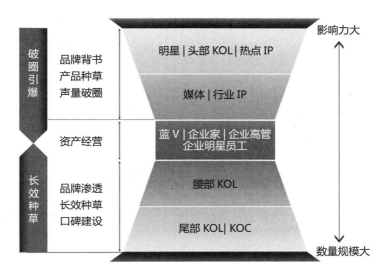

图 8-3 微博"小蛮腰种草模型"

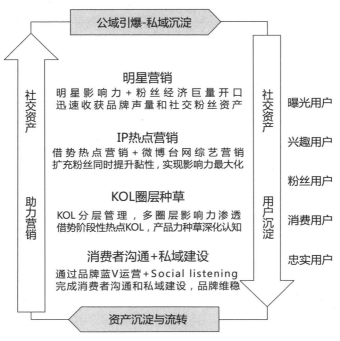

图 8-4 微博生态运营链路

- 秀后：即使大秀结束了，也不能忽视长尾传播的效应，依然可以通过时尚大 V、模特等连麦，揭秘幕后故事，将优质内容沉淀到品牌号中。

不仅是大秀，Gucci 几乎所有营销大事件，都配合了微博端的动作，可见 Gucci 在把握中国市场时对于微博平台的重视。图 8-5 展示了 Gucci 2020～2021 年的重点微博话题。

图 8-5　2020～2021 年 Gucci 微博营销大事件

资料来源：微博，增长黑盒。

3. 用营销科技优化电商网站

自 2015 年起，Gucci 官网一直在进行大规模的数字化转型。在开云集团的投资者报告中，Marco Bizzarri 也多次强调 Gucci 非常注重数字化科技，并成立了专门的小组进行探索。

网站改版，优化了线上用户体验，这已经在前面渠道部分讲过。另外，我们还监测到 Gucci.com 和 Gucci.cn 均安装了大量营销科技 SaaS 工具。

大量使用 SaaS 工具，表明 Gucci 正在执行系统化的数字营销策略，包括：

- 分析网站访客的行为，找到网站优化点，从而提高访问量、留存和转化；

- 通过大数据捕捉用户特征，进行个性化产品推送，达到千人千面的效果；
- 整合多个数字营销渠道，进行 DMP 投放、网红分销、重定向广告等；
- 用 A/B 测试来找到最佳的网站优化方案；
- 启用在线客服，增强用户个性化体验。

把这几个模块串联起来，不难发现它就是一套基于用户的营销（Account-Based Marketing，ABM）：通过邮箱、IP 地址等把同一个用户的数据收集到用户身份证明（User Identification，UID）中，再基于该 UID 记录里的一系列事件分析用户的特征，根据其特征通过合适的渠道推送定制化内容，再观察数据。ABM 常见于 B2B 的营销当中，适用于价值较大或者生命周期长的交易。

如此一来，Gucci 基于 UID 的数据，通过定向的信息流广告、个性化网页、个性化邮件营销等，与用户形成一个交互的闭环。

当消费行为促成之后，一款叫 LUCE 的 App 可以赋能线下门店导购，用来绑定顾客，了解顾客购买行为、喜好、管理销售目标等。这款 App 的使用将平均客单价提升了 15%～20%。

年轻化策略是否有点矫枉过正

年轻化策略无疑在短短几年内给 Gucci 带来了惊人的涨势，但遭遇新冠肺炎疫情"黑天鹅"的突袭之后，2020 年 Gucci 销售额下滑 22.7% 至 74 亿欧元，营业利润下滑 33.8%，Gucci 成了开云集团下跌最多的时尚品牌，甚至拖累了整个开云集团的业绩（集团业绩下滑 17.5%）。

这个跌幅与爱马仕、路易威登、迪奥等奢侈品品牌相比，似乎有些大。是因为此前涨幅凶猛，所以后来跌幅也更惹眼吗？

Marco Bizzarri 和 Alessandro Michele 的联手，确实缔造了一场后 Gucci 时代的神话。文艺复兴式的浪漫主义、去性别化、复古时尚、书卷气……从媒体给出的关键词来看，后 Gucci 时代已经完全与 Tom Ford 时代区别开来。

不过，对此业界存在不少争议。从"老气"到"潮流"，尽管数字化手段为增长带来了可观的成效，但 Gucci 为更换主要目标用户而做出的改变，似乎并不支持它将可观的增长长期保持下去。

1. 从哲学概念、频繁联名，看 Michele 的个人意志

Gucci 2020 春夏女装系列，套用了法国哲学家福柯的"微型权力"理论。我们并非精通艺术与哲学，所以不敢妄加评判 Michele 的设计究竟是否真的能够表达哲学，但从业界评价来看，该系列无论是呈现方式还是单品设计，都不足以支撑起其援引的哲学观念，主题和系列之间呈现出极大的矛盾与割裂性。

Gucci 的许多单品还借鉴融入了古希腊神话故事，这些都是 Michele 向"古"求索的部分。

当然，Michele 也向"今"求灵感，推出过女性主义系列。他曾这样表示："在这样的仪式中总是有一些东西被埋没：'产妇'创造新生时的颤抖，母亲的子宫是诗歌迸发的地方，那是从一种形态变为另一种形态。这次我决定向人们揭示幕后发生的事情，希望技艺娴熟的双手和那些屏住呼吸的时刻能够被看到。"

暂且不从艺术的视角论其专业性和创意程度，这些设计都有一个共同的特点——凸显 Michele 的个人意志，Gucci 不再强调品牌、产品，而是关注历史、宗教、艺术、自然等内容。这一点在运营上体现得更加明显，2018 年 Gucci 发文最火热的 10 个话题标签中，"Michele"远高于其他标签的使用频率，这说明 Michele 不仅是 Gucci 的创意总监，他的

"个人主义"色彩在某种程度上也与 Gucci 的品牌内涵开始逐渐产生了一种文化割裂。对比 2014 年的话题标签，当时的创意总监 Frida Giannini 并没有被着重强调，且品牌词、活动词、创意总监名权重相差不大。

Gucci 一个先是出圈后又遭人诟病的点，则是联名。

2020 年 12 月 22 日，Gucci 推出与 The North Face 的联名款。2021 年 1 月 20 日，Gucci 又发售了与哆啦 A 梦的联名款。2021 年 4 月 14 日，Gucci 和巴黎世家的联名爆出，更是再一次引起了轰动。

不到半年时间推出了三个风格各异的联名，无非是为了挽救下滑的业绩。纵然在密集联名动作的促进下，Gucci 的业绩有所回暖，但其 2021 年第一季度销售额与 2019 年同期相比，仍下滑 7%。

虽说品牌联名系列是撬动 Z 世代用户的一把钥匙，但有业内人士认为，联名只能在短时间内刺激业绩，进行流量互换，频繁使用这一招，收效只会明显递减。因为联名本质上意味着"限定"，当消费者愿意为联名买单时，实际上是在为联名产品的稀缺性买单。而如果品牌总是联名，不仅无法保证稀缺性，消费者的期待心理也会随之降低。与此同时，若联名品牌的调性与主品牌的出入过大，消费者的接受度和满意度并不见得是积极的，Gucci 与哆啦 A 梦的联名款，风评似乎就不是很乐观。

有了联名，自然少不了跨界合作。为了重塑品牌形象，Gucci 请来大量名人明星造势，比如图像设计师 Ignasi Monreal、街头艺术家 Dapper Dan、涂鸦艺术家 Trouble Andrew 等。通过这些街头艺术家，Gucci 转向小众审美和文艺腔调，树立起了自己独特的风格，增强了影响力，更广泛地触达了年轻人。

以上这些操作，无论效果是否如意，Bizzarri 都对其出发点做出过解释：能够用心地、真诚地与千禧一代交谈，那么就是在说他们的语言。

2. 为什么必须"重新吸引顶级客户"

然而，如此用心的背后，Gucci 仍继续面临着业绩下滑的风险。

　　除了新冠肺炎疫情这样的外因，时装评论人 Eugene Rabkin 这样解读其内因：Gucci 属于儿童，它的流行是幼稚主义的盛行。Gucci 大力变革的这五年重点吸引的千禧一代，用时尚评论人唐霜的话来说是"最狂热、最易煽动的，也是最翻脸无情、最不具有忠诚度的消费人群"。这也就解释了：对于重塑品牌的周期来说，五年时间原本该是品牌摆脱了早期震荡，渐入佳境，迎来稳定发展的时候，为什么偏偏 Gucci 会遭遇这样惨烈的下滑。

　　疫情在一定程度上抑制了消费行为，而报复性消费也只是阶段性的表现。对于年轻人来说，一方面购买力本身就不足，另一方面时尚产品无法持续吸引他们购买，使得复购率并不高。因此，作为一个传统的奢侈品品牌，Gucci 着重把握年轻人群体的这个选择，多少有些矫枉过正。更何况现在的年轻人，很容易"把握不住"。

　　前文讲到的频繁联名的弊端，对 Gucci 来说还算不上最严重的问题，更应该引起 Gucci 注意的是：追逐潮流的设计风格和定位，虽然成功地吸引了年轻人的注意力，却也隔绝了真正的核心人群。

　　不可否认，尽管今时今日，设计师品牌和奢侈品品牌都必须要面对不断扩大的主流消费者，但品牌仍必须精准锚定第一梯队的客户，即核心消费人群，之后再将这个群体所引领的风潮和品位，推进至更广阔的市场。

　　Bizzarri 曾在一次访谈中表示："我想我们习惯了增长和获利，更多的增长，更大的利润。我不能说这是错的，但是说到底，利润无法稳固品牌价值。尽管品牌价值一直在流失，你的生意还是可以实现两年、三年甚至四年的增长，但到了行业内的意见领袖都认为此品牌不再有价值和影响力的一天，它就会大幅下跌，20%～25% 这种程度的下跌。"从这番对奢侈品短视营销的担忧中可以看出，Bizzarri 很明白，快速拉动营业额的策略，只能给老品牌带来短期的红利。

　　到这里，我们有一个大胆的猜测，也许这五年来针对千禧一代的设计风格的大转型，本就是 Gucci 想要实现快速增长的一项短期策略。毕竟，在维护自己百年品牌的同时，Gucci 始终担负着开云集团 "一哥" 的责任，所以不仅要谋长期发展，还要时刻为开云集团的股价操心。而在接下来的战略中，要重新吸引的顶级客户，也本就是 Gucci 绝不可放弃的核心人群。

3. 进军二手市场，顶级与非顶级都不能放过

除了战略调整，Gucci 近年又有了一个不动声色的大动作，那就是进军二手市场。奢侈品在二手市场的交易由来已久，但品牌正主亲自出手也是近来才有的事。

2021 年 3 月初，开云集团联手美国老虎环球基金共同融资 1.78 亿欧元入股法国二手奢侈品平台 Vestiaire Collective，并加入其董事会，成为首个入股二手平台的奢侈品巨头。紧接着，天眼查显示，Gucci 关联公司古驰（中国）贸易有限公司发生工商变更，经营范围新增 "二手日用百货的零售、批发及佣金代理" 项目。有分析人士猜测，这或许意味着 Gucci 将在中国涉足二手业务。

关于二手奢侈品市场的情况，我们以二手奢侈品买卖 App 红布林的数据为例，将 Gucci 与迪奥、香奈儿、芬迪、路易威登、普拉达、圣罗兰等多个奢侈品品牌进行了对比，发现 Gucci 在二手市场的 SPU 数量最多，共有 12 555 个，其中仅有 8 个新品，8 个全新品。而其他品牌的 SPU 依照数量从多到少排列，依次是路易威登 10 423 个，香奈儿 6192 个，迪奥 5942 个，普拉达 3528 个，芬迪 2638 个，圣罗兰 2076 个。

从二手市场产品的多寡中，我们可以窥到 Gucci 的受欢迎程度。可见，尽管从 2020 年到 2021 年，Gucci 的销量表现在一路下滑，但其声量和热度依然坚挺。2021 年第二季度的 LYST（全球时尚购物平台）指数显示，Gucci 仍然位居榜首，因此，在不久的未来，Gucci 重回巅峰将

是很有可能的事。

　　美中不足的是，Gucci 不同折旧程度的产品的保值率几乎都明显低于爱马仕、香奈儿、迪奥和路易威登（见表 8-1）。据我们猜测，这可能与 Gucci 此前高频的上新有关。自 Michele 大刀阔斧的变革后，Gucci 完全摆脱了 Tom Ford 的风格，产品大换新，几乎每一季都会上新款，然而，保值率高的产品往往还是经典款包袋。

表 8-1　五大奢侈品品牌平均保值率对比

品牌	9.9 成新	9.8 成新	9.5 成新	9.0 成新	8.5 成新
爱马仕	93.16%	80.9%	65.67%	62.72%	47.3%
香奈儿	81.48%	77.66%	66.12%	54.45%	52.71%
迪奥	68.29%	59.09%	49.61%	41.23%	39.68%
路易威登	87.79%	81.77%	65.68%	54.93%	54.93%
Gucci	63.65%	59%	49.79%	49.79%	38.54%

　　资料来源：红布林 App，增长黑盒。

　　单从设计上看，爱马仕、路易威登、香奈儿的印花和色彩都相对单一，新款和旧款区别不是很大，例如路易威登经久不衰的老花图案。但 Gucci 的上新，不仅色彩丰富，而且产品大变样，设计的多样化稀释了产品的辨识度，是导致其在二手市场上保值情况不理想的原因之一。

　　近些年来，时尚行业的新玩法层出不穷，如跨界联名、即秀即卖，只以卖货为导向，显然丧失了时尚的本真。各大品牌争抢着尽快出秀，一年办过多新品秀场，缺乏打磨产品的耐心。

　　或许 Gucci 自己也已经意识到了这个问题。2020 年 5 月 3 日，Michele 在 Instagram 宣布，未来 Gucci 将把品牌大秀从之前的一年 4 次精简为一年 2 次。他解释称，之所以改革为一年两季，是因为类似"早春早秋""度假系列"这样的主题太脱离实际生活，且有文化殖民的意味。

　　话说回来，从触达二手市场的行为来看，Gucci 不仅想要抓住消费新品的顶级客户，也想要抓住那些"退而求其次"消费二手商品的客户，毕竟二手市场和新品市场的受众是完全不一样的。

不过，据专家透露，Gucci 开展二手奢侈品业务属于被动行为。二手奢侈品市场很大，日本新品和二手的市场比例达到 1∶1，美国则能达到 1∶2。出于对未来发展的成本和利润考虑，这块业务与其给别人，不如由品牌方自己做。

结语

作为开云集团的支柱品牌，Gucci 从 2015 年起走上了"年轻化 + 数字化"的变革道路：从产品端的融合优雅与街头的设计，到组织架构端的增设"产品经理"、数字业务和内容中心，到渠道端的提高门店效率，再到营销端的重视社媒运营和优化电商网站。不得不说，这套变革成果极其显著，Gucci 一扫之前的低迷状态，冲上行业巅峰。

然而，2020 年起，销量的大跌让 Gucci 必须重新对战略做出调整，它选择了重新吸引顶级客户。这说明，Gucci 对过去几年表现的评估是，目标人群定位可能存在一定的问题，年轻的千禧一代并不是其真正的核心人群，产品的设计还是要围绕顶级客户展开。

我们认为，Gucci 在数字化道路上做出的积极革新是非常值得肯定的，它不仅是各大奢侈品品牌中数字化转型做得最早的之一，也是收效最好的之一。Gucci 下一步的调整除了重新吸引顶级客户之外，还提出了要加快营销活动频率，这说明，其自身也看好数字化变革的前景。

我们相信，在找好长期品牌定位，并有数字化加持的情况下，进入第二个百年的 Gucci，在不久的将来定会创造下一轮可观的增长。

参考资料

[1]　KERING. 2019 Financial Document [EB/OL]. (2020-02-12)[2021-12-06]. https://keringcorporate.dam.kering.com/m/5950e4d285ac1f9a/original/2019-Financial-Document.pdf.

[2]　KERING. 2020 First-half report [EB/OL]. (2020-07-28)[2021-12-08]. https://keringcorporate.dam.kering.com/m/1d69a314a271d228/original/2020-First-half-report.pdf.

[3]　KERING. 2020 Financial Document[EB/OL]. (2021-02-17)[2021-12-18]. https://keringcorporate.dam.kering.com/m/57a7ad2619884844/original/KERING_Document_Financier_2020_Production_UK.pdf.

[4]　Digital IQ Index. Luxury China 2019[EB/OL]. (2020-01-19)[2021-12-12]. https://www.gartner.com/en/marketing/research/luxury-china-2019.

[5]　Digital IQ Index. Luxury US & Europe 2019: Fashion[EB/OL]. (2020-01-20)[2021-12-12]. https://www.gartner.com/en/marketing/research/luxury-us-europe-2019-fashion.

[6]　Digital IQ Index. Watches & Jewelry Global 2019[EB/OL]. (2019-02-19)[2021-12-12]. https://www.gartner.com/en/marketing/research/watches-and-jewelry-global-2019.

[7]　BCG. 2020 中国奢侈品消费者数字行为洞察报告 [EB/OL]. (2020-11-05)[2021-12-15]. https://xueqiu.com/9508834377/162544483.

[8]　LADYMAX. 深度 | 奢侈品牌为何需要拥抱二手市场平台? [EB/OL]. (2019-10-17)[2021-12-18]. http://news.ladymax.cn/201910/17-34903.html.

[9]　LADYMAX. Gucci 突然掉头，不再盲目年轻化 [EB/OL]. (2021-04-07)[2021-12-18]. http://news.ladymax.cn/202104/07-36082.html.

[10]　唐霜 . 专栏 | Gucci 到底出了什么问题? [EB/OL]. (2021-01-20)[2021-12-19]. https://baijiahao.baidu.com/s?id=1689372492455230120&wfr=spider&for=pc.

[11]　多多 Domik. 联名救不了 GUCCI[EB/OL]. (2021-04-29)[2021-12-22]. https://xw.qq.com/cmsid/20210426A0BD7Z00.

第九章

布鲁可

以"少年"之身勇屠"巨龙"

品类即品牌，一度被奉为品牌价值定位的天花板。贵如法拉利的跑车、爱马仕的包包、席梦思的床垫，便宜如农夫山泉的矿泉水、可口可乐的可乐，这些能在某个品类中极具代表性以至于拥有超高市占率和渗透率的品牌，成为做品牌者的最高目标。

但换个视角，当一个品类中有一个巨头常年占据市场时，其他玩家或者新晋玩家应该如何与之共存？是否有机会超越，或者能否另辟蹊径实现超车呢？

我们在研究了不少母婴产品后，发现一名很亮眼的新选手——布鲁可。作为中国积木原创品牌，它对于赛道的选择和目前做出的业绩都引起了我们的兴趣。

积木这个赛场玩家数量并不多，竞争似乎还没有异常残酷，很难说清楚究竟是否存在巨大机会，但却存在一个令后来者着实难以抗衡的巨头——乐高，其知名度和声量几乎就是塑料拼插积木的代名词。

Euromonitor 数据显示，乐高在全球、中国搭建类玩具市场的占有率分别达 68.8%、42.3%，龙头地位不容置疑。从国内市场来看，积木玩具行业主要参与者包括美泰旗下子品牌 Mega Bloks，以及中国积木厂商邦宝益智、启蒙等，这些同类型产品不仅价格低于乐高，在全球市场的占有率也均未超过 5%（见图 9-1）。

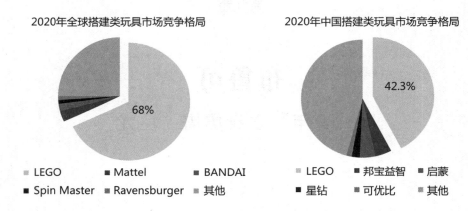

图 9-1　2020 年搭建类玩具市场竞争格局

资料来源：Euromonitor，国盛证券研究所。

在集中度如此之高的行业里，布鲁可竟然用不到五年的时间做到了第二名，颇有种"屠龙少年"的姿态。

母婴行业观察数据显示，2020 年"双十一"期间，布鲁可销售额超 5000 万元，比去年同期增长了 712%，这样的爆发归因于一个爆款单品——积木桶。这款积木桶不光成为天猫"双十一"拼插积木类目单品销量第一名，且全年在天猫单平台的销量就超过了 10 万件。据魔镜数据预计，布鲁可 2020 年全年的销售额可达 4 亿元，其中天猫销售过亿元（见图 9-2）。

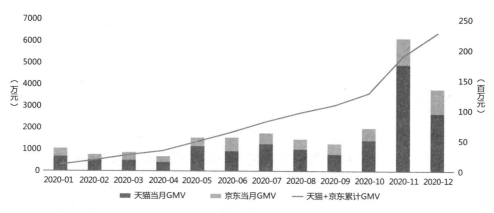

图 9-2　2020 年布鲁可积木在天猫、京东的月 GMV 及全年累计情况

资料来源：魔镜数据。

2020 年 11 月刚取得了斐然的成绩，12 月布鲁可立刻就迎来了多达 3.3 亿元的 A 轮融资，紧接着进入 2021 年的布鲁可，销量也没有令资本失望，第一季度成为玩具反斗城积木单品销量第一，孩子王国产积木销量第一。连续交出优异的成绩单之后，B 轮融资也于 2021 年 5 月抵达。

接下来，我们将通过深度研究带大家了解清楚以下问题。

- 作为积木届的新手，布鲁可是怎样找到自己的位置的？
- 动画 IP 对于品牌的作用力到底有多大？
- 布鲁可是如何打造自己的 IP 的？
- 布鲁可如何在全渠道中亮相？
- 私域如何帮助布鲁可拉近用户距离并获取超高复购率？

新晋玩家如何找准自身定位

《定位》中曾提到："为了在容量有限的消费者心智中占据品类，品牌最好的差异化就是成为第一，做品类领导者或开创者，销量遥遥领先，其次分化品类，做到细分品类的唯一，即细分品类的第一。"这与布鲁可面对的"乐高独大"的赛道竞争环境高度契合。

1. 来自乐高的魔咒

先来看看，乐高这般几乎垄断的地位是如何形成的。

事实上，乐高并非塑料拼插积木的首创者。最早的塑料积木是在1939年由一个叫作 Kiddicraft 的公司发明出来的，随即被乐高创始人抓住机会。此后的几十年里，乐高不断改良材料和技术，增加专利，拓展拼法的多样性和可玩性。

乐高对于积木生产核心环节——开模的投入更是不吝成本，据纪录片《超级工厂：乐高积木》讲述，乐高单个零件模具成本为 4 万～25 万欧元不等，远高于邦宝益智的平均成本（约 2 万元）(见表 9-1)。

表 9-1　乐高与邦宝益智在生产环节的对比

	乐高	邦宝益智
模式	自建工厂	自建工厂
原材料	ABS 树脂塑料	ABS 树脂塑料
模具成本	4 万～25 万欧元不等	模具自产＋外销结合，2015年招股书披露工厂中 1500 台模具平均成本约为 2 万元
工艺精确度	第一颗和第一百万颗的误差基本为 0（10 万个积木里仅 12 个未通过质量检测）	精度达到 ±2μm，最高精度可达 ±1μm，首次试模产品尺寸误差 5% 以内
产能	5 家工厂，其中丹麦总部工厂（全球最大的塑胶模塑工厂之一）年生产超过 200 亿块积木，中国嘉兴工厂产量预计覆盖亚洲市场的 70%～80%	益智玩具 2020 年生产量 2347 万套
其他技术	高度自动化，每三周检查修复模具	

资料来源：公司公告，国家地理纪录片《超级工厂：乐高积木》，国盛证券研究所。

与此同时，乐高坚持对供应链的高度掌控。截至 2021 年，乐高共开设了 5 家工厂，全部采用自营模式，积木的注塑、上色、包装等流程实现了全自动化管理。

玩具徒有高质量是远远不够的，乐高从未忘记"拼搭"的"欢乐初心"。2008年起，乐高搭建用户IDEAS库，建立起玩家投票机制。例如，来自中国广州的Donny设计了一个缩小比例的钢琴，于2018年11月投稿至LEGO IDEAS网站并立刻获得了1万张投票的支持，这个设计最终被乐高团队选中开发，Donny也成为乐高IDEAS项目的首位中国设计师。

尽管不是首创者，但乐高从未间断过对供应链端的投入与升级，这让它在不同时期内都具备了高效率、高标准、强创新等特点，坐稳了拼搭玩具生产商的头把交椅。这宛如一个"魔咒"，使得生态内鲜少出现"后来者居上"的情况，国内外的后来者们都不约而同选择了融入乐高生态，以"与乐高兼容、比乐高便宜"作为核心卖点，而非向乐高宣战。比如，乐高"得宝"系列主打中颗粒积木，加拿大积木品牌美高便开发出中颗粒积木与"得宝"兼容，且价格甚至不到"得宝"的一半。对于追求品质又渴望经济实惠的消费者来说，便可以选择混买"得宝"和美高的中颗粒积木。

用"兼容"的策略，达到了"平替"的效果。因此比美高后入局的品牌，纷纷"抄作业"，延续了兼容和低价策略。比如邦宝和森宝都是从供应链起家的国产积木品牌，都可以作为美高中颗粒积木的"平替"，同样也是与乐高"得宝"系列兼容的，价格甚至仅有乐高的十分之一。

可以看出，在塑料拼插积木的赛道上，乐高不仅是领导者，更是几乎决定了行业的形态和玩法，犹如一个大哥带着一帮小弟，小弟们都以向大哥学习靠拢为豪，却并无人敢站出来正面挑战大哥的地位。

2. 积木人群定位的"两极分化"

乐高真的就这样一手遮天了吗？积木玩具的市场里真的找不到突破口了吗？

想要突围，先要回到原点分析消费者需求。在我们通常的感知中，积木是一种属于儿童和青少年的玩具，但近些年来积木的受众正逐渐向两端发展——大龄和低龄，其原因如下。

（1）原来核心用户的注意力受到各类娱乐模式的抢夺

美国媒体文化研究者、批判家尼尔·波兹曼在 1982 年出版的《童年的消逝》一书中表示，"童年"这一概念诞生于印刷术普及之后，由于文字成为文化传播的主导因素，成人可以掌握文字和知识的世界，于是儿童与成人之间出现了一道文化鸿沟，将成年和"童年"区隔开来；而进入电视时代之后，一切信息都能够在成人和儿童之间共享，"童年"的界限逐渐模糊。

这一概念放在今天来看更加显著，随着智能手机渗透率的逐渐提高，儿童的注意力逐渐被手机吸引，2019 年的 3 个统计数据可以证明：在英国，智能手机在 10 岁儿童中的渗透率接近 50%，15 岁青少年的手机持有率接近 100%；14 岁以下儿童每天在智能手机上消耗的时间长达 3 小时 18 分钟，每周基本要消耗 23 小时。

原先的核心人群的注意力被勾走了，那积木应该卖给谁呢？

（2）家长对于幼儿智力开发的需求愈发旺盛

既然大一点的孩子都去玩手机和电脑了，积木就卖给更小年龄的孩子，这也是积木扩展出了大颗粒和超大颗粒的原因，即需要保障孩子在使用时的安全。

实际上，从整个玩具大品类来看，玩具在低龄儿童中占比增加的现象，在国内尤其明显，中国乃至亚洲有一个非常典型的学龄前和学龄后的分水岭。有调研结果显示，在玩具消费人群里，6 岁以下的孩子占 76%，从孩子 7 岁起，玩具销量会呈断崖式下跌。

正巧，随着生活质量的改善和家庭对于下一代教育的重视，积木可以培养幼儿专注力和动手能力的特征也契合了家长们的需求，使得积木从一众玩具中脱颖而出。

（3）积木衍生出潮玩吸引成年人的关注

与"消逝的童年"相呼应的是，成年人也开始保留儿时的童心，玩具似乎也不再是儿童的专属，逐渐发展出潮玩等方向，主攻成年玩家的心智。

以乐高为例，近年来主打成年人市场的小颗粒产品数量逐年增加，2020 年乐高上新 1000～2000 颗粒套装 33 款、2000 以上颗粒套装 17 款。这些数以千计的颗粒套装，以独特的挑战性和收藏价值，准确无误地指向了完全成年的消费者。

3. 布鲁可到底是个什么物种

了解了行业及行业内巨头的状况，这时我们再来看看布鲁可卖给消费者的究竟是什么样的产品。

布鲁可的创始人、CEO 朱伟松曾经在接受采访时说过这样一段话："要设计一套产品体系，首先让孩子觉得有趣，能承载有意义的内容。其次软硬件能不断迭代，覆盖孩子 3 岁（记事以后）到 12 岁（小学毕业）的成长阶段，体系化地覆盖这个年龄跨度，让孩子每个阶段都有相应的产品和服务。同时打造优质的动画片，引导观念，形成 IP，传递价值观。"简单总结一下就是：抓住用户心智、拓展用户范围、打造 IP 和传递价值观。

这三项战略固然没有问题，但朱伟松却并非一举成功的，此时我们不得不提一下布鲁可曾经走过的弯路。

布鲁可的前身叫作葡萄科技，创立于 2014 年，其早期产品为儿童早教机，以 STEAM[⊖]理念为核心卖点。其中一款产品"Hello 编程"，是一个结合平板、AR 和编程教学的玩具，还有一款产品叫 PaiBot，号称"儿童机器人电脑"，里面包含针对儿童的优质应用和语音助手小 Pai。由于操作的复杂性，需要面对面讲解，这些产品的线下销售量远高于线上。

在我们看来，创始人朱伟松的野心不小，一款从硬件到软件都自产自研的产品，并且是卖给儿童的客单价超高的玩具，即使在整个行业里，都很难找到对标的产品。美国的一个叫作 Learning Resources 的品牌与葡萄科技类似，但 Learning Resources 的创立时间比葡萄科技还晚两年。

由于全新的产品没有群众认知基础，加之客单价太高，葡萄科技最终亏损严重，被迫调转方向。更紧要的一点是，该产品仅仅契合了朱伟松自己想要填补的市场缺失，却并没有挖掘、理解并满足目标用户的需求。人本商业咨询有句话我们很赞同：商业的本质是站在用户的角度，而不是产业的角度。

其实站在用户角度的道理朱伟松是懂的，只是没有在葡萄科技时期做到。儿童早教机看上去显然更加符合家长的需求，而非孩子这一直接使用人群的需求，同时，"儿童科技产品"这一定位使得客单价较高，销路相应变得较窄。

2018 年开始，朱伟松做出了三项纠正动作：改为客单价较低的基础品类、圈定更加细分的人群、优先吸引孩子的注意力。随即他将葡萄科技变身为布鲁可。

布鲁可聚焦积木的转型决策背后，是对用户认知以及行业现有产品供给的清晰分析。正如我们前文中讲到的积木人群的"两极分化"，虽然 60%～70% 的人谈到积木就会想到乐高，但很多人并不了解乐高的大

⊖ STEAM 教育是集科学（Science）、技术（Technology）、工程（Engineering）、艺术（Arts）、数学（Mathematics）多领域融合的综合教育。

颗粒"得宝"系列，因为乐高的营销活动、门店都聚焦在小颗粒产品上。因此，布鲁可毫不犹豫地圈定了1～6岁的低龄使用人群，产品具备颗粒大、易拼搭、易成形、圆边角等特征，并且在规模上契合了低龄孩子10～30分钟的注意力时长。

非常值得一提的是，布鲁可的大颗粒积木不与乐高兼容，而是构筑了自己的独立生态，尺寸比乐高最大的"得宝"系列还要大一号。在我们看来，这是一件难而正确的事，因为布鲁可意图打破乐高在积木界树立起来的隐形规则。实际上，国内的积木生产商并不少，有许多工厂集中在广东一带，但由于一直未能出现品牌，一波又一波的生产商只好以几乎等同于白牌的形式销售产品，行业门槛低，波动性大。

退一步讲，对于布鲁可而言，即便单看自身发展，选择积木这一赛道，本身也带来了更多拓展产品形态的可能性。

4."差异化＋赶潮流"的选品逻辑

从冷门的早教机到热门的积木玩具，再到定位大颗粒，布鲁可从创立至今，一直沿用着坚持差异化和紧跟行业热门方向的选品策略，这为其打造爆款大单品奠定了基础。

我们从专家访谈中得知，布鲁可的制作工艺并不是其核心竞争壁垒，相较于在广州澄海深耕供应链的邦宝、启蒙，布鲁可的昆山代工厂在业内并无知名度。但布鲁可回归积木形态本身，强调拼插乐趣，形成了原创核心竞争力，这一点跟乐高的策略很类似。

在锚定自身产品核心竞争力的同时，布鲁可会紧紧跟随市场风向，敏锐把握竞品的爆款潜质，并投入资源进行打造。

一个很典型的例子就是其爆款产品积木桌。我们观察到，积木桌最早是邦宝在2019年第一季度推出的，当时声量很小，天猫GMV大约在10万元／季度。2019年年底，国产积木品牌万高开发出一款"积木桌＋

小兔子椅子"的配套产品，客单价300~400元，该产品一经推出就在天猫平台大火，销售峰值出现在2020年第二季度，单季度实现了240万元GMV。

据专家介绍，2020年第一季度，万高把积木桌这一形态做火了以后，布鲁可快速反应，从2020年第二季度开始就切入该品类。作为第一家跟进的品牌，布鲁可结合自有IP把客单价打到了近500元，天猫平台第四季度GMV冲到800万元以上，反倒是引流潮流的万高，被挤占了市场，单季度GMV只剩60万元（见图9-3）。

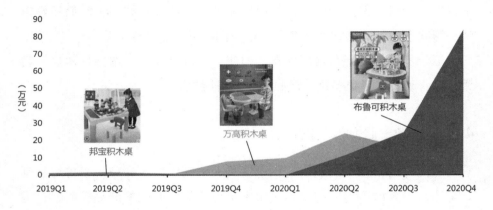

图9-3　2019~2020年邦宝、万高、布鲁可积木桌天猫季度GMV
资料来源：各品牌天猫官方旗舰店，久谦中台。

这种快速反应能力的背后，是布鲁可对竞争情报的准确分析和把握。据我们了解，布鲁可主要关注的竞争情报包括：新上架SKU分析、新品价格带、新品主题要素分析、新品针对的人群是否发生迁移。

除了从竞对那里获得启发之外，布鲁可还注重内部共创。

传统积木市场上的产品大多是以拼好的产品造型来吸引消费者，例如拼好的车、拼好的城堡等，消费者对于积木碎块本身的形态并不了解，这等于限制了消费者的想象力。于是，2019年，布鲁可推出了"积木桶"，它很好地体现了"百变"的属性，让小朋友根据自己的理解去发挥，体现出与其他品牌积木的差异。这个创意由布鲁可电商部门提出，用户研究部门提供用户洞察支持，最后各部门共同把它打造成了一款电商渠道专供的产品。

随着电商的崛起和成熟，这些年电商数据赋能人群洞察逐渐成为选品的灵感之一。从目标人群行为出发找线索，在垂直品类中拓展年龄、拓展形态、拓展场景，同时还为之后的跨界营销、整合营销提供了方向。

基于积木桶的爆火，布鲁可摸到了选品的窍门：先在数据银行中做出已购用户的人群画像，包括用户基本属性、喜爱的玩具类目、其他喜爱的话题和标签，然后会考虑进行项目开发，在产品开发中，包装、命名、功能特点，主要贴近具有特定标签的人群。

爬爬垫就是一个典型案例。布鲁可开发了低幼类积木桶后，对积木桶的购买人群画像进行分析，发现这类人群中，除了积木玩具外，购买最多的就是爬爬垫。孩子在爬爬垫上，通常需要有玩具来持续吸引注意力，这些玩具和爬爬垫是割裂的，由不同品牌提供。布鲁可抓住这个机会，将积木与爬爬垫的功能整合，爬爬垫上的每个图案，都对应着一个积木造型，这就充分利用了积木颗粒度小的基础形态优势，将积木合理地融入场景。要素排列组合带来的全新产品形态，配上适当的营销资源，使得爬爬垫在 2021 年 4 月在天猫平台刚一上架，就收获了 386.6 万元的月销售额。

高投入高收益的 IP 赋能

朱伟松对于 IP 的重视程度可不是一句空话，在经营葡萄科技的时候，他就开始了动画片的投资制作。截至 2016 年 11 月，葡萄科技的第一个动画短片《Q 淘小咖秀》仅在爱奇艺上的播放量已经超过 4000 万次，紧接着葡萄科技又推出了动画片《哈喽！葡星人》，该动画片在金鹰卡通频道首播，继而在央视与其他卡通卫视及地方台播出。这些文化 IP 还通过视频网站、电视、科技馆这些儿童观看渠道呈现。

让朱伟松如此执着的 IP 对品牌的作用到底体现在哪里呢？

1. 中国的玩具为何难以畅销全球

国内积木品牌发展二十载，却仍未摆脱"世界工厂"的角色，品牌溢价远低于国外竞品，原因正是吃了没有优质 IP 的苦。

公开数据显示，2020 年，国内市场玩具零售总额 779.7 亿元，比上年增长 2.6%，全年累计出口 334.9 亿美元，比上年增长 7.5%。2019～2020 年，我国玩具相关企业连续两年增量超过 120 万家，其中，2019 年新增近 122 万家，环比增长 129%；2020 年新增超 125 万家，环比增长 3%。

尽管看上去涨势喜人，但存在的问题也很明显：

- 行业集中度低、线上 Top 10 品牌的市场规模加起来占比还不足 16%；
- 自有品牌市占率方面仍以中低端市场为主，高端市场则被国外品牌占据；
- 相关企业多从事代工生产，长期处于产业链下游，附加值低。

这些问题基本都可以归结到同一点上——国产品牌品牌力量薄弱。对于玩具品牌来说，IP 就等同于品牌力。中国是仅次于美国的全球第二大玩具消费市场，但相比芭比娃娃、高达等流行数十年的大 IP，中国品牌在玩具 IP 领域却长年空白。

近两年开创了盲盒经济的泡泡玛特，似乎带领国产玩具向着塑造 IP 的方向迈进了一大步，金发碧眼的 Molly 一度备受追捧。2017～2019 年，Molly 分别为泡泡玛特贡献了 26%、42% 和 27% 的收益，几乎成了泡泡玛特的摇钱树，可见 IP 的魅力之大。

不过，Molly 的风头没能维持太久，泡泡玛特 2021 年上半年财报显示，Molly 带来的收入为 2.03 亿元，占比仅有 11.5%。

因为 Molly 不出自任何故事，单凭一个形象很难让人长时间共情，后续的原创 IP 也再没取得过如 Molly 这般耀眼的成绩，没有故事徒有 IP 的泡泡玛特开始遭到资本的诟病。

因而，从 2020 年年初开始，泡泡玛特先后投资国产动画电影《新神榜：哪吒重生》《白蛇 2：青蛇劫起》，布局国潮、国风品牌，还耗资 1 亿元投资动漫创作公司，好让 IP 鲜活饱满起来。毕竟，米老鼠、唐老鸭、白雪公主、灰姑娘这些世界级 IP 都是因为故事才得以经久不衰。

所以泡泡玛特带给我们的启示是：一个 IP 如果徒有形象而没有饱满的故事赋予其生命力，很难长久地活在观众的心中，相应地，品牌也就很难通过这样的 IP 长久地在消费者意识里扎根。

2. 用"会讲故事的 IP"赋能品牌的先行者

我们就真的从来没有过好 IP 吗？并不是。20 世纪海尔集团投资拍摄的著名动画片《海尔兄弟》就是很成功的案例。

公开资料显示，《海尔兄弟》制作历时八年（1993～2001 年），于 1996 年正式上映，总投资 6000 万元，海尔集团和东方红叶动画集团各投 3000 万元。

有很多人觉得，拍动画片卖玩具，链路尚且比较直接，但拍动画片卖冰箱，多少有些不可靠吧？

结合市场环境来分析，当时的广告对于大多数中国消费者的意义只有一个，就是让大家混个耳熟。由于广告时长较短，传播威力小，见效太慢，想要深入人心，必须持续砸钱。与此同时，电视剧资源匮乏，一部制作质量较好的电视剧传播倒是效果惊人，动画片这种剧作形式是家庭式分享型传播，几乎能够做到对电视观众的全覆盖。冰箱又属于家庭消费，且作为当时家庭中的轻奢电器，目标客户与电视用户基本重叠。

此外，不像广告会指名道姓宣传产品，200 多集的动画片虽只字未提冰箱二字，但本着"好饭不怕晚"的道理，那些在童年时期被《海尔兄弟》深深击中心智的儿童们，长大后大概率会对海尔的产品产生亲切感和信任感，这为消费决策奠定了深厚的基础。自 2012 年起，海尔连续多年蝉联天猫"双十一"大家电行业冠军。

也许有人会说，这种 IP 投资无法实质性量化给消费品本身带来的收益。但有一个侧面细节可以反映出 IP 的价值。在合作之初，双方曾商定动画片的收益中东方红叶应得 70%，海尔集团应得 30%，第二部以后，海尔集团就彻底放弃了自己的收益权，决定将动画片的经济收益全归东方红叶，不过海尔集团对东方红叶的要求是，保证《海尔兄弟》能在电视台播出。

不难推断，IP 效应给海尔集团主营业务带来的收益，远远大于动画片本身的营收，对于消费品行业来说，长远来看必定是得心智者得天下。从这个决策上，可以窥见海尔集团创始人张瑞敏的深谋远虑。

3. 布鲁可的 IP 之路

一个俏皮可爱的卡通形象背后，创造并链接的是强大的品牌力。阿童木和海尔兄弟尚且不是消费品行业中很多见的案例，而在玩具领域里，IP 与品牌力的关系更加直接。

为了尽可能量化这种联系，我们在 2021 年 11 月，对 300 名 18～35 岁，家里至少有一名孩子的家长进行了问卷调研，其中孩子年龄在 1～5 岁，符合布鲁可目标用户的样本占 69%。⊖ 回收结果显示，超过 94% 的家

⊖ 另外，购买玩具的习惯中，"不定期"和"经常购买"的两个消费习惯组合占 52%；
  每年在玩具上投入的金额中位数落在了 1000～2000 元这个档位。

庭至少有一定比例的玩具与动画片形象相关，强相关的比例超过了 50%（见图 9-4）。

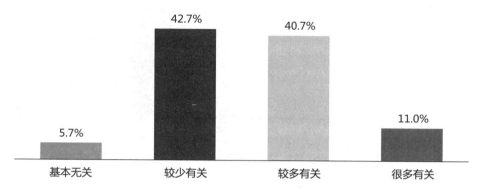

图 9-4　问卷调研：您购买过的玩具中，有多少与动画片形象相关

资料来源：增长黑盒用户调研（基本无关：0～25%；较少有关：25%～50%；较多有关：50%～75%；很多有关：75%～100%）。

　　布鲁可自制的动画片叫作《百变布鲁可》，三个主角分别叫作布布、鲁鲁、可可，很符合低龄儿童的认知与喜好。

　　据专家透露，2017 年，在布鲁可品牌建立之初，第一季动画片就已经提前布局上线，那个时候布鲁可还没有任何其他渠道的品牌投放，因此我们可以认为当时的天猫品牌词搜索绝大部分来源于动画片的引流，对销售额的拉动约为 30%～40%。

　　我们查阅了《百变布鲁可》的收视率，以 2019 年 8 月 12 日为例，在 7：00～17：00 收视时段内，《百变布鲁可》在北京卡酷少儿排名第一，收视率为 0.72%。但在晚间时段该片并未排片，这样的排片效果和收视结果也与布鲁可主打的 1～6 岁人群相符合。

　　收视是做到了，那声量和口碑究竟有没有真的作用在销量上呢？我们的问卷调研结果显示，熟悉的 IP 形象，在较大程度上会影响孩子希望购买的玩具产品。如图 9-5 所示，70% 的家长选择 5 分，很大程度上会影响孩子的选择；25.33% 的家长选择 7 分，完全会影响孩子。

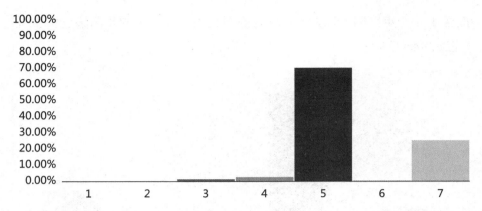

图 9-5 问卷调研：挑选玩具时，熟悉的 IP 形象多大程度上会影响孩子的选择？

资料来源：增长黑盒用户调研（影响程度按李氏 7 点量表从 1～7 打分）。

与此同时，孩子的喜好会极大程度影响父母的购买决策。当孩子 4～5 岁时，家长购买玩具已经基本上会考虑孩子的偏好（见图 9-6）。

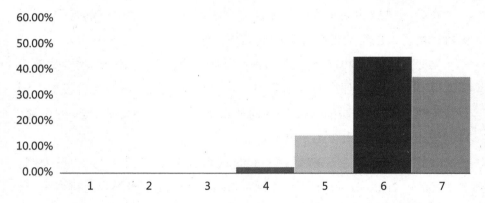

图 9-6 问卷调研：购买玩具时，孩子的喜好多大程度上会影响您的购买决策？

资料来源：增长黑盒用户调研（影响程度按李氏 7 点量表从 1～7 打分）。

总的来说，孩子对动画片 IP 的喜好对最后的购买决策影响很大。根据我们的问卷调研结果，44% 的 1～5 岁小朋友喜欢《百变布鲁可》，这波对用户的抓取看来十分成功（见图 9-7）。

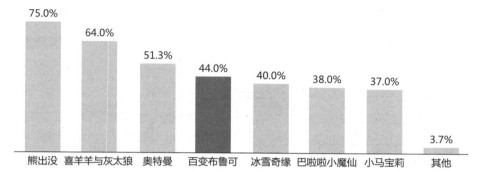

图9-7　问卷调研：您的孩子有哪些偏爱的动画形象?（多选）

资料来源：增长黑盒用户调研。

更有意思的是，布布、鲁鲁、可可的形象是助人为乐，每次助人行动时会分别启动自己的武器，这些武器的召唤场景正是一个积木拼搭场景。如此酷炫，大概成功俘获了小朋友们的童心。

为了给 IP 事业再添一把火，2021 年布鲁可积木与孩之宝达成战略合作，拿到了"小猪佩奇"的 IP 版权。

营销广撒网，运营多敛鱼

前面讲到，《百变布鲁可》第一季上线时没有进行任何其他渠道的品牌投放，就已经为积木产品带来了可观的销售额增长。我们当然非常好奇，当布鲁可的营销火力全开之后，达成的效果又将如何。

首先我们需要明确，儿童玩具的使用者和购买决策者一般情况下是不统一的，我们画了一张双决策全链路用户旅程图，来还原积木购买的流程（见图9-8）。

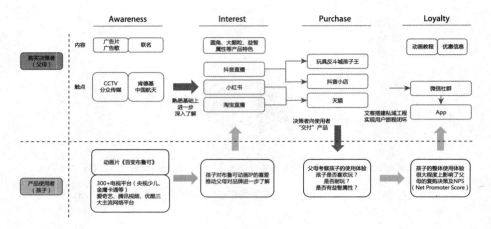

图 9-8　双决策全链路用户旅程图

资料来源：增长黑盒整理。

可见，持续输出优质自研动画，可以完成对"潜在产品使用人群"的心智覆盖，但至此这趟旅程只完成了一小半。后续针对家长的品牌曝光更加关键，只有从单一付费渠道升级为全渠道，才能有效增加"潜在购买决策人群"的渗透率。

奥飞娱乐曾经宣称要走一条以 IP 为核心，集玩具、婴童用品、动漫、游戏、影视等为一体的泛娱乐全产业链道路，从玩具生产到文化内容制作，从动漫到电影、电视剧、游戏，覆盖 K12 乃至全年龄段。奥飞娱乐的动画 IP 传播度并不低，但它错在没有完善链路的后半程，同时贸然进入太多的新领域，人才、市场开拓和管理跟不上，反而拖垮了自己。

1. 从传统广告到社媒电商

传统广告渠道方面，2019 年布鲁可入选 CCTV 亲子计划，通过央视背书，让品牌在消费者心中树立起正面形象。

2018～2019 年，布鲁可依靠分众传媒的投放做品牌推广。据专家透露，仅 2019 年布鲁可在分众环节投放成本上亿元，整体效果却并不好，因为电梯广告的优势在于见效快、覆盖广，投放后 1～2 个月内对销量的拉动效果明显，但缺点是效果不持续、数据无沉淀、长尾流量无法收拢，一旦停止投放，销售回落明显。

社媒渠道方面，布鲁可在抖音上设立了官方号"布鲁可小队"，这个号只放动画片，完全不带货，很显然是为孩子设立的。为家长设立的抖音号有两个——"布鲁可官方旗舰店"和"布鲁可积木旗舰店"。"布鲁可官方旗舰店"中的视频内容同样不带货，只有教育型、科普性内容，基本保持了每日一更的频率，每条视频平均点赞超 3000，评论超 30 条，互动热度呈现稳步提升的状态。"布鲁可积木旗舰店"的短视频则直接宣传产品，且每天开直播。

我们看一个品牌，不仅要看它做了什么，还要看它不做什么，为什么布鲁可流量最大的抖音号不带货？因为要通过纯粹的动画内容占领"潜在消费者"的心智。

2. 与天猫置换资源以撬动头部主播

2021 年年初，布鲁可推出的"中国桶"在天猫平台获得了大量的曝光。为什么天猫愿意与布鲁可合作，布鲁可付出了什么？

对于类目来说，天猫需要标杆案例体现平台打造、扶持新锐品牌的能力，同时也要满足消费者不停迭代的购物需求，因此对新锐品牌自然会有一定的扶持：由天猫出设计师统一做宣发材料，材料上会带有天猫的 logo，在特定时间段，将宣发材料挂上手淘首页的 banner 位或者天猫小黑盒上的 banner 位，消费者点击可以直接跳转到商品详情页。

而作为品牌方的布鲁可，则需要展示自身的新品优势：给新品配备的营销资源（包括签约明星、达人等），以及预估销售额等，且需要承诺单渠道首发，单品全部落地天猫官方旗舰店。同时，布鲁可付费营销资源向电商渠道，尤其是向天猫倾斜。据布鲁可内部人士透露，2020 年全年过亿元的营销费用中，40% 花在电商渠道付费流量环节，其中大头在淘内。

通过在天猫生态内的资源互换，布鲁可撬动了头部主播的站内带货资源。

2020 年"双十一"期间，头部主播带货布鲁可的拳头产品积木桶，产品上架第一秒就清空 5000 个库存，经过 3 轮补货，一段十分钟的直播卖出 2 万多件。

除此之外，据专家透露，布鲁可还会和不同品类的母婴品牌进行合作，这类合作一般也都由天猫牵头，每次汇聚 3～4 个不同品类的母婴品牌，营销方式通常是发行大礼包。

3. 抱紧玩具反斗城的"大腿"

作为母婴用品中典型的即时性冲动消费品类，婴童玩具品牌对于渠道的依赖性是非常强的，尤其是能够满足即时体验的线下店渠道，甚至比线上更为关键。

对于如何在诸多线下店中脱颖而出，布鲁可有一招是"快闪活动"。2021 年 5 月，布鲁可在发布新品液压玩具时，请明星作体验官，在上海玩具反斗城旗舰店旁边搭建了快闪区域，并有拼搭区供孩子现场体验。

靠近玩具反斗城的选址既保证了客流量，又保证了精准的目标人群，可谓一箭双雕。同时，布鲁可还邀请了大量媒体参加，捕捉到许多孩子玩积木的图片、视频素材，在各路媒体进行曝光。

事实上，布鲁可本身就深度绑定了玩具反斗城，给了玩具反斗城非常有竞争力的渠道价格，一些玩具在玩具反斗城的售价甚至仅为电商渠道的 7 折。

布鲁可还与玩具反斗城定期举办积木拼搭挑战赛，线下店活动入口的 LED 大屏幕轮播放映《百变布鲁可》动画短片，常常能够吸引到一大批小朋友围坐观看。

这番操作使得布鲁可在玩具品类最为聚焦的线下零售场中，获得了最优的曝光资源，其效果也是十分明显，在 2021 年 3 月玩具反斗城公布的热销数据中，布鲁可力压乐高等国际大牌，荣登单品销量榜第一名。

从布鲁可这一系列策略中我们得出：占领孩子心智的好 IP+ 曝光强的渠道＝超高转化率。

4. 私域有方，复购大涨

对于广撒网得来的新用户们，品牌一定需要一个方式对其进行深度服务和挖掘，以延长用户生命周期。布鲁可选择以微信私域为核心触点，以孩子兴趣为导向，以陪伴为目的，给低复购品类带来用户长期曝光机会，实现产品即内容，为除引流款之外的品类建立了与用户的紧密联结。

私域之所以能称为"私"，是因为离用户更近，那么，必然需要创造更高的客单价和更高的复购率才有其存在的意义，才能使该渠道展现出区别于公域的优势来。

布鲁可在私域的具体运营上并非一帆风顺。起初，布鲁可自行运营私域约 1 年半，由于运营方式不够适当，各项数据表现欠佳，吸粉扫码率、复购率基本横盘在个位数水平，社群运营也遭遇到了品牌方最头疼的"逐步沉默"现象，活跃度逐渐走低。

困则生变，2021 年开始，布鲁可与头部私域营销技术服务商艾客联手，复盘、梳理了公司私域运营的战略和战术，把私域运营的目标按照用户旅程进行拆解，在私域引流、激活、日常触达的每一个关键环节提升效果。

基于多年来服务品牌方累积的认知，艾客针对布鲁可私域运营提出了如下战略和战术建议。

首先，品牌私域工程的第一步必须是明确用户画像，具体方法如下。

- 定性调研：通过一对一电话调研等方式，在产品使用者端搞清楚孩子玩积木的习惯，包括能不能自己玩、多久会让家长买新的玩具等；在购买决策者端搞清楚是谁在买、谁喜欢复购、购买能力如何、复购契机又是什么，梳理出超级用户画像，了解共性。
- 通过艾客 ADMP 系统，实现私域新进流量自动化分层，一键区分高价值和普通用户，为后续私域精准营销做好数据准备。

在具体运营环节中，从优化广告、突出利益点、强化行动召唤⊖开始，持续提升公域用户扫码吸粉率，在企业微信端，统一使用动画片中最受欢迎的 IP 形象作为品牌形象，以免费送绘本、19.9 元超低价引流款产品作为福利钩子，促成用户形成私域获取信息、回流公域转化的消费习惯。

其次，布鲁可搭建了"早教训练营""积木课福利群""布布拼音内购福利群"等主题各异的社群，根据用户标签、用户行为数据进行分类触达，在社群内实现栏目化内容输出，帮助用户慢慢熟悉私域的特性，使用户养成看群、输出内容、互动、成交等习惯，实现对用户的日常陪伴。

最后，布鲁可结合产品品类特征，拓宽私域产品边界。用户调研显示，积木玩具与日化消费品的不同之处在于，积木玩具的复购周期比较长。换句话说，近期在天猫或京东花了几百元购买玩具的用户，很难马上产生复购意愿。因此，布鲁可依照产品特性，特地开发早教课程类产品在私域销售，将其作为相关性补充。私域作为积木课的首发渠道，销售情况相当理想，其中一部分社群是围绕课程试听所创建的主题群，能够逐步引导客户转化为正课用户。这样一来，虽然私域销售中的积木玩

⊖　行动召唤（Call to Action），是引导使用者行动的一种营销技巧——通过指令或流程设计，引导用户自发地去做某种特定行动。

具与天猫、京东的价格持平，但销售教育团队出品的早教类课程产品有效拉高了用户客单价。

总结一下这套系统性操作：围绕核心目标重塑私域运营模型，从用户分析开始，组建起围绕"进量管理""会员福利体系""用户分层""转化成交""拉新裂变"等的私域矩阵，提升核心指标复购率与 ARPU 值，并优化选品，不断拉升 GMV。

图 9-9 展示了布鲁可从内容、触点、数据三大工程角度出发的微信私域运营的可靠战术。

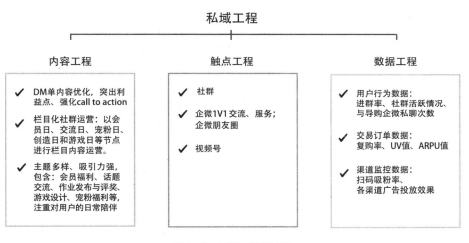

图 9-9　布鲁可私域工程

一场真刀真枪干下来，效果如何呢？

据相关人士透露，经过私域全流程重塑后的布鲁可社群，在吸粉扫码率、进群转化率、社群活跃程度、30 天复购率、客单价等核心指标上都实现数倍提升（见图 9-10）。

毫无疑问，私域运营对于人力的要求极高，人力很大程度上直接决定了私域运营的表现。我们从专家那里了解到，在布鲁可的私域运营中，课程顾问是最关键的角色。

经过这番拆解研究，我们认为，布鲁可在运营私域过程中做得最正确的一件事是，没有将眼光和手法拘泥于销售积木本身。

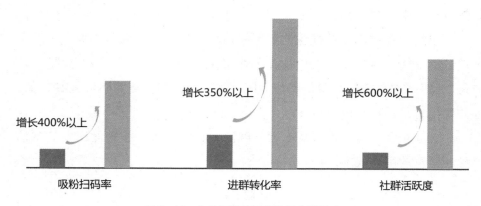

图 9-10   布鲁可私域运营数据全面提升

对于用户来说，尤其是低龄儿童，对玩具的需求只是一个表象，其本质是对陪伴的需求。玩具是一个开端，若想延长用户生命周期，必须牢牢把握住用户的内在需求，私域的互动就不能仅仅停留在"教孩子玩玩具"上。

布鲁可将私域里的内容打造为帮助孩子开发专注力、创造力等的益智课程和知识，在满足家长育儿理念的同时，更重要的是实现"通过玩具进行亲子互动"，让家长参与进来，让产品变得有温度。

结语

回顾前文对布鲁可的拆解，我们可以看到，从葡萄科技走到布鲁可，朱伟松想要做儿童 STEAM 教育的初心似乎一直都在，只不过后者比前者具备了更好的施力点。这说明，品牌的意义不能源于空想主义，而是一定要紧贴产品形态和功能。

布鲁可的起盘和成长共有四大撒手锏：

- 产品：差异化、紧跟潮流；

- 心智：用动画片打造自有 IP；
- 营销：传统和新兴渠道全覆盖；
- 运营：绑定线下店 + 深耕私域。

光是做到细分品类的 Top 1 并非布鲁可的最终目标，早在 2019 年，布鲁可就提出要在 1~6 岁儿童积木市场中达到 60% 的占有率，当下它还在努力进发的路上。

那么，布鲁可的下一步是应该拓品类还是做渗透？

我们认为，一个行业或是一个细分赛道想要增加渗透率，不可能仅靠一个品牌来完成，因为如果赛道足够大，必然需要有若干品牌都向该赛道的宣传投入资源。

然而，目前适合低龄儿童的玩具积木生态中，除了布鲁可之外，还没出现其他主打"低龄儿童"的积木品牌。细分赛道的用户教育任务依然道阻且长。

CHAPTER 10
第十章

白小T

在被巨头忽视的赛道上弯道超车

最近两年，当我们与新消费品牌创业者及操盘手探讨服饰赛道最新风向时，大家高频提及的不外乎是 Bosie Agender、Teenie Weenie、太平鸟、罗拉密码等消费品牌。但在 2021 年夏天，一个主打 T 恤单品类的新创品牌——白小 T，随着头部主播的直播带货而进入大众视线，成为服饰赛道的一匹大黑马。

成功引起我们注意的不是头部主播，而是一件看似平平无奇的白T 恤，在非活动期间高达 199 元的售价。对拥有天然好奇基因的我们来说，仅白小 T 的定价策略就成功引起了我们研究组的"膝跳反应"。

经过了解，我们发现白小 T 其实在 2020 年就已经蓄势待发。根据媒体报道，白小 T 在创立不到 1 年的时间里，2020 年全网曝光 7 亿次，卖出 T 恤 100 万件，营收超 1 亿元。

于是，我们决定对白小 T 的增长全貌进行一次深度剖析，希望能够对大家的增长思路有所启发。

经过研究梳理以及与业内专家的交叉验证后，我们观察到了白小 T 一些有趣但又略带吊诡的地方。

- 在服装行业饱和竞争的格局中，传统服装品牌叫苦连天的红海里，白小 T 一件 T 恤却敢定 199 元高价。
- 在"男人＜狗＜老人＜妇女＜儿童＜少女"的消费鄙视链条里，白小 T 偏偏要做最不受投资人青睐的"他经济"，而且是中年男人的生意。
- 白小 T 不是天猫起家，不是小红书种草起盘，而是依靠投放二类电商收割了渠道红利。
- 一条创始人揭秘工厂的视频就为白小 T 带来了 5000～6000 单的销量。
- 白小 T 的产品线迭代其实是为拓展价格带服务，为投放 ROI 建立更高的基础。

为了更清晰地解释以上奇怪现象，本章将从以下四大问题着手，来分享我们对白小 T 的研究成果。

- 教育音像制品老兵为何能跨界做服装？
- 白小 T 是如何从红海里撕开一道"蓝海"口子的？
- 白小 T "非典型"的营销打法，究竟有何过人之处？
- 单品类策略是否会反噬增长曲线，白小 T 会是下一个凡客吗？

白小 T 的前世今生

在说白小 T 的前世今生之前，我们先来聊一聊白小 T 品牌的创始人——张勇，一位与海底捞创始人同名同姓的连续创业者，同时也是一位深受"海底捞式服务"影响的跟随者。

关于张勇的创业经历，媒体报道最多的是他从教育音像制品行业转向服装行业的跨界创业行为。那么，为什么张勇能够成功跨界呢？毕竟在教育行业创业时，张勇从事的是 K12 教育，面对的是中小学生；在经营服装生意时，他面对的可是 30～50 岁的中年男人。

如此大的人群圈层跨度，看似有点匪夷所思，但实际上并没有那么玄乎。

1. 被甲方"放狗逐客"的营销师

经过梳理我们发现，张勇早前是一名央视的财经记者，后来辞职创业。除了大家所了解的那段教育音像制品行业创业史，其实他还有一段不被大众熟知的创业经历——在 2014 年到白小 T 出圈之前，张勇还是"互易联盟"的创始人，其公司主营企业咨询和营销策划业务。

在互易联盟创业时期，张勇操盘了一个典型案例：为云南巴巴亚农业科技开发有限公司做顶层设计，帮助对方把原本已滞销到喂猪的木瓜卖到了到 2 颗 186 元，并年销售过千万元。

据了解，张勇当时的打法是让该公司的负责人"木瓜姐"从原来的批发业务转为直接零售，并在其每棵树上贴上二维码，将果树提前预售给微信群里的粉丝，粉丝可通过微信二维码查看果树生长的视频或图片。当你看到这种打法，是不是觉得跟某牛奶新消费品牌主打的原产地认养方式有几分神似呢，这也与当下流行的 DTC 模式有着异曲同工之妙。

不仅如此，张勇还让"木瓜姐"提供增值服务，让其在销售木瓜的包装箱里放置水果刀、手套、垃圾袋，方便用户快捷、安全卫生地即时食用，将"海底捞式服务"进行到底。

此段经历还被央视财经频道作为企业转型经典案例深度采访过。采访过程中，有一段十分有意思的小插曲是，张勇想邀请画家来"木瓜姐"果园写生，并计划将他们的画作放到微博上为"木瓜姐"宣传曝光。不过，因担心木瓜嫁接技术被泄露，"木瓜姐"听后十分生气，一气之下解开果园里狼狗的链条，对其下了逐客令。但经过一阵纠结后，"木瓜姐"最终还是照做了。

从这段操盘经历来看，张勇在创业初期就善于打造爆品。因为他精通营销之术，所以白小T在不到一年的时间里就被快速打爆。

至于张勇早期的创业经历是如何延续到服装行业的，我们认为其早期的互联网思维、用户至上的服务理念和超强的营销力，皆可延续到任何一种创业业态。

虽然张勇早期没有直接的服装从业经历，但其身边的成长环境和家乡宁波的服装产业文化，隐形之中无不浸染着张勇的创业想法。

宁波是"红帮裁缝"的诞生地，中国第一家西服店、第一套西服、第一件中山装都从宁波诞生。除了裁缝文化，宁波还是我国最大的纺织服装产业基地，产值超过1200亿元，并培育形成了雅戈尔、杉杉、太平鸟、罗蒙、博洋、申洲等一大批知名品牌。[1]

张勇也曾在媒体上表示，其周边叔叔阿姨们都是做衣服生意的。所以，张勇投身于服饰创业也是"意料之外，情理之中"。

2. 从一个极端，走向另一个极端

在经历了多次创业尝试以后，2016年1月，张勇创立了拇指衣橱，正式开启服饰行业创业生涯。

在张勇近5年的创业历程中，我们发现他其实是走了两个极端——从早期做极致复杂的个性化服装定制，走向了后期极致简单的白小T单品类生意（见图10-1）。

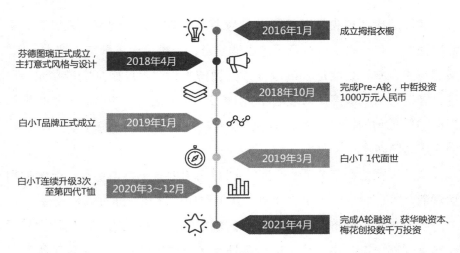

图 10-1　张勇创业历程

资料来源：公开资料整理，增长黑盒。

注：白小 T 的 A 轮融资时间，我们以天眼查更新节点为准，但实际上拇指衣橱在 2020
　　年 12 月就获得 A 轮融资。

第一个极端时期，拇指衣橱主打的是 C2M（用户直连制造）模式：
通过线下采齐腰围、臀围等 60 余个反映身体点位的数据，线上 App 提
供 23 个服装部位、超过 200 个选项的个性化定制，并采取由工厂直接
发货的方式，开始经营男装生意。[2]

除此之外，拇指衣橱还在宁波市鄞州区建有 1200 平方米的互联网 +
落地体验中心样板店，实现 O2O 一体化，这种模式在宁波当地服饰圈名
噪一时。

另外，在 2018 年 4 月，拇指衣橱旗下的核心品牌——芬德图瑞
（FONDATORE）正式成立。当时芬德图瑞虽然主营业务是男装西装定
制，但实际上其产品覆盖的品类包含了衬衣、POLO 衫、西装、休闲裤、
皮鞋、皮带等全身系列，且需要工作人员提供上门个性化服务。

看似是用户可以线下量体裁衣、线上个性化定制的"短链路经济"，
但实际上需要大量的人力、财力和时间成本，用户从下单到收货大概需
要 15～25 天的时间。拇指衣橱早期做的其实是极致繁杂的业务。

第二个极端时期，2019年1月，拇指衣橱开始成立白小T新品牌，主打T恤单品类战略，开始做极致简单的生意。

至于拇指衣橱后期为什么要转为极致简单的白小T单品类路线，其根本原因我们不得而知，但现在看来，极简路线至少可以帮助拇指衣橱规避以下两方面所带来的增长瓶颈。

- 穿西服的人越来越少，运动休闲服饰主流趋势愈发明显。
- 定制化服务是非标品路线，难以形成规模扩张和盈利优势。

我们研究还发现，新成立的白小T品牌虽然启用了完全相反的战略路线，但其依旧沿袭了芬德图瑞时期的商业模式，也就是张勇融资路演时提及的商业模式。

简单来讲，其商业模式就是前端通过公域流量获客；中端接入SCRM系统管理用户数据，建立精准的用户画像系统，收集用户需求；终端通过私域做转化和复购，在与用户直接互动后反作用于供应链端，以此实现C2M。

红海里的"蓝海战略"

从芬德图瑞到成立白小T，从原来的极致繁杂走向现在的极致简单，我们推测这种发展路线的切换，是拇指衣橱重新进行品牌定位，启动"品类即品牌"战略的必然结果。

在《品牌的起源》一书中，作者艾·里斯指出，消费者"以品类来思考，以品牌来表达"，分化诞生新品类，进化提升新品类的力量。在他看来，企业唯一的目的就是开创并主导新品类。而张勇本人也在采访中表示过"品类即品牌是最优秀的打法"的想法，这与《定位》经典理论里的"品类即品牌"的核心思想极度一致。

在确定"品类即品牌"战略后，张勇还发挥了"蓝海战略"的作战思想，避开了与强势品牌在其核心地带的正面交锋，转而从被大家忽略的基础款 T 恤品类切入。

"在当下的服装市场，任何一家服装企业都有白 T 恤。但大家能够想到的还是巴宝莉的风衣、爱马仕的铂金包、菲拉格慕的皮带和鞋子，路易威登的休闲装和包包……唯独没有品牌在做 T 恤品类的代名词，这是张勇看到的历史机遇。"[3]

事实上，T 恤品类除了在竞争格局中具有"品类再造"的潜力，其本身也有很强的先天性优势：T 恤是男装里最容易标准化的品类之一。

在确立了新的战略思想以后，拇指衣橱开始从"人货场"三步走的路线来重新塑造"新生儿"白小 T。

1. 人：以性别空位，圈选精准人群

拇指衣橱虽然经历了一次大的战略定位调整，但其坚持做 30～50 岁中年男性服装的立场一直没有变过。

我们都知道，男人一直处于消费鄙视链条里的最底端。但是，拇指衣橱为什么还是坚持做"他"经济，而且是中年男性的生意呢？

经过对熟悉白小 T 的业内人士的访谈，我们发现，除了看重男装经济 6000 亿元的市场规模，拇指衣橱的战略定位还基于以下两个原因。

- 拇指衣橱创始团队有 4 个"70 后"，他们对同龄消费人群更了解，老板们做的都是自己熟悉的生意。
- 中年男人更有消费实力，但男装消费人均不及日本的三分之一，未来增长空间大。

据了解，拇指衣橱将其平台上的用户按照消费能力分为 A、B、C、D 四类用户（A 类指一次消费在 2000 元以上、B 类指一次消费在 1000～2000 元、C 类指一次消费 500～1000 元、D 类用户则是一次消费在 500 元以下）。[4] 目前中国男装人均消费金额才 50 多美元，

不及日本同等参数的三分之一，未来男性消费潜力还有很大的提升空间。[5]

在确定品牌的目标人群后，接下来就到了精准人群圈选了。对此，拇指衣橱的打法有点偏门，他们选择的是在二类电商起盘，抓住男人也有潜在的即时性消费需求。

我们在与专家访谈的过程中得知，拇指衣橱 30～50 岁的男性消费群体，与今日头条的用户画像高度吻合，而且他们还具有以下两种容易被营销人忽略的消费特征。

- 头条用户大多是冲动型消费者，在产生消费欲望后一般直接购买，很少在网上搜索比价。
- 头条人群画像质量好于淘系，他们爱看新闻，年龄段更集中，学识修养更高，有一定购买力。

鉴于以上特征，拇指衣橱在芬德图瑞时期就开始在今日头条上采取广投模式，圈选更多冲动消费的泛人群用户。

2. 货：以价格空位，打爆产品概念

在确定做什么类型的生意，以及做谁的生意之后，接下来就涉及以什么方式去打爆产品了。

拇指衣橱早期的理念是要做"服装界的海底捞"，到白小 T 则转为要做"服装界的 Apple"。创始人在多个曝光渠道也表示过"我始终认为最好的营销就是不做营销"之类的价值主张。

但经过与多位专家的交叉验证和对白小 T 营销素材的分析，我们得出的结论与张勇所说的大相径庭：白小 T 的产品动作，似乎都是为了契合营销来打造爆品，产品与营销高度绑定。

首先，白小 T 以价格空位切入赛道，一件 T 恤敢定价 199 元主要是为了避免与头条系上 50~100 元居多的同质化 T 恤形成价格战（见

图 10-2 ）。

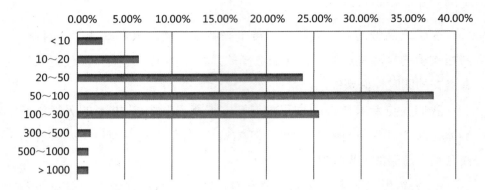

图 10-2 2021 年 7～9 月抖音在售 T 恤品类商品价格带

资料来源：飞瓜数据，增长黑盒。

在芬德图瑞时期，其品牌价值主张之一就是"让用户花十分之一"的钱穿大牌。这种价格策略一直延续到了白小 T 身上，如今在白小 T 的外包装上依然印有此字样。

白小 T 通过产品定价破圈，在渠道中避免了与很多 99 元的同质化 T 恤品牌的价格战。在今日头条上抢占 199 元这一更高的价格带，可以为白小 T 的投放 ROI 建立更高的基础。

其次，白小 T 1 代到 4 代的产品概念演变，是为了打造更高一阶的价格带，进一步拓展增量。

根据白小 T 天猫客服使用的产品话术表，白小 T 从 1 代的 99 元开始，每次产品迭代价格递增 100 元，直至 4 代的 399 元。

我们从专家处得知，无论是白小 T 2 代的三防概念，还是 3 代的液氨工艺，都是为了提升价格带而进行的升级。也就是说，当 199 元价格带对应的消费人群被反复"洗"得差不多了以后，他们就会开始瞄向 299 元价格带对应的潜在消费人群。这与我们原本的预期，即白小 T 产品线迭代的原动力是为了提升产品力的核心竞争优势形成了很大反差。

那么，白小T的毛利究竟有多高？

前面我们提到了张勇擅长于打爆产品概念，使原本五六元一斤的木瓜被卖到2颗186元的高价，在白小T的产品定价策略上，他依然延续了此种打法。至于白小T是如何将产品概念打爆的，我们会在后面的营销策略中详细拆解，这里我们先分析白小T的造价成本，看其究竟值不值。

我们根据B站Up主"全品大调查"对白小T生产成本的测评，并结合业内专家访谈结果，以正常售价为299元的第3代白小T产品为例，将其原材料生产成本拆解如下。

- 若以市面上液氨面料相对最低价，即98元/公斤来估算，1公斤约有3.2米，平均下来达到30.6元/米，单件衣服用0.82米，则单件衣服的液氨面料成本约25元，加上辅料、烫标、工费及仓储物流费，3代白小T最低生产成本约48元（不含税）。
- 若以市面上液氨面料相对最高价，即120元/公斤来估算，其单件衣服的面料成本约在30.75元，在其他辅料、烫标及工费等不变的情况下，其成本约53.75元。

因白小T的具体运营成本无法得知，在不扣除运营成本、不考虑折扣率的情况下，3代白小T的毛利率达到84%（按定价299元计算）。若考虑折扣率，综合专家访谈的结论，我们判断白小T的毛利率在70%～80%，远远高于休闲服饰行业50%的毛利水平。[6]

以上是我们对3代白小T成本的估算，后经白小T官方证实，其具体成本结构是：工费12元，面料115元/公斤（1公斤可做3.5件T恤），辅料3元，包装木盒3.5元，顺丰快递5.5元。综上，3代白小T单件成本合计为66元（含税）。

另外，需要申明的一点是，在考虑折扣优惠的情况下，2代白小T官方实际售价为249元/2件，3代白小T实际售价为399元/2件。

3.场：率先跑通二类电商模型

通过三步走策略，白小 T 起盘的基础条件已经就位，接下来就是投放测试并跑通模型的问题了。高毛利使得它能够以更多的营销投入快速占领市场。

不同于大多数新消费品牌一开始就入驻天猫、在小红书上种草的起盘路径，白小 T 一开始走的就是"二类电商"策略，起盘路径选在了小众但精准的今日头条，其创始人对二类电商的认知非常深刻。

这里我们简单介绍一下二类电商的概念：二类电商又被叫作信息流电商，主要是通过大流量的平台进行单一商品推广，用户通过落地页直接下单，物流配送然后货到付款（见图 10-3）。[7]

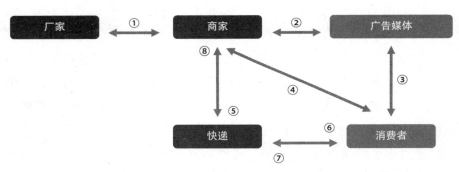

①选品：商家与合作厂家选择推广品类　　⑤商家发货：商家通过合作快递发货
②广告投放：卖家通过平台进行广告投放　⑥快递配送
③广告触达：广告平台将产品推送给消费者　⑦消费者签收：买家签收并支付货款，
④消费者购买　　　　　　　　　　　　　　　　　　不满意则拒签退回
　　　　　　　　　　　　　　　　　　　　⑧货款结算：快递同商家进行货款结算，
　　　　　　　　　　　　　　　　　　　　　　　同时退货拒签商品

图 10-3　二类电商商业模式

资料来源：公开资料整理，增长黑盒。

在 2019 年，拇指衣橱表单投放的主阵地就是以今日头条为代表的二类电商，而不是以天猫、京东为代表的一类电商。其核心原因正如拇指衣橱投资方华映资本的投资总监刘天杰所说："男性对自身服装需求的感知能力较弱，传统货架电商模式很难激发男性的消费需求。选择今日头条，主要原因还是平台与品牌用户画像的高度吻合，以及算法推荐和定向投放为基础的头条系能够带来'货找人'的核心变量。"[8]

根据专家访谈，在拇指衣橱早期，也就是2019年以前，他们在今日头条上主要进行表单投放，其方式是通过投放品牌服装定制详情页，并在落地页留下一个可以让用户提交手机号、姓名的表单，以此来获取用户信息。在用户提交表单以后，品牌在后台就能收到表单信息，这时拇指衣橱就会让销售人员下载表单，通过打电话或者添加微信的方式来做精细化运营和复购。

事实上，在成立白小T之前，拇指衣橱的表单投放策略并未成功跑通。不过有一点特殊的是，拇指衣橱在早期就成立了专门的私域团队，当收集到表单以后，他们会有专门的私域团队做孵化。

2019年白小T成立之后，他们继续在头条系为代表的二类电商进行投放。直到2020年年初，白小T每天能成交100单左右，勉强能维持私域团队的运作，算是基本跑通了模型。

白小T"非典型"营销打法

二类电商起家的白小T，并不甘心于依赖某一种单一渠道或者单一营销策略，随着声量和销量的拓展，白小T也在不断进化营销策略。

我们提炼出了白小T从面世到快速起盘的三个重要发展时期，以便大家了解白小T的"营销进化史"。

- 2019年5月～2020年4月，积累声量阶段，注重打磨产品概念，开始探索投放内容。
- 2020年4月～2021年3月，视频类营销内容出圈，专注投放白小T品牌，并开始在头条系大量投放落地页广告。
- 2021年4月迄今，拿到A轮融资，加大营销力度，开始向全域营销发力，如找头部主播带货。

前文提到白小 T 是拇指衣橱重新定位后的产物，尽管在 2020 年年初跑通了模型，但此后的 3~5 月期间，白小 T 还处于 2 代与 3 代 T 恤产品概念的打磨阶段，彼时白小 T 还处于品牌声量累积阶段。

最关键的问题来了——在模型跑通后，白小 T 究竟是如何快速起盘的，其营销策略究竟有哪些过人之处？

为了回答这个问题，接下来我们将从二类电商、抖音电商及微信私域三大营销领域，对白小 T 的营销策略展开详细拆解，希望能给大家带来一些思维启发。

1. 二类电商：独创"工厂揭秘"内容，1 条视频带来 6000 单

根据专家访谈结果，白小 T 在 2020 年投放渠道选择上，80% 的投放预算花在了今日头条上，10% 投了一类电商，5% 投了腾讯广告，5%投了抖音。

无论是在芬德图瑞还是白小 T 时期，根据我们收集到的数据，拇指衣橱一直坚持在二类电商投放效果广告。

从张勇在融资路演中披露的数据来看，早在 2019 年 5～8 月，拇指衣橱就做到了客单价 249 元左右，首单就能达到 5 元左右的盈利水平（见表 10-1）。

表 10-1　2019 年白小 T 鲁班电商时期的投放数据

月份	订单数	获客成本	客单价	ROI	首单盈亏平衡
5 月	625	112		1.84	
6 月	1957	114	249	2.15	盈利 5 元 / 单
7 月	4747	119		2.06	
8 月	4810	139		1.79	

资料来源：拇指衣橱融资路演 DEMO 视频。

2020 年 4 月，白小 T 开始在鲁班电商大量投放带有商品链接的直购广告，广告素材主要展示在今日头条上。从数量走势来看，白小 T 的落

地页投放数量于 2021 年 3 月达到 5257 条的峰值。

从营销素材特征来看，白小 T 主要以竖视频形式为主，进行信息流的广告投放，并且在文案上重点突出产品的舒适性，引导用户进行尝试。众多投放素材中，投放最多的还是明星种草的新款"三防"T 恤，该视频进行了近 500 次的饱和式投放。

不过，在投放效果广告的时候，白小 T 也不是盲目坚持，他们会根据投放测试的效果，进行数量和内容形态的调整和优化，一旦测试出对的方向，他们就会进行饱和式投放。2020 年 5 月，白小 T 创始人张勇的一条工厂揭秘类视频在今日头条上爆火。据业内人士透露，该视频最高为白小 T 带来了一天 5000～6000 笔订单。在该视频中，张勇饱含激情地讲述白小 T 的生产环境、造价成本、面料工艺等。但早在 8 年前，美国也有一个类似的视频，直接推火了一个 DTC 品牌。

2012 年 3 月 5 日，30 岁出头的迈克尔·杜宾（Michael Dubin）在 YouTube 上传了一则由自己出镜表演的个性化视频广告，以此向世人宣告剃须刀品牌 Dollar Shave Club（以下简称 DSC）的诞生。这则仅花费 4500 美元制作的广告，上传后第二天就火了，3 月 6 日当天就引来了 1.2 万笔订单。时至今日，这则视频在 YouTube 上的总观看次数已达到 2400 万次。

在该视频广告中，杜宾以戏剧夸张，但又真实直白的表演风格，在产品仓库里向观众销售 DSC 剃须刀，并且告诉观众，剃须刀并不需要太多花里胡哨的高科技，像爷爷辈使用简单的刀片也能一样把胡子刮得干干净净。而他们的刀片，消费者最低 1 美元就可在线订购，每月还可享受五块刀片直邮到家。

我们把张勇的工厂揭秘视频与杜宾的视频广告进行了对比总结，发现两者大同小异（见表 10-2）。

表 10-2　DSC vs 白小 T

	DSC	白小 T
出镜人	创始人亲自出镜	
内容场景	都带有产品溯源性 DSC 视频取景地在仓库，白小 T 视频拍摄背景在工厂	
销售模式	宣扬 DTC 模式 利用互联网直卖模式，产品直接从工厂送达用户	
品牌定位	与大牌直接对比，从低价空位切入，提倡产品本身的价值 - DSC 主张消费者不要为大牌的过度营销买单，每月 20 美元的剃须刀消费支出，有 19 美元进了罗杰·费德勒（当时吉列的代言人）的腰包，不如直接只花 1 美元买 DSC - 白小 T 也主张"让用户花十分之一的钱穿大牌"，取景地就在奢侈品的代工厂，强调白小 T 的品质不比大牌差	
镜头语言	戏剧夸张，轻松幽默 （杜宾有学戏剧表演的经历）	真诚严肃 （与央视财经记者的职业习惯有关）
产品介绍	强调产品"原生性" 剃须刀不需过多高科技，简单好用就行	强调产品细节 详细介绍优质原材料、工艺、产品特性

　　我们不清楚白小 T 是否直接借鉴了这则视频，不过两则视频都为品牌带来了巨大的销量，视频内容的精髓，如创始人出镜、工厂或仓库内容场景以及营销重点都十分相似。

　　有意思的是，从创始人背景来看，虽然他们创业时都没有直接相关的从业经验，但早期职业生涯中都有媒体和市场营销相关的经历。张勇辞职创业前是央视记者，后面转为互联网营销师；而杜宾曾在时代公司（Time Inc.）旗下的《体育画报儿童版》（*Sports Illustrated Kids*）从事数字营销工作。

　　不得不说，品牌创始人自己深谙营销之道的确具有先天性优势，对品牌快速起势起到重要作用。

2. 抖音电商：顺应平台趋势，完成品牌营销升级

　　白小 T 在二类电商通过不断投放测试和饱和投放，终于凭借创始人一条视频的投流素材打开了声量和销量。在 2020 年下半年之后，白小 T

在内外环境两种力量的共同加持下，又一次实现了品牌的跨越增长。

从外部环境来看，二类电商模式从 2016 年开始萌生。此后的四年时间里，二类电商整体都在转型升级，从只关注一次性销售，逐渐发展为注重店铺评分和复购的客户全生命周期管理，不断向着健康有序和可持续的方向发展（见表 10-3）。

表 10-3　二类电商升级前后对比

主要环节	初期	现在
成交形式	单品落地页	单品落地页 + 店铺引流推广
用户	中年群体	中年群体 + 年轻群体
支付形式	货到付款	货到付款 + 在线支付
投放渠道	资讯、门户类网站，浏览器等平台	抖音、快手、腾讯、百度
关注点	只关注一次性销售	注重店铺评分和复购

资料来源：公开资料整理，增长黑盒。

其中的典型代表抖音平台，具有升级成为独立闭环的电商生态战略规划。在这期间，白小T正好赶上了抖音生态二类电商的升级，跟随着平台一起进化；同时开始进军天猫、京东等平台，朝着塑造品牌力的方向努力。

此时白小T在抖音平台的内容制作也走向了内容导向式的营销。但观其内容营销的打法，白小T主要以塑造老板IP和品牌自播矩阵为主。

我们对其在抖音电商的内容玩法进行了两个星期的跟踪，目前主要发现白小T有以下两种打法，大家可适度参考。

其一，白小T从尝试打造创始人IP，转向抖音自播矩阵。

在抖音账号模式选择上，白小T一开始尝试了创始人IP化路线，注重品牌内容的塑造。后期随着抖音自播趋势越来越热，白小T开始将重点转为品牌官方账号的运营。

从账号的排兵布阵来看，白小T选择的是账号矩阵模式，光白小T蓝V抖音账号就有6个之多。但特别之处在于，白小T顺应了创始人IP化的流量趋势，专门开设了一个创始人账号，其品牌IP人格化的打法非常明显。

事实上，在 2019 年就出现了创始人 IP 化的打法。创始人们以专业懂行和成功人士的经验优势，开始快速圈粉，逐步建立起自己的 IP 人设。

比如，生鲜美食赛道的小关老师以米其林三星厨师的身份打造个人 IP，第一则视频凭专业真实的煎牛排讲解圈了 10 万粉丝。而服装赛道的罗拉密码，以原创服装设计师的身份在抖音打造充满个性魅力的创始人 IP，2021 年 9 月直播 GMV 高达 1.3 亿元，目前在抖音收获超 500 万粉丝。

拿更加垂直的男装品类来对比，霞湖世家创始人郭长棋以霞湖世家品牌创始人、中山市福建商会会长等多个身份打造"成功商业精英"IP，2021 年 9 月直播 GMV 达到 3525.6 万元，抖音号积累了超 300 万名粉丝。

回到白小 T，张勇从 2020 年新冠肺炎疫情期间就开始尝试打造品牌的人格化 IP。如果浏览其当时的账号内容，你可以发现张勇的身影铺满了抖音短视频封面，他经常穿梭在竹海、珠峰、生产车间、新疆长绒棉生产基地等多个场景，一个人拿着麦克风讲解最原生态的原料、生产工艺、产品测试以及诉说品牌故事情怀……甚至偶尔还会延续其做企业咨询的职业习惯，分享一些创业方法论。

从实战成绩来看，张勇的个人 IP 号，跟上述提到的创始人大 IP 比起来，似乎有点微不足道，且从 2021 年 4 月起暂停更新。目前，白小 T 抖音渠道的营收主要来源于品牌官方号。

我们监测了白小 T 2021 年 7～10 月抖音官方号的运营情况，其具体数据表现如下：

- 发布短视频 277 条；
- 89.1 万元预估销售额；
- 品牌自播了 99 场次；

- 平均直播时长 13:39'32";
- 对应了共 483.5 万元的直播销售额。

通过上述数据，我们可以看到，在抖音平台，白小 T 品牌官方号的直播正在代替短视频，成为白小 T 最重要的销售额来源。

其二，白小 T 在产品研发阶段就会注意"营销前置"，在产品上市前就先提炼出显性卖点。

我们举例来看，白小 T 早前研发了一款用气凝胶制作的防寒服。这款气凝胶材料能抵抗 2000 摄氏度的高温冲击和零下 196 摄氏度的液氮冲击，是宇航服的主材料，御寒能力强。张勇在接受采访时表示，他在研发时就已经想好了"极致保暖"的卖点以及"宇航服"这样的昵称，也提前策划好到冰川拍摄视频以展示保暖效果。[9]

需要补充说明的是，从 2021 年 3 月开始，尤其是在 2021 年 4 月 A 轮融了数千万元后，白小 T 的整体营销动作从质量和数量上都进行了升级，开始向着多渠道营销发力。

比较明显的拓展动作是，白小 T 在 2021 年 4 月开始加码投放抖音小店，为抢占夏季 T 恤旺季展开广告攻势。

2021 年 5 月，白小 T 还邀请了头部主播在其直播间带货，直播间 10 分钟秒空 3 万件现货，另加 4.5 万件预售。

此后，白小 T 也开始趁着带货声势"趁热打铁"，于 2021 年 6 月开始少量投放天猫旗舰店，进一步追求品效合一。

值得一提的是，抖音渠道的成交溢出效应，也会为白小 T 的天猫渠道带去部分自然流量。据专家透露，若一天在抖音成交 1000 单，大概会有 100 个零广告成本的成交订单溢出到天猫。

通过前期的声量累积，加上大量的广告投放，白小 T 在 2021 年的夏天迎来一波 GMV 的快速增长。公开市场情报及专家访谈数据显示，白小 T 2020 年全年 GMV 超 1 亿元，2021 年 3 月单月营收增至接近 5000 万元。

我们也通过多种工具持续监测了白小 T 从 2021 年 1 月起在各渠道的营收表现，可以明显看到，自 2021 年 1 月以来，白小 T 在天猫、京东、抖音电商等平台的销量迎来爆发式增长。2021 年 2 月，白小 T 问鼎京东 T 恤品类第一，5 月天猫月销售额突破 1700 万元，并在天猫 T 恤季当天超越优衣库，取得了 T 恤品类第一的成绩。

从抖音官方旗舰店的表现来看，白小 T 在 2021 年 7～10 月售出 9.6 万件，销售额达 1922.6 万元。拆解其对应的关联带货视频和带货直播数据，我们发现其关联的视频销量为 206.6 万元，关联的直播销量为 484.9 万元，剩余的 1200 万元以上的销售额从理论上说，只有信息流跳转和用户主动搜索两条主要途径。由于用户主动搜索占比极小，我们推测这 1200 多万元的 GMV 主要依赖信息流投放。

需要说明的是，我们监控的数据并没有 100% 覆盖白小 T 目前流通的渠道，目前通过落地页直接成交的 GMV 我们无法准确获得。

另外，我们监测了 2021 年 9 月白小 T 微信小程序的成交数据，发现其仅有 300 万元，与白小 T 自己公布的数据相差甚远，这个问题我们将在下面详细讨论。

3. 微信私域：70% 加粉通过率，一对一服务提升复购

在张勇搭建的商业模式愿景中，私域是非常重要的。从拇指衣橱填表单时代，白小 T 就自带私域基因。到今天的微信私域运营，白小 T 越来越重视私域的建设和用户全周期管理。

我们认为，没有复购和关联购买，只靠单向的广告投放，品牌肯定是无法盈利的，用户可能左边进，右边就流失了。所以在 2019 年刚刚起盘的时候，张勇就大力布局微信私域。

张勇的愿景是拉起一支千人私域客服团队，通过私域流量做复购，实现单客经济。其接受采访时透露，白小 T 在 2021 年 7 月仅微信私域

流量的复购金额就达到 1300 万元，季度复购率高达 20%。[10]

　　但是根据我们的研究成果，白小 T 的私域其实并没有运营得特别理想，主要原因是白小 T 私域里有一半的业务是做的 to B 的生意，或者说，在官方宣传的口径中，把团单 GMV 也归入私域。

（1）团单占据私域 GMV 一半以上

　　根据我们采集到的数据，2021 年 9 月，白小 T 在微信小程序的 GMV 只有 300 万元左右，比私域单月 1000 多万元 GMV 的宣传口径少了约 70%。为何差值如此之大，带着此般疑问，我们向业内专家进行了求证。

　　其结果令人颇感意外——在 9 月淡季，to B 业务才是公司收入的主要来源，团单贡献了白小 T 私域 80% 的 GMV。换句话讲，从销量上看，白小 T 零售业务多塑造了一种私域繁荣的表象；但从成交金额上看，团单"里子更厚"，贡献比例更大。

　　这也解释了为什么我们收集到的白小 T 私域 GMV 数据比官方披露的少了一半多，因为团单业务大多直接走公司账号进行银行汇款，会绕开微信小程序。另外，即使个人零售业务，白小 T 私域导购也会引导客户直接微信扫码转账支付，并为此设置了折扣的利益钩子。

　　不过，需要补充说明的是，我们统计的白小 T 私域数据基于 2021 年 9 月，当时正值 T 恤品类销售淡季，故只代表白小 T 团购与 C 端用户的单月业绩构成，其全年私域 GMV 构成我们尚无路径统计。

　　前面我们提及拇指衣橱从填表单时期就开始做私域，那么白小 T 的私域运营方式和团队搭建究竟是什么样子呢？

　　根据专家访谈，我们整理出了白小 T 的整体组织架构图（见图 10-4）。白小 T 整体分为三个部门，分别是产品部、营销部及其他部门。其中最值得一提的是，白小 T 的营销部门进一步细分为了电商团队和私域团队。据了解，白小 T 私域团队一直独立运营，其规模在百人左右。

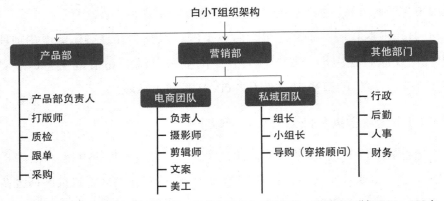

图 10-4   白小 T 组织架构

资料来源：专家访谈，增长黑盒。

目前白小 T 的运营方式是，私域团队从抖音或者其他平台把订单下载下来，通过打电话和发短信的方式引导客户添加微信。令人稍感意外的是，白小 T 加粉通过率高达 70%，具体的私域用户旅程如图 10-5 所示。

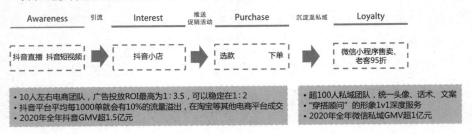

图 10-5   白小 T 私域用户旅程

（2）私域一对一真人服务

为什么白小 T 会有优于行业水平的加粉通过率，业内专家告诉我们，一开始白小 T 私域导购走"美女人设"路线，但是复购率并不理想。后期白小 T 导购人设更加专业化，开始走专业的设计师路线，他们在朋友圈统一内容、个微头像、话术，以"穿搭顾问"的 IP 形象示人，为用户提供一对一的穿搭顾问服务。据说白小 T 的导购还曾发过帮用户订机票、抢车票的朋友圈，收获了一波用户好评。

值得一提的是，张勇表示白小 T 不会做私域社群，我们推测这与其用户画像多以中年男性，甚至精英人士，不想被过多打扰以及需要更加个性化的增值服务的人群为主有关。另外，白小 T 也想借助私域进行深度服务，积累用户资产，提升其长期的 LTV 价值。

从内容角度来看，白小 T 不做社群，也可能是受其单品类的限制。白小 T 的 SKU 数量很少，难以形成产品内容，其连单率在 2%～4%，与多 SKU 的化妆品行业比起来相对较低。白小 T 在内容上更多还是以提供服务为主。

另外，白小 T 私域导购在与用户互动的过程中，尺度把握得很好，他们并不会过于主动或者过度打扰用户，但若用户主动找到他们，他们会十分热情和耐心地提供服务。如此一来，白小 T 的转化率和复购率反而更好。

不过，白小 T 私域导购的 KPI 也相对严格，1 位导购约有 4～5 部手机，1 部手机对应 1 个微信号。当个人每月加粉通过率低于 70% 时，公司会有扣钱的惩罚措施。

白小 T 私人导购人效究竟可以做到多少？张勇在拇指衣橱融资路演时，还提供了一组私域数据：

$$年人均营收 = 2000 个首购用户 \times 70\% 加粉通过率 \times$$
$$40\% 复购率 \times 2000 元年度 ARPU 值 = 112 万元 / 年 / 人$$

也就是说，白小 T 一个私域导购一年的人效高达 112 万元。从数据指标来看，2000 元的 ARPU 值似乎有点过于理想化，以同样在私域里做高客单奶粉的孩子王为例，其作为国内综合性母婴用品零售商龙头，全渠道 ARPU 值也不过千元左右。不过，因我们没有获取到白小 T 私域具体准确的 ARPU 值，所以在此不作过多评价。

白小 T 会不会是另一个凡客

通过差异化竞争，白小 T 目前算是成功打造了 T 恤品类的代名词。目前的白小 T 正值快速成长期，但是未来白小 T 的路能够走得有多远，我们认为是一件十分考验其战略力的事情。

其实，细心的读者会发现，现如今的白小 T 与 10 年前的凡客十分相似。白小 T 以"让用户花十分之一的钱穿大牌"的口号切入赛道，但这一价值主张我们并不陌生，凡客当年也是以低价格、高品质切入。只不过，凡客宣扬的是"小米模式"，而白小 T 并不过分强调性价比，宣扬的是"苹果模式"。

巧合的是，凡客当年也是主打 T 恤品类和极简策略，并因此很快起盘。起盘之后的凡客进行了品类延伸和扩张，甚至在 2010 年突破了 20 亿元的销售总额，其掌门人陈年一度将 2011 年年销售额预期提升至 100 亿元。[11] 但如今的凡客在服饰行业已经很难激起涟漪。

在产品力的塑造上，凡客当时也是主打 ××× 高织的原材料，创始人躬身前往多个国家虚心取经，并邀请了外国设计大师为其设计版式和款型等。这与如今的白小 T 十分相似，甚至两个品牌的创始人还相互认识，不排除他们相互交流过和探讨过。在此我们也希望白小 T 能够从凡客身上吸取经验，扬长避短。

从 2014 年开始，凡客由盛转衰，当时生产线、资金链紧绷以及巨额库存积压这三座大山一齐向凡客压来。最后，在 2015 年，凡客又不得不回归初心，并重新聚焦 T 恤品类，试图翻盘，只可惜目前依然难以重返"太平盛世"。

回到白小 T 单品类本身，其产品升级并不顺利：截至 2021 年 8 月，天猫月销量表现最好的还是 199 元的 2 代产品，产品新概念的迭代受到价格带的限制，毕竟一件 T 恤如果高达 500 元，那用户为什么不再加点钱，直接购买奢侈大牌（见图 10-6）。

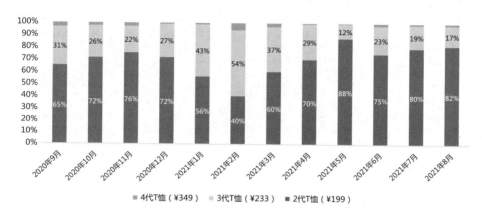

图 10-6　2020 年 9 月~2021 年 8 月，白小 T 天猫旗舰店销售额情况
资料来源：久谦中台。

但客观来讲，白小 T 目前仍然主推 2 代产品，也不排除是出于其货品组合策略的考量，白小 T 1 代 99 元是引流款，2 代 199 元是主推款，3 代 299 元是高价值的利润款。

另外，从图 10-7 可以看出，白小 T 的 T 恤单品类在 2020 年三季度到四季度 GMV 占比一度下降过。在排除季节因素的影响后，其 POLO 衫 GMV 占比在 2020 年三季度是相对较高的，由此可以看出其品类延伸有一定的成效。但进入 2021 年一季度之后，由于白小 T 的概念彻底打爆，其他品类 GMV 占比逐渐收窄。

在单品类策略的限制下，想要进一步实现规模化扩张，白小 T 未来或许会像凡客一样延伸品类，甚至打造品牌矩阵。

事实上，目前白小 T 的品类已经延伸到了防寒服、衬衫、内衣内裤、袜子、鞋垫等。早在 2020 年 9 月，白小衫（浙江）服装科技有限公司就注册成功，未来不排除继白小 T 之后出现"白小衫"品牌的可

能性。只不过，打造下一个"白小衫"或许又是一个从 0 到 1 的艰难
故事。

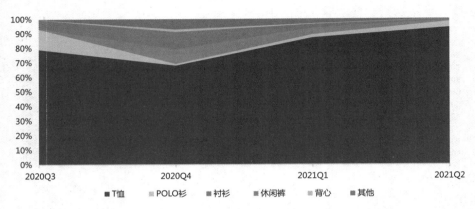

图 10-7 2020Q3～2021Q2，白小 T 天猫不同品类 GMV 占比

资料来源：久谦中台。

　　白小 T 未来的成长路径，我们尚且不清楚，不过有一点可以肯定的
是，无论是拓展品类还是打造品牌矩阵，白小 T 在拓展增量的同时，必
须保持原来单品类的聚焦优势，这样才会避免重走凡客走过的弯路。

　　不过，T 恤看似是一件简单得不能再简单的单品，但其造价空间可
能超乎想象。就拿扎克伯格最喜欢的"灰 T"来说，一件 T 恤可以卖到
3700 元人民币，其所属品牌 Brunello Cucinelli 被誉为"服装界真正的奢
侈品"，该品牌市值一度高达 246 亿元。

　　虽然 Brunello Cucinelli 主打的是"软黄金"羊绒材质，但消费者真
正愿意为其买单的还是低调奢华又不失品味的品牌价值，不过这往往需
要经历几十年甚至几百年的品牌文化沉淀。

　　当然，拿白小 T 去跟顶奢品牌对比似乎有点不切实际，但我们想表
达的是，能把最简单的 T 恤生意做到极致，未来就能有更广阔的市场空
间，而其中的关键在于提升产品价值和塑造品牌势能。

结语

作为一个成立不久的新品牌，白小T肯定是不完美的，但它的起盘路径和对关键策略的独到运用值得玩味。在此，我们将白小T的核心打法总结如下。

红海里的蓝海战略：白小T从被传统服饰品牌忽视的T恤品类出发，启动了"品类即品牌"的定位策略，将白小T打造成了T恤品类的代名词。

打造爆品的方式：产品的价格带+产品概念+营销前置，三者平行并进。通过价格带定位来寻找新人群、新增量，以产品卖点来放大产品价值，并在研发阶段就开始设计营销卖点。

理性看待渠道价值：不是哪里热闹就往哪里凑，而是要将渠道的用户画像与品牌的潜在目标人群进行深度匹配。两者匹配之后，白小T选择在小众但精准的二类电商起盘。

创始人IP化：创始人张勇本身就是白小T最好的增长工程师，如果没有张勇揭秘工厂的视频内容创新，白小T可能仍处于创业探索期。

私域闭环建设：拇指衣橱早期就注重打造用户"留量池"，通过一对一服务来提升用户LTV。

在平台占据绝对主导权的今天，白小T依靠营销打爆了产品概念，这虽然会提升ROI，但能否强化品牌力还需要打上一个问号。但在张勇身上，我们看到了他做产品、做内容的决心，他在珠峰雪地蹒跚前行的画面也十分感动人心。如果以攀珠峰的精神去打造品牌，去突破增长瓶颈，未来想要打造一个真正的国民T恤品牌也不是没有可能性。只不过"行百里者半九十"，白小T的一切才刚刚开始。

参考资料

[1]　服饰商情网.提振产业信心 推动产业变革 | 2020宁波时尚节暨第24届宁

波国际服装节隆重启幕 [EB/OL]. (2020-10-22)[2022-01-12]. https://www.sohu.com/a/426639810_720627.

[2]　尤畅 . 红帮裁缝 衣网情深 [N/OL]. 浙江日报，2016-11-22(9)[2022-01-12]. http://zjrb.zjol.com.cn/html/2016-11/22/content_3019979.htm?div=-1.

[3]　蓝鲨消费 . 上线 8 个月营收过亿元，靠一款 T 恤完成数千万元 A 轮融资 [EB/OL]. (2021-05-21)[2022-01-14]. https://baijiahao.baidu.com/s?id=1700334025631532861&wfr=spider&for=pc.

[4]　孙雨 . 专访拇指衣橱创始人张勇：IP 社交内容电商，打造服装新零售 [EB/OL]. (2019-05-17)[2022-01-14]. https://www.iyiou.com/news/20190517100234.

[5]　智研咨询 . 2019-2025 年中国男装行业市场全景调研及投资前景预测报告 [EB/OL]. (2018-10-26)[2022-01-18]. https://www.chyxx.com/research/201810/686781.html.

[6]　智研咨询 . 2019 年一季度中国休闲服饰行业营业收入、净利润及毛利率统计分析 [EB/OL]. (2019-06-13)[2022-01-18]. https://www.sohu.com/a/320280538_775892.

[7]　Talk 校长 . 最近新出现的"二类电商"，你知道是什么意思吗？ [EB/OL]. (2020-09-15)[2022-01-18]. https://view.inews.qq.com/wxn/20200915A05RFG00?

[8]　东西文娱 . "爆品"白小 T：抖音微信两手抓，公域与私域的组合逻辑 [EB/OL]. (2021-04-30)[2022-01-24]. https://www.sohu.com/na/463897020_100180909.

[9]　新商业情报 NBT. 白小 T：不是服装公司，也不属于任何平台 [EB/OL]. (2021-08-30)[2022-01-25]. http://news.efu.com.cn/newsview-1327260-1.html.

[10]　新商业情报 NBT. 白小 T：不是服装公司，也不属于任何平台 [EB/OL]. (2021-08-30)[2022-01-25]. http://news.efu.com.cn/newsview-1327260-1.html.

[11]　DoNews. 卖高价高品质 T 恤，陈年的新凡客还有机会吗？ [EB/OL]. (2015-04-02)[2022-01-25]. https://www.donews.com/net/201504/2886365.shtm.

第四部分

运营力

建立与消费者的强连接

CHAPTER 11

第十一章

伊利

快速融入新渠道的传统巨头

数据显示，2020 年平均每个月在直播电商产生过一次及以上消费的互联网用户已经超过 50%。更难以想象的是，43% 的互联网用户喜欢直播电商，35% 的互联网用户喜欢传统电商。[1]

直播电商已是大势所趋，正当我们纠结于研究新消费品牌还是传统品牌的直播时，一支 33 秒的抖音短视频广告加速了天平的倾斜。

东京奥运会期间，伊利发布了一支抖音短视频，虽然是广告，但却收到了 256.1 万个点赞、9.1 万次转发及 4.6 万条评论。此种高级别的流量待遇，成功激起了我们的好奇心。

顺着短视频线索，我们顺藤摸瓜，发现伊利在抖音电商的打法也是可圈可点的。因此，本章我们将目光聚集到传统乳制品巨头伊利身上。

抛开伊利奥运营销带来的天然好感，我们选择其作为研究标的的原因有三。

其一，在品牌自播成显性趋势的当下，伊利作为传统巨头在抖音电商上的躬身入局，可以为同样具备传统基因的品牌提供现实性的参考和启发。

其二，伊利在抖音电商实打实寻找到了增量市场，仅伊利官方旗舰店这一单店，就在入局的 84 天内创造了单场千万元 GMV 的战绩，这对原本客单价不高的品牌来说，算得上是意外之喜。

其三，伊利在抖音电商的打法非常有意思，他们就像是中国古典阴阳哲学的运用高手，可以做到像水一般柔性蓄力，也可以做到像火一般具有爆发张力，"快"与"慢"相生相克，以此来寻求品牌健康经营的长期主义。

围绕着伊利在抖音电商的"快"与"慢"主线，从伊利入局抖音的动因、做抖音电商的具体打法、未来在抖音的想象空间三大维度出发，我们接下来将着重探讨以下四个问题。

- 品牌应该如何客观理性地判定抖音电商平台的价值？
- 品牌在不同的发展阶段，应该采取何种破局策略？
- 品牌如何避免在抖音电商昙花一现，如何实现长期健康经营？
- 品牌在面对局部难题和瓶颈时，应该如何冷静对待？

即使在超级流量场上，也要坚持长期主义

首先，抖音电商作为电商平台之一，顺利搭乘上了电商赛道增量市场的列车，抢占到了一个生态位。

从电商渠道的赛道趋势来看，蛋糕只会越做越大。毕马威咨询数据显示，2020 年直播电商交易规模为 1.05 万亿元，市场渗透率为 8.6%，

仍存在较大增长空间；预计未来几年直播电商将继续保持较高速增长，GMV 规模将突破 2 万亿元，渗透率将突破 14.3%。[2]

其次，相比传统电商竞价排名的逻辑，抖音兴趣电商的优势在于流量的复利。在赢得卡位优势之后，抖音兴趣电商的核心价值，在于其流量是可以被反复利用的，天生具备"流量复利"的基因。

在互联网流量时代，拥有 6 亿日活用户的流量盘子，抖音平台被称为超级流量场也不为过。而兴趣电商的生意逻辑，是通过推荐技术把人设化的商品内容与潜在的海量兴趣用户连接起来，用内容激活用户的消费需求。

通俗一点来讲，如果把用户看作水，商家看作河流，抖音电商平台则是一片海洋，而内容和兴趣就是引力，推荐机制则是阀门，平台根据引力大小来控制水流方向及速度，使得水流可以自上而下流动，也可以逆流而上，形成生态环流。生态环流之下，水自然是活水，流量自然就可被反复利用，这就是抖音流量的复利优势。这也就是抖音电商官方所说的"滚雪球"式的流量增长逻辑。

当然，这种逻辑在我们看来，更多是利好平台的竞争优势。对普通玩家来说，如果因身处超级流量场而抱有流量收割的"薅羊毛"心态，是很难在抖音电商平台上长久地玩下去的。自上而下的水流可以理解为自然流量，逆流而上的水流可以理解为付费机制下的"南水北调"，品牌商家的水流有多大，主要取决于内容对用户的吸引力。

我们在与行业内多位专家的访谈中得知，如果从 ROI 衡量角度出发，相对于传统公域流量平台，现在抖音投放虽然仍存在一定的优势，但 ROI 并没有高出太多，也就几个点的利差。所以，对商家尤其是想做好品牌的商家来说，对抖音电商平台的价值评估，心态应该从流量收割转变为品牌经营，转而开始思考如何利用好抖音电商的价值点来实现长期主义。

在这点上，我们认为伊利在抖音电商的打法就是一个很好的范本，虽然不能称为教科书式的完美案例，但它入局抖音的动因和成套玩法值得借鉴。

入局抖音电商的真相

在大盘增速趋于平缓的情况下，传统巨头伊利依然选择入局抖音电商，其布局背后的动因是什么？

伊利入局抖音电商并不是出于机会主义，而是出于数字化转型战略的深度考量。

事实上，最近几年，伊利在持续深化全渠道运营体系建设。无论从业绩构成还是重点战略举措来看，伊利布局抖音兴趣电商渠道，都是系统考量后的理性策略——继续抢占电商渠道。

1. 电商渠道是伊利的有力助推器

从业绩表现来看，在新冠肺炎疫情的冲击下，乳制品行业集体受到重创，2020 年，一二线城市乳品销量同比下降超过 50%。但在此种逆境趋势下，伊利却实现了逆势增长。[3]

伊利年报数据显示，2020 年伊利营收和扣非净利润都实现了同比增长且远远超出行业平均水平。常温奶和低温奶的市占率不降反升，同期分别提高了 3.2% 和 0.3%。

此外，2020 年，伊利电商业务收入较上年增长 55.0%。同期，星图公司调研数据显示，伊利常温液体乳在电商平台的零售额占比为 28.1%，位居电商平台常温液体乳细分市场首位。值得注意的是，伊利常温液体乳在公司整体业务占比高达到 79.84%（见图 11-1）。[4]

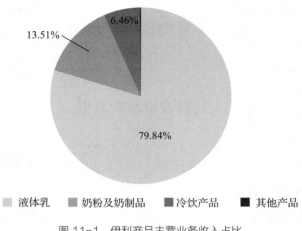

图 11-1　伊利产品主营业务收入占比

资料来源：伊利 2020 年年度报告，增长黑盒。

　　从伊利电商渠道表现来看，在 2021 年 "6·18" 大促期间，伊利蝉联乳品全网第一，其本身就具备很强的电商渠道运营能力。

　　根据各大电商平台综合数据，2021 年 6 月 18 日当日及 "6·18" 全程（6 月 1 日至 6 月 18 日），伊利以绝对的份额优势在电商全平台 B2C 乳制品市场高居榜首，不仅在天猫平台、京东平台 B2C 乳制品行业斩获 "6·18" 全程市场份额第一，更在新兴抖音电商平台实现食品饮料行业销售额排名第一。[5]

2. 加码抖音电商是数智化的必选项

　　伊利在 2020 年年报中的后期战略重点举措中，明确提出了 "积极拓展新兴渠道，借助互联网技术打造全新业务模式"。在此战略引领下，伊利在 2021 年 7 项重点工作中，明确提出了 "加快数字化转型，提升全渠道运营能力" 的工作部署。

　　实际上，伊利正在用真金白银落地数字化转型。在 2021 年 6 月 4 日发布的《2021 年非公开发行 A 股股票预案》的公告中，伊利拟使用募集资金 12.50 亿元来打造数字化转型和信息化升级项目。

无论是基于战略的理论层面，还是实际交卷成绩，我们都有充分理由认定，入局抖音是伊利提升全渠道运营能力的战略落地，是进一步寻找增量的必然选择。

我们调查发现，抖音日活 6 亿用户和抖音短视频日均 4 亿的搜索次数所覆盖的泛人群 [6]，与伊利全网 91.6% 渗透率下的近 13 亿消费触及人群 [7] 具有高度的重合性，抖音电商渠道是伊利进一步优化电商业务能力，寻找生意增量的地方。

但同时，伊利不会一味地追求高 GMV，它需要的是有质量的GMV，这与抖音兴趣电商的基本理念不谋而合。

除了在抖音平台寻找增量，伊利还赋予抖音平台以下两大价值维度：

- 品牌积累用户资产、打造用户心智的品宣地；
- 品牌深化服务、维护用户关系的磁力场。

至于伊利在玩转抖音电商的过程中，是如何发挥和利用这两大价值的，我们可以从伊利在抖音电商的成长路径中窥得究竟。

伊利"快"与"慢"的阶段打法

品牌想在抖音电商崛起，不能操之过急。顶级操盘手，应该有一套科学的认知体系，针对品牌自身的基因找到其在抖音电商平台的核心优势，但同时也需要根据平台的调性及时调整和弥补品牌劣势。

成熟品牌往往容易陷入的一个误区是：入局后，在尚未做好充分准备的情况下，就根据自己的品牌声量和资金优势，一味地在抖音平台高举高打。后来发现，前期也许可以快速起量，但后期利润回报非常薄弱，往往还比不过新消费品牌。

对于伊利来说，虽然它在抖音电商也有寻找 GMV 突破的"快"需求，但在运营策略上它却主动选择"慢"下来。

除了在抖音电商平台寻找增量以外，伊利还会基于抖音短视频和直播属性，把抖音平台当作与用户沟通和深度互动的纽带。同时，伊利想借助抖音平台的即时互动优势，来优化用户的购物体验，为用户提供更加细致和全面的服务。

对于体量较大的成熟企业来说，在与其沟通的过程中，我们发现它们高频提及的一个问题是，"在制定抖音电商作战计划时，传统企业做自播是走旗舰店模式还是做矩阵模式"？

事实上，很多传统企业更加习惯于单一旗舰店模式，此种模式是它们在传统电商平台探索出的习惯性累积优势。

一般而言，在传统电商模式下，企业只需要以下三步就可以做好销量：

- 第一步，先建好旗舰店；
- 第二步，配合小二做活动，投放怼量；
- 第三步，重复第二步。

也就是说，只要你投入足够的资金，配合官方做好活动，销量就不是难题。

如果把此种逻辑延续到抖音电商，虽然都是广告付费的逻辑，但单一旗舰店模式在抖音生态会出现高开低走的困境，因为这种模式虽然销量高，但是利润薄。这是因为抖音电商流量分发机制不是搜索排名，而是技术分发推荐。[8]

在抖音生态体系下，依靠投放来做大一个直播间往往是不够的，企业最好做出能吃免费流量推荐的直播间，此时矩阵模式似乎是一个更好的选择。

根据我们对伊利的观察，其在抖音平台的账号布局采取的就是矩阵模式。在飞瓜数据后台，我们发现伊利主品牌账号下，其实绑定了 5 个直播账号：伊利官方旗舰店、金领冠、伊利奶粉之家、伊利牛奶旗舰店、伊利奶酪旗舰店。

在长时间潜水伊利各大直播间后，我们发现伊利官方认证的账号矩阵，其布局也有自己的深度考量，5 大账号分别被赋予不同的角色和使命：伊利官方旗舰店是其官方权威账号；金领冠主要针对母婴群体；伊利奶粉之家更多是针对奶粉品类下的不同细分人群，其中包括儿童、学生、中老年和女士群体等；伊利牛奶旗舰店更像是"大管家"角色；伊利奶酪旗舰店则是针对奶酪细分品类。

另外，伊利在抖音电商平台还开通了 5 个抖音小店，小店与不同的直播矩阵号相互绑定，完成全链路交易。

由于奶制品类目的价格自带局限性，伊利是相对低客单价的品牌，但飞瓜数据显示，通过矩阵布局，伊利能做到一个月 4622.5 万元的销售业绩。

由于篇幅有限，我们选择把伊利的官方大号伊利官方旗舰店作为深度研究的样本，将从伊利在抖音电商的冷启动期、成长期、日销稳定期及节日拉升期来详细拆解其核心打法。

1. 冷启动期："广积粮，缓称王"

在抖音生态里，广告投放虽然是一个必选项，但运营一个店铺不是单纯依靠品牌曝光或商业化的资源就可以做好的。

在冷启动期，伊利对广告投放很谨慎，早期不会启动 S 级大项目。在这个阶段，伊利侧重夯实基础建设，在做好人群精准洞察的基础上，集中精力做好直播团队建设和直播策略的创新。在直播流程跑通后，伊利会通过小规模的流量投放，不断建立垂直标签系统，以此来不断测试和积累精准流量模型。

（1）入局前做好用户群"背景调查"

在真正入局抖音前，伊利会根据自身在全渠道积累的用户资产，尤其是积累的人群包数据来判定与抖音平台用户的重合性有多高，并会从以下三个维度评估和权衡品牌自身用户与抖音平台用户的"适配性"。

- 伊利全渠道触及用户 > 抖音的泛人群用户。

抖音生态下的用户以泛人群为主，而伊利在中国的渗透率接近92%，触及用户接近 13 亿人次。从某种程度上来说，抖音生态里面的泛人群用户约等于伊利的潜在用户，这是传统巨头的天然优势。

- 伊利的品类优势，产品几乎都是"全家系列"。

由于中国消费者普遍具有饮奶习惯，伊利作为奶制品品牌，具备很大的品类优势，其产品可以从儿童、女性到老人进行全覆盖，几乎是全家人都可以消费的产品。

- 从定向人群来看，以女性用户为主。

伊利官方旗舰店用户群体的性别、年龄和城市分布都与抖音用户的整体画像高度重合，抖音平台的泛人群用户与伊利在全渠道触及的用户人群于多重维度都保持了一致性。[9]

对伊利来说，入局抖音电商平台，最需要做的就是精准人群营销，因为抖音大部分泛人群用户都是伊利的潜在用户。

由此看来，伊利品牌所积累的用户和抖音电商渠道用户的重合，有一个很大的机会窗口。

（2）"以人为本"，主播团队个性化配置

我们调查发现，乳制品行业直播团队的标配约为 5～6 人，岗位大致划分见图 11-2。

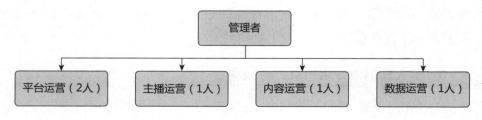

图 11-2　伊利直播团队配比

资料来源：专家访谈，增长黑盒。

我们通过内部调研得知，不管是传统品牌还是新消费品牌，直播团队规模皆相对常规，更重要的是如何激发团队人员，尤其是主播团队的潜力。主播们在直播的表现，直接关乎产品销量和品牌声誉走向。

在团队管理上，伊利非常重视对主播团队的潜力挖掘。在对主播的筛选和管理上，伊利不是唯销量是问。伊利的主播不需要打造人设，他们只需要做自己，伊利鼓励他们在直播间尽情释放自身人格化的优势。

尽管现在在整个直播行业，企业对主播的考核都是以销售业绩为主，但对于伊利来说，主播的带货业绩只是 KPI 考核的一个维度，伊利主张以人为本，充分激发不同主播的最大潜能，这也是伊利"慢"动作的表现。

因此，在伊利官方旗舰店的直播过程中，你会发现有伶俐可爱、专业知性的女主播，有年轻妈妈主播，还有憨态可掬但说话平易近人的男主播……几乎每位主播都有自己的个性，但都不是硬凹出来的人设。

不过，伊利对主播有一个雷打不动的硬核要求——专业度。不管风格多么鲜明和多变，主播一定要具备乳品专业知识，伊利每位主播对牛奶营养成分及含量都熟稔于心，在直播间几乎都可脱口而出。

（3）直播策略创新："因地制宜"+"因时制宜"

伊利官方旗舰店对直播场景的创新，主要体现在对直播间背景和形式的设置上。伊利会根据不同活动时间节点设置不同类型的直播间，更加注重用户的视觉感受。伊利试图在最短的时间内把利益点告诉用户，以此提升直播效率。

伊利在设置直播间时，会把不同的直播场景当作线上店铺的精装修，让品牌元素从产品、优惠贴片、桌面布景、道具、主播话术等多方面贯穿直播间，让用户感观融入消费场景，甚至享受沉浸式购物。

根据对其直播间的跟踪，我们发现伊利直播间的类型有以下 4 种：实景场景、背景板场景、LED 场景、牛奶超市场景。实景场景和牛奶超市场景用在活动大促期间，背景板场景和 LED 场景多用于普通日播。

我们从与业内专家的访谈中得知，主播一定要保证实时开播，一般店铺开播时长最好不要低于 12 个小时。伊利在保证直播时长的同时，还会配合短视频和活动节点，适度去巨量千川投放广告，以此来做账号的基础养成。

事实上，对直播时段的敏感洞察也是提高直播效率的一个重要因素。

- 上午时段

上午时段尤为重要，是决定一天最大流量的起点。这时候需要配上能够带动直播间氛围、个性鲜明的主播。

- 中午阶段

中午时段的流量逐渐趋于平稳，需要针对上午的流量进行良好地承接，这个时候的主播在风格上不宜与上午的主播形成断层。

- 下午阶段

下午时段是一天中流量疲软的时候，此时主播可以以信息知识的普及为主，更加注重内容的互动性。

- 晚上时段

晚上 7～9 点和 9～10 点的流量强度与上午同级，是一天流量的峰值时段，粉丝活跃度非常高，这个时候可以配上具有明显亲和力、带货节奏强的主播。

（4）积累精准流量模型

伊利一直非常注重用户流量的质量和价值，在广告投放时，它对精准流量的要求非常高。

对伊利来说，乳制品行业必须先建立垂直人群标签属性，这是提高 ROI 的策略之一，然后才是通过优质的内容去吸引用户的停留和互动，最后通过抖音智能分发逻辑，对用户进行标签化区分来积累精准流量运作模型。

要弄清伊利的投放策略，我们必须先对抖音的推送方式有所了解。

在抖音平台，一位用户可以被打上约 250 个标签，标签又可以分为用户标签与兴趣标签。用户标签更多是基于用户信息的基础用户画像；兴趣标签则是用户在使用抖音 App 后产生的兴趣偏好标签，比如"体育爱好者""技术控""宝妈"等。

此外，抖音内容推送规则又可以分为默认定向推送和兴趣内容推送（见表 11-1）。

表 11-1　抖音平台的内容分发种类及规则

	默认定向推送	兴趣内容推送
分发规则	单个用户约 250 个标签（人群、性别、年龄、地域等） 广告系统会根据用户标签和广告关键词将广告定向推给用户 上限 8 条	关注、点赞、完播率形成用户兴趣标签 标签实时变化，当兴趣标签不足时会用系统默认矩阵进行推送
推送占比	老用户 35%～40% 新用户缺少兴趣标签，系统默认推送占比略有提升	老用户 60%～65% 新用户占比略有下降
电商广告推送占比	4.8%	3.2%
广告工具	巨量千川、优选联盟、精选联盟、抖店罗盘	

资料来源：抖音电商，开源证券研究所，增长黑盒。

- 默认定向推送模式

默认定向推送模式下，抖音平台会推送与用户标签匹配程度最高的商品，例如，为"注重性价比"的用户推送"好用不贵"的商品。

- 兴趣内容推送模式

兴趣内容推送模式下，抖音平台会推荐视频内容与用户"兴趣标签"相匹配的商品。

基于这两种推送规则，抖音电商对用户画像的刻画比传统电商更精细，可以将相关产品精准推送给标签用户。[10]

如何才能实现精准投放，品牌一般又可以通过哪些方式来提量增效呢？我们在此分享护肤品牌奥伦纳素的实操方法。[11]

第一步：筛选对标账号

带货前期，在建立用户标签时，奥伦纳素把目标用户框定为25～40岁的贵妇人群。有意思的是，奥伦纳素对标的不是同类垂直美妆护肤账号，而是转换方向，关注在抖音直播间下单过羊绒和皮草的女性，同时将目光锁定在二手奢侈品、名表、高端女装直播间。顺着此条线索，奥伦纳素筛选出粉丝数量在10万～200万的直播账号。注意，这里是直播账号，而不是短视频账号，因为直播账号的流量更加精准，短视频账号的流量多以泛流量为主。

第二步：小额高频投放

奥伦纳素账号开播当天，品牌投了约1.2万元的小店随心推，但不是一次性投放，而是分了50笔、每笔约300元的订单去投放。

第三步：数据监控调优

奥伦纳素根据每笔300元的订单成交数据来实时监控和分析投放效果，比如，记录每笔订单投向了哪组人群，其转化率是多少。表现好，就继续加大投放；表现不好，后面就放弃投放。

在这样一套组合策略下，奥伦纳素的广告投产比达到了1：8左右（投了1.2万元，卖了9.2万元），效果非常可观。

对伊利来说，它不缺泛流量，缺的是精准流量。所以，伊利在抖音也会格外注重通过标签系统投放广告。

图11-3就是伊利的流量投放模型，通过对比，我们发现伊利的打法与奥伦纳素大同小异。伊利在不断优化精准流量投放策略后，增长倍数基本稳定在5左右，这对低客单品类来说，已经算上游水平了。

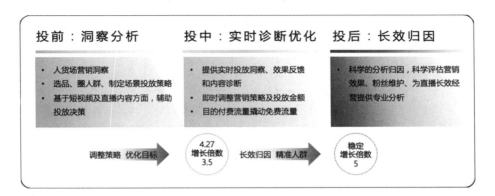

图 11-3　伊利流量投放模型

资料来源：抖音电商。

综上，伊利在冷启动期的直播策略主要有以下几点。

- 入局前就要认真评估品牌用户与抖音电商平台用户的匹配度，做好人群"背景调查"。
- 团队考核不是"唯 GMV 论"，而是考核主播的专业度并鼓励主播做自己、释放自身潜能。
- 直播间的场景展示与店铺装修一样，不是简单的 KT 板就可以解决的。
- 投入产出比与直播时长呈正向关系，要根据不同时段的流量特性配比对应主播。
- 流量投放要克制，且需要做好精准人群圈选，投前、投中、投后都需注意优化策略。

2. 成长期：打造爆品组合，提高客单价

伊利在自播成长期，场均 GMV 已经达到了 13 万元以上，单场 GMV 一度突破 20 万元。在这一时期，伊利的核心策略就是从组货逻辑出发，通过优化货品结构和打造爆款组合来提高客单价。

伊利通过定位 30～40 岁的女性人群，使用 DMP 工具[○]排除历史用户，确保每次付费流量触达的全部是新用户，让品牌流量越滚越大。同时，伊利根据目标人群主推 5 款产品，通过限时、限量销售，营销库存紧张感，通过促单方式提升销量。

（1）货品结构：引流款 + 组合款 + 爆款 + 定制款

直播间的货品配置一般包括以下四款。

- 引流款：促进成交，增加粉丝数，增加停留时长。
- 组合款：爆款 + 利润款 / 新品组合测款，提高客单价。
- 爆款：提升转化率，是 GMV 主力产品，主要用来沉淀人群。
- 定制款：推出测款方向，是孵化新品持续打爆的方式。

在货品的具体配置比例上，乳品行业在货品结构上会设置 10% 左右的引流款，20%～30% 的单品爆款，40%～50% 的组合款，10%～20% 的高价款 / 定制款，我们推测伊利的配货参数与此大同小异。

（2）打造爆款组合，提高客单价

伊利官方旗舰店的 SKU 数量维持在 20～30 个的水平。在货品结构确定后，伊利会采取差异化的产品策略，根据用户在抖音电商平台的付费能力来调整产品的品相和规格，然后有的放矢进行直播带货。

经过长期蹲守伊利直播间，我们发现伊利官方旗舰店主要聚焦以下 5 款主推产品：无菌高钙低脂奶、安慕希草莓燕麦酸奶、舒化低脂无乳糖牛奶、安慕希原味酸奶、臻浓高钙牛奶。伊利从不同口味、规格上做差异组货，以尽量覆盖不同用户的多维度消费场景。比如，无菌高钙低脂奶主要满足追求高性价比人群的营养需求；舒化低脂无乳糖牛奶主要面向乳糖不耐受人群；另外，倘若消费者没有牛奶消费需求，主播就会

○ DMP（Data Management Platform）工具赋予商家人群圈定、人群透视、人群投放、数据分析的能力，帮助商家针对不同的营销目标，选取适用于不同营销场景的优质人群，并提供人群包的广告投放效果数据，达到流量精细化运营的目的。

引导其购买安慕希酸奶，并从不同的风味享受来解释卖点。

此外，在提升客单价上，伊利的策略主要有以下两种：

- 不同产品的组合装，强调产品的差异性；
- 单一爆款产品，鼓励增加下单数量。

这两种策略几乎都是行业的通用手法，但在后一个策略的打法上，伊利会设置不同的利益钩子，来吸引用户下单。比如，把优惠点放在了下单数量上，主播在直播间的话术大多是"两箱一起拍，便宜×××米"，以此来吸引用户下单，同时还会赠送不同规格的礼品，满足用户的占便宜心理。

3. 日销稳定期："先头部队蓄力"

在保证日销稳定的情况下，伊利主要注重账号的健康度养护和粉丝基数的提升，并没有采取重量级的打法。这一阶段的主要任务包括新品首发、明星带货和常规营销活动。

为了吸引更多新粉丝以突破流量层级，在场均 25 万元 GMV 的层级下，伊利也会参加一些常规的行业活动如"Hi 吃美食节"，该活动把单场 GMV 拉升至了 100 万元。

在这里，我们还需要穿插一个概念——流量层级。

为了照顾不同量级的达人，抖音会采用平行赛马的流量分配机制，将直播间按照权重进行分层，每个层级有对应的流量上限。抖音会阶段性地考核直播间的数据指标，当数据显著优于同层主播时，抖音上调流量上限，达人进入下一层级。抖音考核最重要的两个数据指标，就是用户停留时长和 UV 价值[一]。用户停留时长反映了直播间的留人能力，UV价值反映了直播间的变现能力。

在突破单场百万元 GMV 的关口后，伊利主要采取了新品首发与明

[一] UV 价值：平均每个访客产生的价值，即销售额与访客数的比值。

星带货的策略，为提升账号至下一流量层级蓄势。

例如，伊利基于用户洞察，发现"膳食纤维"和"低卡"概念的热度增长迅猛，消费者对于植物蛋白饮料的健康概念逐步细化了需求。于是，伊利孵化植选燕麦酸奶，并在抖音电商做新品首发，单品销售额接近 70 万元，约占整场直播销售额的 45%。

为了扩大新品声量和销量，伊利代言人助力新品首发直播。在直播开播前，伊利对代言人的粉丝群体标签进行流量投放预热，搭配新品亮点的引流短视频，这为其直播带来了 9% 的视频推荐流量。同时，伊利还在直播中加入"签名海报的抽奖福利"，最终该场直播场观人数破百万，人均停留时长近 80 秒，单场 GMV 突破 150 万元。

4. 节日拉升期："集中火力突围"

从前期的"慢蓄力"到节日的"快冲刺"，伊利最核心的策略是冲破流量层级的限制，通过"声量＋销量"的方式突破智能分发体系下的流量天花板。在大促节点，伊利的核心打法就一个字——"快"。此时，资金和资源都会集中到位，伊利借助平台活动的驱动完成流量层级的突破，并通过与头部 KOL 和达人合作来实现规模流量的集中引爆和品效合一。

（1）活动是规模销量爆发的引擎

电商大促、营销 IP、行业活动等一系列营销事件，也就是抖音电商平台"FACT 矩阵"中的"C"，赋予了抖音电商节日化、主体化的营销能力，为用户不断创造在抖音上消费的理由和心智，并借助规模化的流量聚集效应，在短时间内引爆高成单的集中交易，是商家借助平台资源快速成长的重要方式。[12]

抖音电商活动一般可以分为以下三大类。

- 平台大促：抖音电商官方举办的大促活动，如"6·18""8·18""双十一"等。

- 平台 IP：抖音电商塑造的多个 IP 活动，如抖音新锐发布、抖音开新日、抖音新品日等。
- 行业活动：抖音电商会根据行业和品类的划分，举办周期性行业活动，让不同品类下的直播账号获得新增量，如"打工人充电季""美好生活节"等。

在活动利用上，伊利借助了抖音电商活动，集中火力引爆了规模流量，实现了流量杠杆最大化。

具体来看，从日销稳定期到节日拉升期，伊利一共参加了 5 场大型营销活动，包括"4.27 大促""5.18 Hi 吃美食节""5.25 巅峰赛""6.14 超级秒杀""6.18 抖音好物节"。

根据我们的调查，伊利的电商业务已经非常成熟了，现在更多是寻求内外部资源的整合点，其唯一差异化的打法，是活动玩法的差异和设置阶段目标的决心，也就是有突破流量层级的意识。

伊利活动的常规打法，比如，直播间场景布置干净，清晰标出利益点，直接展示保质期、顺丰包邮和产品优质等重点信息，加强消费者对产品的认知等，在此我们就不展开叙述了。

关于伊利活动的差异打法，我们选取了两场最具有代表性的活动，对其分别进行拆解。

（2）伊利超级秒杀日：与明星达人合作，但坚持做"东道主"

在 2021 年 6 月 14 日的伊利超级秒杀日，伊利直播间突破了 500 万元 GMV 层级，并一举冲高至 600 万元 GMV。但我们发现，伊利对与达人的合作持有非常谨慎的态度，一方面是出于维护品牌稳定的调性，另一方面也是为了控制营销成本。

即使与头部达人和明星合作，伊利也是把他们请到自己的直播间来做客，而不是在达人和明星的直播间直接带货。我们推测伊利的这种做法，更多还是想把用户沉淀在自己的用户池里。为了实现这种目的，伊利会针对达人和明星的粉丝人群画像，在直播前进行精准流量投放，同时配合不间断预告，为达人和明星的直播间积累人气，最终通过达人的引导，让用户转移到伊利的"场"。

例如，伊利在邀请某达人进入直播间前，就进行了精准流量投放的动作，在下午 1 点左右，伊利直播间在线人数达到峰值。该达人讲解单品 24 次，累计直播时长超过 1.5 小时，同时伊利还推出"×××专属款"并搭配红米手机福袋抽奖，最终单品 GMV 破百万元。

伊利还有一个风格是"一不做二不休"。当日，伊利还邀请了明星助阵伊利超级秒杀日。通过两轮大声势的火攻，伊利当日 GMV 突破 600 万元，用户人均价值达到了 2.2，带货数据超过了当日抖音平台 99.99% 的主播。

（3）借力"6·18"大促：工厂溯源直播，单场 GMV 破千万元

在 2021 年"6·18"大促期间，伊利祭出了自己的"撒手锏"——工厂溯源直播，此举直接将 GMV 拉升至千万元。在观看其当日直播回放后，我们将其核心打法总结如下。

- 工厂溯源场景创新，建立强信任关系

将直播场景直接设置在安慕希动态生产线，展示真实生产操作，增加信任背书，与用户建立强信任关系。

- 核心爆品设置保价机制，拉高转化冲销量

对核心爆品设置保价机制，促进流量转化。核心单品 5 小时 GMV 突破 200 万元，Top 3 的爆品成交额增长超过 40%。百万级单品伊利无菌高钙低脂奶的商品点击率（Page View，PV）在"6·18"当天环比平日增长 100%，由 5%～6% 提升到 10% 左右。

- 定向投放精准流量，撬动自然流量

伊利官方旗舰店在"6·18"早高峰 7 点开播，通过巨量千川精准投放后，15 分钟观看人数迅速破万；看播和购买人群画像高度重合，种

子用户延续直播热度，自然流量占比 80% 以上（见图 11-4）。

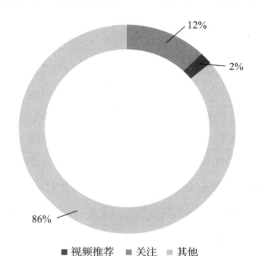

12%
2%
86%

■ 视频推荐　■ 关注　■ 其他

图 11-4　观众来源比例

资料来源：飞瓜数据，增长黑盒。

- 主播引导福利抽奖，维持直播间高频次互动

主播话术以突出品牌工厂"6·18"福利价为主，同时结合线下商超常规价的对比，促进一大波用户进店下单。直播期间，主播还引导福利抽奖并通过直播间话术引导互动点赞，使得直播间在线人数迅速破万，近 12 点达到当天直播观看人数峰值，点击率、成单率较日常翻倍。飞瓜数据显示，当日场观人数突破 700 万，在线人数峰值达到 4.4 万，互动频次超过 15 万。

迈过千万元 GMV 大关后，伊利却依然焦虑

伊利在突破千万元 GMV 后，没有立刻开香槟举起高脚杯大贺成功。相反，巨头也烦恼，而这种烦恼更多来自对品牌保持长期健康经营的"慢思考"。

对于品牌来说，无论加入的是多平台还是单一渠道，在入局后就要遵循游戏规则。比如，无论是在商场还是超市，商家都必须在既定的规则下，参与良性竞争，促成交易。

目前在抖音电商生态体系下，会员体系建设还处于初期建设阶段。对品牌来说，在用户进入直播间或者账号之后，如何把他们留存在自己的账号体系下，进行抖音私域化运营是大家共同面临的难题。

想要解决这个问题，所有的品牌都会回到共同的起点——内容。在抖音生态体系下，内容的吸引力决定了用户的忠诚度。

无论是新消费品牌，还是传统品牌，在我们与它们交流的过程中，几乎每家企业都承认内容的重要性，但对其打法都难以形成章法。难点在于，内容的创作实质上是创意的发挥，但创意又很难持续批量化生产。对于伊利来说，如何持续生产优质的内容、满足抖音用户的猎奇心理是它一直在思考的问题，也是它的主要焦虑点之一。

伊利在继续探索内容建设的长期工程的同时，也采取了另一种平行策略——产品即内容。

未来，伊利在抖音电商的布局重点将依然放在产品提质和创新上，回归到商业的本质，以极致的产品体验作为引爆点，驱动品牌，驱动用户运营。

结语

对传统品牌来说，在抖音电商平台上，原来的先天优势往往容易养成现在的习惯性动作错误。原来擅长的高举高打的营销策略，在抖音电商平台虽然可以收到很强的起势效果，但长期经营就可能陷入投放依赖症，高销量可能带来的是薄利润。所以，传统品牌想要做好抖音电商，往往需要克制。但克制之下，也需要追求有质量的高 GMV 增长，毕竟在抖音电商上还是需要做好流量的生意。

作为传统乳制品巨头，伊利虽然在抖音电商平台上有着强大的品牌资产优势，但却主动选择了战略性的"慢"，并将其与战术性的"快"深度耦合。

通过前面的案例分析，我们感受到了伊利谋时而动、顺势而为的阴阳古典哲学智慧。"道生一，一生二，二生三，三生万物……"在伊利身上，我们也看到了由阴阳激荡而成的和谐体。

最后，我们将伊利守正出奇的策略打法总结如下。

- 布局抖音电商，伊利不是以收割流量的短期机会主义心态入局，而是落地数字化战略并"落子无悔"。
- 前期起盘阶段，伊利的做法是"广积粮，缓称王"，放弃了传统高举高打的策略优势，转而寻求精准流量的投放和品牌健康度的打造。
- 伊利传统但不保守，在直播策略上也敢于大胆创新，将直播场景和直播方式玩出了新高度。
- 伊利注重整合平台优势和自身优势，在大促节点集中所有优势，以迅雷不及掩耳之势突破流量层级，打破流量天花板。
- 伊利对主播团队的考核不是"唯 GMV 论"，而是侧重考核主播的专业度并注重挖掘和释放"人"的潜能。
- 伊利对用户保持敬畏心和谦虚心态，将用户维系纳入了品牌长效经营的备忘录上。

参考资料

[1] 中国消费者协会 . 直播电商购物消费者满意度在线调查报告 2020 [EB/OL].
(2020–03–31)[2022–11–15]. https://www.cca.org.cn/jmxf/detail/
29533.html.

[2]　阿里研究院，毕马威 .【重磅发布】《迈向万亿市场的直播电商》报告：价值驱动，迈进"万亿时代"[EB/OL]. (2020-10-12)[2022-11-15]. http://www.aliresearch.com/ch/information/informationdetails?articleCode=124024843019620352&type=%E6%96%B0%E9%97%BB.

[3]　互联网那些事 . 伊利 × 奥运 17 年，"一站到底"，奥运打开营销增量场[EB/OL]. (2021-08-09)[2022-11-17]. https://baijiahao.baidu.com/s?id=1707581763163700449&wfr=spider&for=pc.

[4]　伊利股份 . 内蒙古伊利实业集团股份有限公司 2020 年年度报告 [EB/OL]. (2021-04-29)[2022-11-17]. http://static.sse.com.cn/disclosure/listedinfo/announcement/c/new/2021-04-29/600887_20210429_8.pdf.

[5]　央广网 . 618 年中大促战报出炉，伊利蝉联乳品全网第一 [EB/OL]. (2021-06-19)[2022-11-21]. http://health.cnr.cn/jkgdxw/20210619/t20210619_525516485.shtml.

[6]　抖音 . 2020 抖音数据报告 [EB/OL]. (2021-01-06)[2022-11-21]. https://www.sohu.com/a/442893269_441449.

[7]　第一财经 .《2020 亚洲品牌足迹报告》发布：每年近 13 亿人次选择，伊利连续五年登顶榜首 [EB/OL]. (2020-06-23)[2022-11-24]. https://www.sohu.com/a/403632053_114986.

[8]　关键明，张阳 . 预测抖音直播 2021 下半年五大变革 [EB/OL]. (2021-12-12)[2022-11-27]. https://www.aisoutu.com/a/1315546.

[9]　巨量算数 . 2021 抖音电商生态发展报告 [EB/OL]. (2021-04-29)[2022-11-29]. https://trendinsight.oceanengine.com/arithmetic-report/detail/314.

[10]　开源证券 . 抖音电商渠道解析：兴趣电商崛起，纺服板块先行 [EB/OL]. (2021-07-16)[2022-11-29]. https://xueqiu.com/9508834377/190636590.

[11]　运营派 . 从月销 10W 到月销 600W，GMV 翻了数 10 倍，她是怎么做到的 [EB/OL]. (2021-07-15)[2022-11-29]. https://www.sohu.com/a/477624356_121139731.

[12]　抖音电商，贝恩公司 . 2021 抖音电商商家经营方法论白皮书 [EB/OL]. (2021-07-22)[2022-11-29]. https://www.163.com/dy/article/GFHHV8UI05449FS9.html.

第十二章

飞鹤

定位高端却埋头地推的国产"老大"

三胎政策出台后，育儿话题迎来又一次的热议高潮，奶粉市场也随之被讨论。

毫无疑问，国内奶粉市场近几十年来最大的挫折，必然是 2008 年的三聚氰胺事件。在东窗事发之前，三鹿曾是国产奶粉品牌中当之无愧的老大。

一夜变天之后，三鹿轰然倒下。当时不少乳企的掌舵人都以为，上位的机会来了，于是大家都暗搓搓期待着这场奶粉市场的大洗牌，幻想自己会成为下一个领头羊。

现实是，所有人都低估了三聚氰胺事件对于国产乳业近乎毁灭性的打击，国产奶粉品牌的市占率从原先的 65% 一下跌至 30% 以下，一线城市更是跌到了 15%。[1] 自此，消费者对于国产奶粉的信任大打折扣，市场近乎被进口产品垄断。

　　重新出发的十余载，也是韬光养晦的十余载。如今，终于有国产品牌杀出了外资的重重包围。从 2014 年到 2020 年，飞鹤的国内市场占有率从 4% 快速增长到了 17.2%，飞鹤超越一众国外品牌，登上市占率榜首（见图 12-1）。截至 2021 年 4 月，飞鹤市占率达到 19%，看样子还在继续增长。

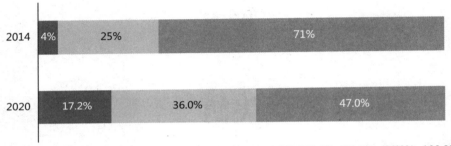

图 12-1　2014 年、2020 年婴幼儿奶粉市占率对比

资料来源：公开资料，增长黑盒整理。

　　我们坚持相信民族品牌迟早有一天会比外资品牌做得更好。不过，你是否好奇，为什么突围者是飞鹤，而不是其他国产品牌？飞鹤到底有什么制胜法宝？

　　本章，我们将从以下几个角度带大家了解飞鹤这十余年来都做对了什么，又是怎么做的。

- 飞鹤为什么选择了高端化战略？
- 在走高端路线的同时，飞鹤圈定了什么样的用户人群？
- 飞鹤为了营销品牌力都用了哪些打法？带来了什么样的效果？
- 为什么在众多品牌都注重线上渠道的今天，飞鹤依然青睐地推？
- 作为传统企业，飞鹤是如何探索 DTC 模式的？

逆向思维：用高端产品打低线市场

三鹿被拉下马之后，飞鹤立刻萌生野心。为了快速抢占问题奶粉乳企流失的市场份额，飞鹤曾采取异常激进的扩张政策，2008 年起迅速向南方地区铺货，一年内销售额从 8 亿元飙升至近 20 亿元。为此，掌舵人冷友斌还曾与红杉资本签下为期三年的对赌协议。

可再怎么大张旗鼓，都架不住国人已将国产奶粉视为"一丘之貉"。于是，作为第一家在美国上市的中国乳企，飞鹤最终对赌失败，于 2013 年黯淡退市，还差一点被卖给一家美国公司。

不甘心将飞鹤拱手让人的冷友斌，在定位理论的指导下，带领飞鹤开始了崛起之路。

关于飞鹤运用定位理论的事在业内早已不是秘密了，这个理论最初由美国著名营销专家艾·里斯与杰克·特劳特于 20 世纪 70 年代早期提出，而飞鹤的定位就是"更适合中国宝宝体质的奶粉"。[2]

我们研究发现，在定位理论这个宏大的基础框架之上，飞鹤还加入了错位理论的策略。错位理论由美国密苏里大学营销学博士后刘悦坦从定位理论中衍生提出，该理论认为，品牌不仅要与竞争对手的同类产品进行差异化的"错位"，更要努力对顾客的"心理预期"进行调整和控制，扩大"产品实际"和"顾客预期"之间的"错位"。[3]

在飞鹤身上，这种"错位"的竞争策略分为先后两步。

第一步是顺"错位"定位：几年前，飞鹤发现外资奶粉品牌在国内一二线城市的集中度较高，自身很难直接与之正面抗衡，于是主动选择品牌集中度低的低线城市作为自己的主要阵地，并逐步奠定了市场地位。

第二步是逆升式"错位"转移：在广大的低线城市站稳脚跟之后，飞鹤开始向一线市场进军，配合着高端的产品定位，很快就成为北京市市占率第一的奶粉品牌。

在飞鹤改头换面的同时，其他国产品牌也没闲着，策略或许不及飞鹤激进，但也都试图各显身手。

1. 低价 vs 高价，飞鹤胜

想分抢三鹿腾挪出来的市场的企业，肯定不止飞鹤一家。2009年年初，多家国产乳企为争抢市场，发动了历史上最为激烈的价格战，不过昏天暗地打了几年之后，大家发现，虽然销售额增长不错，但是净利润却很不乐观。

更可怕的是，市场格局发生了对乳企极其不利的变化，即乳企在产业链中的议价权被大大削弱。过去的乳企相对强势，对下游渠道拥有一定的议价权。价格战开打之后，等于给了渠道反客为主的机会，渠道可以要求乳企加大让利幅度，瓜分其利润。

参战者之一的贝因美，2016年起受到假奶粉事件及奶粉新政配方注册制的双重冲击，作为上市公司，在业绩承压之下开始了疯狂的促销活动。此前，贝因美的销售费用率从未超过45%，2016年却飙升到了62.13%。销售费用激增，销售额却并没有增长。纵使贝因美的产品毛利率在行业中已经算比较高的，在多年不断参与价格战之后，贝因美也没能挽救其由盈转亏的业绩（见图12-2）。

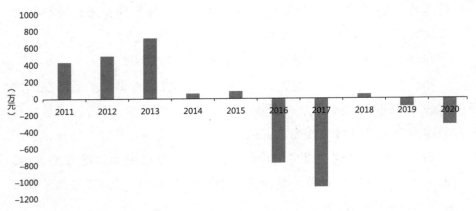

图12-2　贝因美2011~2020年净利润

资料来源：贝因美公司财报。

以贝因美为典例的低价策略，使得国产乳企成了市场跟随者，没人能出来整合市场，扛起振兴民族奶粉产业的大旗，相反，国产乳企都不约而同地向外资品牌让出了市场主导权。

大约是对国产乳企一片惨淡的处境心怀不甘，同样遭遇了瓶颈的飞鹤，在 2015 年想为品牌定位这道难题求一个解。

解答必然要从所处的市场环境出发，我们研究发现，当时的市场环境有这样三个特征。

首先，三聚氰胺影响之深重，以至于到 2015 年，外资奶粉品牌在国内市场的份额依旧高达 70%。这些国外品牌有什么共性呢？一个字，贵。中国人常说，好货不便宜，那么买给婴幼儿吃的东西，自然是万万不能省钱的。因而，对于消费者来说，愿意为此付出更多金钱的背后，是对于安全性的强烈渴求。

其次，《2013 年关税实施方案》的发布，使进口奶粉的到岸价格比国产奶粉的成本要低 1 万元 / 吨；与此同时，跨境电商和海淘的崛起，使得奶粉行业掀起了买赠的"价格战"。这都对原有的奶粉价格体系造成了巨大的冲击。

再次，虽说 2007 年时国产奶粉品牌的市占率高达 65%，但其中的婴幼儿奶粉却很少，更是少有聚焦婴幼儿奶粉的专业品牌，甚至于只有三鹿在做专门的婴幼儿品类。到 2014 年，在规模约 700 亿～800 亿元的国内婴幼儿市场里，本土企业婴幼儿奶粉销售规模基本徘徊在 20 亿～50 亿元之间，没有一家过 100 亿元。

在 2015 年之前，飞鹤的产品布局大而全，低端、中端、高端全配置。综合以上几点，飞鹤发现自己的竞争对手应该是进口品牌，既然消费者有高端化的需求，"高端"以及"超高端"市场则将成为关键的竞争点。因此，飞鹤果断放弃杀敌一千自损八百的价格战，脱离在低线城市低价促销的战略，扭转消费者对于国产品牌的印象。

很快，飞鹤砍掉了低端产品"飞慧"，主推高端产品"星飞帆"。这

项战略调整听上去容易，实则相当需要魄力，因为此前飞慧系列能为飞
鹤创造近 5 亿元的年收入，毛利率超过了 40%。

不过，舍不得孩子套不着狼，放弃了可观的低端市场，让飞鹤更能
够集中发力高端市场，同时还保证了其客户体验的一致性，维护了飞鹤
的消费口碑。飞鹤目前的产品系列分为超高端、高端和普通三个级别，
其中星飞帆和臻稚有机是拳头产品，占飞鹤收益的近 60%。

不仅如此，飞鹤还从产品定位和价格上，在每个级别上都跟紧了
对手。例如，星飞帆以每千克 480 元对标惠氏启赋、金领冠和合生元
金装系列；臻稚有机则以每千克 545 元对标惠氏的赋能有机和美赞臣
特配。

2. 高端在一线 vs 高端在低线，飞鹤胜

只有飞鹤拿到了高端化的秘籍吗？

当然不是。飞鹤的外资对手们，价格都不"亲民"，我们以同样走
高端路线的美赞臣为例，发现奶粉并非只要价格高就一定能长期制胜。

2015～2019 年，当美赞臣的营收增速几乎停滞不前的时候，飞鹤大
踏步跃进，2018 年时营收增速一度近 80%（见图 12-3）。

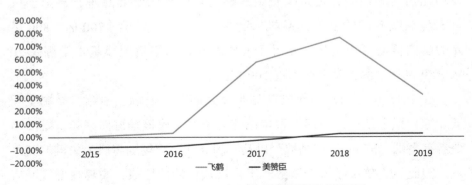

图 12-3　2015～2019 年飞鹤、美赞臣营收增速对比

我们发现，包括美赞臣在内的这些外资品牌，惠氏、澳优、雅培、

美素佳儿等，都把目标放在一二线城市，并基本上瓜分了一二线城市的份额。但是，一二线城市的需求天花板在往下降，别说增量市场，连存量市场都算不上。进一步在一二线城市争夺市场份额，边际收益递减得非常明显。这也就解释了，为什么在同样的产品价格定位之下，飞鹤越来越呈现出一种超越美赞臣的趋势，二者主要的区别就在于用户圈层。

东兴证券指出，飞鹤推出的高端产品并没有打入一二线城市的用户群体：2019 年低线城市奶粉零售价值 1344 亿元，飞鹤占 201.2 亿元，市占率约为 15%；一二线城市奶粉零售价值 1158 亿元，飞鹤占 67 亿元，市占率在 6% 左右。就连星飞帆和臻稚有机这两款售价高达 300～400 元的超高端产品，都是选在三四线城市铺开，而非一二线城市。

弄清楚飞鹤用户圈层的巧妙之处，先要知道低线城市的母婴市场格局：渠道极度分散。我们研究发现，虽然中国消费品市场正在从"媒体集中，渠道分散"的格局，转变为"渠道集中，媒体分散"，但是低线城市的母婴市场尚未跟上这一时代规律，渠道依然非常分散。

习惯了躺着挣钱的国际品牌及其中国代理商，主要依赖在一二线城市的商超铺货，本土化水平低，地推能力不够强，完全没有动力弯下腰身、卷起裤腿，在低线城市挣这份辛苦钱。用三四线母婴渠道商的话来说就是，"他们的人不接地气"。

相对而言，国产品牌的渠道下沉力度和营销推广方式更适合低线市场。

一方面，一二线城市的宝妈们依旧对国产奶粉抱有严重的不信任感，且有更多购买进口产品的渠道；另一方面，三四线城市的宝妈们由于信息差距、认知素养差异，往往对国产品牌并没有十分抗拒。再加之，近年来三四线城市的母婴消费能力迅速提升，父母对于高品质婴幼儿奶粉有了更高的负担条件。锐观咨询的数据显示，三四线城市的消费者对于国产奶粉的偏好比一二线城市高出 10%～20%（见图 12-4）。

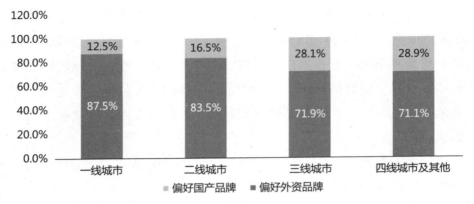

图 12-4   各级城市对国产和外资品牌的偏好占比

资料来源：锐观咨询整理。

总结下来，飞鹤成功的组合拳便是"用高端产品去攻破低线市场"，这个切入点可以说是非常讲究，也非常敢赌。

3. 协同一致 vs 反复摇摆，还是飞鹤胜

如果把高端产品和低线市场比作飞鹤的两条腿，那么从上到下执行战略的协同一致性，就是大脑了。

2001 年，黑龙江省农垦总局对旗下乳制品企业进行整合，成立了完达山集团。时任厂长的冷友斌拒绝了集团副总的职位，带着近百号员工和仅剩下一个空壳的"飞鹤"商标以及原厂的 1400 万元债务，在克东县另起炉灶。换句话说，飞鹤带有冷友斌强烈的个人意志，在之后的战略执行方面，就体现出了高度的一致性。[4]

例如，在传播策略、地面推广、产品、渠道、公关、信任状、市场等每个环节，飞鹤内部都高度统一地执行了新的竞争战略，形成竞争性指向，在后面详细拆解地推的过程中，大家就能看出飞鹤的坚定和高效。这既得益于组织架构的完善，也体现了操盘手的个人意志和领导魅力。

　　反观贝因美，打价格战自损八百的背后，是主帅频繁更替造成的公司战略的频繁变化。

　　早在 2001 年，贝因美雄心勃勃，要做一家囊括 0～6 岁婴童 "吃、穿、用、行" 的全产业链公司。但 2011 年 7 月，也就是贝因美上市后三个月，创始人谢宏便创下了中国上市公司创始人最快离职纪录。很快，贝因美于 2012 年 11 月宣布出售婴童用品相关业务，全产业链战略宣告失败。

　　其后，贝因美主帅开始频繁变动：常务副总朱德宇干了 9 个月就撂了挑子；2012 年 4 月，黄小强走马上任贝因美第三任董事长，不到两年便因 "个人原因" 辞职走人；2014 年 2 月，贝因美原总经理王振泰转任贝因美第四任董事长。从战略层面看，上市后的贝因美虽然专注于奶粉，但也并没有取得多大的建树，反而因食品安全问题多次陷入危机，业绩连年下滑，一度逼近退市。[5]

　　综上所述，飞鹤在选定 "高端产品 + 低线市场" 的战略，且保证了高度一致性之后，五年多来营收、净利润均稳定高速增长，毛利率、净利率也稳步提升。营收从 2016 年的 37.24 亿元增至 2020 年的 185.92 亿元，5 年年均复合增长率达到 49.48%；净利润从 2016 年的 2.69 亿元增至 2020 年的 60.45 亿元，5 年年均复合增长率为 117.72%。

确立 "人设"：品牌营销头阵在前

　　过去大卖场里此起彼伏的叫卖声，如今替换成了各式各样的营销广告。当消费者被琳琅满目的商品包围之后，酒再香也怕巷子深了。

　　对于飞鹤来说，如何叫卖才是正确姿势呢？

　　飞鹤在做市场调研时发现，在影响消费者购买婴幼儿奶粉决策的因素里，品牌声誉的权重最大，然后才是食品安全和营养成分（见图 12-5）。

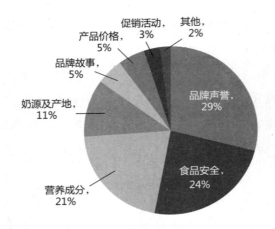

图 12-5　影响消费者购买婴幼儿奶粉决策的因素

资料来源：君智咨询，增长黑盒整理。

既然已经明确了高端化这一品牌定位，营销动作自然要立马跟上。

冷友斌敢砸大钱打广告，是飞鹤诞生之初就有的习惯。

飞鹤诞生第一年，还欠着一屁股债的冷友斌，就给管理层配了汽车，人人发一件貂皮大衣。在东北，昂贵的貂皮大衣的意义远超过保暖本身，是一种财富和品位的象征，这也就自然成了宣传飞鹤的绝佳契机。次年，飞鹤又花费 2000 多万元购买了北京星城国际大厦近 2000 平方米的办公用房，将公司营销总部迁至北京，距离大厦不到一公里处就是国际品牌雀巢的办公大楼。

在品牌上，冷友斌花钱花得更狠了。

1. 传统三步走，打造最高级别的国民度

2016 年，飞鹤全年经调整后净利润不过才 2.69 亿元，光在广告上就砸了 5.5 亿元。如此大手笔，但火力很集中，即为了将"更适合中国宝宝体质"这个标签与飞鹤奶粉画上等号。

飞鹤的具体策略分为三个步骤，一是找代言人，二是砸央视渠道塑

造品牌形象，三是利用分众传播实现人群强覆盖。彼时，流量经济还没成形，代言玩法还没玩成"品效合一"的"割韭菜"。

飞鹤找了知名女星做代言人，当时正赶上《中华人民共和国广告法》修改的第一年。该法第 38 条明确规定：广告代言人在广告中对商品、服务作推荐、证明，应当依据事实，符合本法和有关法律、行政法规规定，并不得为其未使用过的商品或者未接受过的服务作推荐、证明。换言之，明星代言得"先用先试"。于是，网友为女星家的两个孩子到底有没有喝飞鹤的奶粉在网上争执不休，虽然最终也没争出个什么结果，但至少女星代言飞鹤的名声打出去了。

2017 年，飞鹤入选央视国家品牌计划。早在 2013 年，飞鹤就开始在央视投广告，费用高达 3 亿元。新的品牌战略确定后，飞鹤与中视金桥广告公司合作，围绕"更适合中国宝宝体质"在权威媒体及高热度栏目做强曝光。入选国家品牌计划之后，央视的黄金栏目《新闻联播》《焦点访谈》更是为品牌专门开辟了广告投放的时段，国家媒体为品牌定位做信任状在一定程度上增加了定位的可信度，这就是典型的媒体位置的定位站台。

2017 年，飞鹤还与分众传媒达成战略合作。几个月的时间，飞鹤迅速在 60 多个城市进行广告投放，以分众传媒高频且强制到达的电梯广告的优势，形成了强大的"空中轰炸团"，日均触达 5 亿人次主流人群。

知名女星＋央视＋分众，这个组合有什么特点呢？最有群众基础的明星之一，最强有力的媒体渠道之一，最有渗透力的广告投放之一，三"最"齐发之下，飞鹤的野心也很明确了，就是要打造最有国民度的奶粉品牌。

2. 碎片信息时代，营销发力线上渠道

如今，用户获取信息的渠道发生着重大改变，资讯类 App、短视频 App、二次元视频网站、种草社交平台等蜂拥而至，电视广告和电梯广告已经远远无法覆盖目标人群。

艾瑞咨询和微博大数据的联合研究显示，现在的核心母婴消费人群具有年轻、高知、高收入等特征，具备较高的消费能力，通过娱乐、美食和购物的方式享受生活，且消费价值观呈多元化。

因此，飞鹤开始针对新晋年轻宝妈的口味，在湖南卫视、爱奇艺等年轻消费者喜欢的平台中做投放，甚至做出上亿级别的传播案例，比如设立"中国宝宝日"、打造育儿类综艺节目等。

在一边继承营销大手笔"血脉"的同时，飞鹤也发现，当前用户摄入信息的方式越来越碎片化，仅在大 IP 或者大案例上发力必然是有所欠缺的。换句话说，飞鹤打造高端奶粉品牌的核心目标其实没有变，需要更新迭代的是营销的阵地。

艾瑞咨询研究发现，在 2021 年中国母婴人群获取育儿信息渠道 Top 10 中，微博是仅次于母婴类网站的公域信息平台（见图 12-6）。一方面，母婴人群会在微博主动搜索信息；另一方面，母婴圈比较倾向信赖专家并对知识类内容有着非常强的刚需。

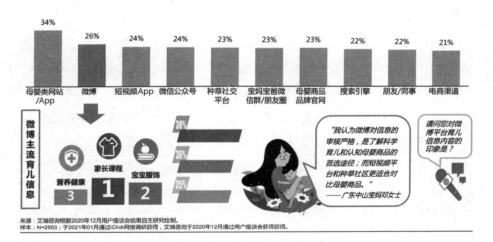

图 12-6　2021 年中国母婴人群获取育儿信息渠道 Top 10

艾瑞咨询的研究报告显示，微博上丰富的儿科医生和科普账号资源专业性强，在母婴人群中获得了较高的认可。短视频 App 上的育儿达人较多，种草社交平台上的品牌官方账号多，专业问答社区则通过内容丰富、专业且原创内容多等特点积攒了良好口碑（见图 12-7）。知名度高、影响力大、母婴人群聚集、KOL 多、可信赖等综合的平台特点，非常契合飞鹤"深耕品牌"和"长效运营"的需求，这也是飞鹤选择微博作为线上主要品牌宣传阵地的原因。

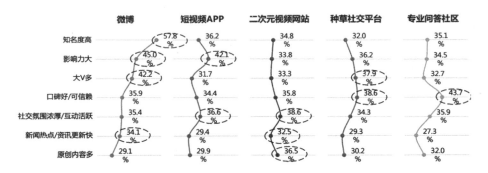

图 12-7　2021 年中国母婴人群对各互联网核心平台形象感知

飞鹤品牌所要传达的内容，总结起来有以下四点。

第一，解决奶源的信任危机。飞鹤十分重视传播和普及其奶源质量，着重宣传其所处的北纬 47°奶源带。因此，通过微博上大 V 亲身探访的方式，飞鹤将奶源带的真实面貌展现给更多的消费者。

第二，传递新鲜。飞鹤官微会通过邀请知名育儿专家分享"新鲜育儿观"的方式，给宝妈宝爸们提供正确科学的育儿方法，与新时代的父母进行理念的沟通。除此之外，飞鹤定制明星微综艺，在微博开启台网联动，与微博综艺共同引领超 350 位娱乐、综艺、幽默等跨领域大 V 炒热节目出圈。

第三，坚持传达品牌的核心理念。飞鹤通过多个明星宝妈宝爸在微博上宣传"更适合中国宝宝体质"的理念。

第四，打造行业影响力 IP"中国宝宝日"。飞鹤乳业、中国乳制品工业协会、中国奶业协会联合 20 余家单位共同发起倡议，将每年的 5 月 28 日设立为中国宝宝专属节日——"中国宝宝日"，寓意"我爱宝"。在 2021 年的"中国宝宝日"，飞鹤在微博上联合众多品牌发声，相关微博话题阅读量已超 7 亿。

　　由此可见，微博是一个明星和 KOL 影响力的放大器，可以集中生产高质量的营销内容。微博具备丰富的明星、专家、KOL 生态，玩法非常多样，热点资讯发布时效性高。同时，视频平台又为母婴人群创造了活跃的社交圈，非常符合飞鹤的品牌调性和定位。

　　自 2019 年起，飞鹤也紧跟潮流，开始起盘直播。2020 年，飞鹤加大了直播的力度，在微博直播总计 96 次。2021 年上半年，飞鹤已在微博直播超过 67 场，内容涵盖带娃秘诀、宝宝营养、高质量陪伴、线下活动（节日）、专家讲座、奶粉成分科普等。最重要的是，线下活动与线上同步配合宣传。而作为飞鹤营销重头戏的线下活动，下一节我们会展开细讲。

　　数据显示，飞鹤的微博声量走势与以上这套社交媒体向的组合打法呈强相关。

　　可以看到，飞鹤运用整合营销，一边用感性撬动品牌偏好，赋予品牌温度和关怀，提升主流人群对飞鹤的认知度和好感度，一边用理性的知识教育撬动消费者心智，在主流人群接受并亲近品牌之后，深入沟通产品功能利益点，从而驱动消费者选购飞鹤产品，达到"名利双收"的效果。[6]

3. 品牌力带来的超高溢价

　　看完了前面这一系列操作，你一定很好奇，飞鹤营销的效果如何呢？

　　飞鹤财报显示，2020 年飞鹤实现毛利 134.80 亿元，毛利率创新高，达到 72.5%。再看看同期竞对们的表现，澳优、雅士利的毛利率分别才

49.86% 和 34%。

远超行业均值的高毛利率全然来自高定价吗？原料成本和营销费用难道不高吗？

飞鹤的高端战略刚刚进行了五年时，冷友斌就自豪地在一档节目中表示："折成公斤价来算，飞鹤奶粉是全世界最贵的！"

通常来说，高价意味着高品质，冷友斌也确实称飞鹤的研发费用是"全世界第一"。

于是，我们带着好奇心去扒了一下飞鹤的研发费用，2018~2020 年分别为 1.09 亿元、1.71 亿元和 2.65 亿元，研发费用率分别仅有 1.05%、1.25% 和 1.43%。而澳优 2020 年的研发费用为 1.81 亿元，占营收的 2.27%；拥有合生元的健合集团，其研发费用为 1.39 亿元，占营收的 1.24%（见表 12-1）。

表 12-1　2020 年澳优、健合集团、飞鹤研发费用对比

	营收（亿元）	研发费用（亿元）	研发费用率（%）
澳优	79.86	1.81	2.27
健合集团	111.94	1.39	1.24
飞鹤	185.92	2.65	1.43

资料来源：公司公告、增长黑盒整理。

如此对比，飞鹤的研发第一似乎并不属实，研发费用率也并没有很高。

既然赚来的钱没有大刀阔斧地用在研发上，再结合上一个板块拆解过的营销"大手笔"，我们推测，飞鹤一定是投了很大比例的钱在营销上。

财报显示，2020 年飞鹤销售及经销开支为 52.63 亿元，营销费用率为 28.31%，2019 年的这一项开支为 38.48 亿元，营销费用率为 28.04%。

如今，采用重营销的策略似乎已经成为乳品企业的整体趋势。相比其他品牌，飞鹤的营销费用占比甚至并不算高。

事实上，品牌向的营销并不直接与产品销量挂钩，飞鹤的营销成果体现在两个方面：一来飞鹤近几年的声量确实大增，二来飞鹤的营销费用正在随着品牌口碑的建立和地位的稳固而逐渐走低。这也是飞鹤打造品牌的成效。

综上所述，飞鹤通过在央视曝光和微博等社交渠道塑造品牌，将品牌形象植入了消费者的心智，这也为其线下地推活动的成功铺开奠定了基础。

人海战术：效果地推紧跟其后

中国乳企并不直接与消费者打交道，大部分销售都需要依靠渠道商，而飞鹤则是把与经销商的合作做到极致的范例。

在数字化概念疯狂席卷市场的当下，飞鹤仍旧选择了相对传统的营销方式——地推。虽不是新兴的高技术含量的营销方式，但地推却一次又一次证明了其高回报的属性，毕竟前有阿里巴巴的中供铁军打下的江山，后有美团的地推大军拿下的江湖。

2019 年，飞鹤用 50 万场地推活动，创下了 137 亿元的年营收，市值也从 561 亿港元升至 1358 亿港元，同时夺得婴幼儿奶粉的市场份额 Top 1。

一年有 365 天，中国有 34 个省级行政区，50 万场地推相当于每天每个省级行政区都举办了 40 场飞鹤的活动。

规模小且高频，这恰恰颠覆了多数竞对品牌办地推活动的逻辑。

为了拉新而不得不进军下沉市场的美赞臣，学不到飞鹤"小而美"活动的这套打法，在较大规模的活动上耗费了成本，又没有得到预期的收益。2021 年 6 月 5 日，春华资本从利洁时集团手里收购了美赞臣在大中华区的业务，并将拥有美赞臣品牌在大中华区市场的永久独家使用权。

　　飞鹤显然是抓住了当下消费者更愿意接收短平快信息的心理，将线下活动加大数量、缩小规模，就像抖音，不拍动辄上千万元成本的电影和电视剧，而是拍低成本的短视频，反倒威胁了"爱优腾"[⊖]在视频界的霸主地位。[7]

1. 地推大军从何而来

　　既然做高频地推活动，人力一定是不可或缺的，飞鹤的人工成本曾被严重质疑过。

　　2019 年，飞鹤用市占率的成绩坐稳国产奶粉品牌的头把交椅之后，很快就连遭两次做空。2020 年 7 月 8 日，沽空机构 Blue Orca 发布了针对飞鹤的做空报告，质疑飞鹤可能存在虚增收入、低估费用、夸大资本支出等行为，同时质疑飞鹤的财务审计、美股上市历史、近几年的高增长以及与原生态的关系。[8]

　　很快，飞鹤就用半年报正面回击了 Blue Orca。财报显示，飞鹤 2020 年上半年实现营收 87.07 亿元，同比增长 48%；毛利为 61.76 亿元，同比增长 55%；归母净利润为 27.53 亿元，同比增长 57%。其中，高端奶粉营收 67.7 亿元，同比大幅增长 73%。

　　我们从被 Blue Orca 严重质疑的人员费用低估问题出发，拆解一下飞鹤的用人方法。

　　Blue Orca 先是用 2019 年飞鹤经销商与其员工之间的雇佣诉讼，佐证了飞鹤支付了销售人员的基本工资，然后又找到了飞鹤招聘销售人员的多条信息，计算出全职和兼职销售人员的平均月薪分别为 2551 元和 1000 元，再然后从 2020 年 3 月的投资者电话会议上得到证据，飞鹤拥有超过 5 万名销售人员。

　　　　————————

　　⊖　指爱奇艺、优酷、腾讯视频。

　　根据这些条件，Blue Orca 计算出，这超过 5 万名未披露的全职和兼职销售人员的成本至少为 9.25 亿元。然而，飞鹤 2019 年递交的招股说明书里号称只有 5422 名全职员工，其中销售和市场部门只有 3130 人，那么，这 5 万人的人工成本去哪儿了？

　　我们调研得知，实际上，飞鹤的这支地推队伍不全是自己人，而是由飞鹤自有的地推团队和经销商团队组成。Blue Orca 报告中所称的 5 万多名销售人员包含了经销商和终端零售店的所有兼职推销员，根据会计准则，这部分兼职员工的工资计提销售费用。

　　早在 2013 年，飞鹤就布局起了地推活动，那时一年还仅有几万场。到了 2016 年，飞鹤正式发展出地推团队，以省为单位进行管理，最初一个省有 3～4 人，2017 年增加到 20 余人，2020 年扩展至 70～100 人，并按层级分为省区企划、活动助理、专职或兼职导购（见图 12-8）。因此，飞鹤全国自有的专业地推团队大约有 4000 人，专职的活动助理签订劳动合同，工资由飞鹤承担，五险一金挂靠经销商。其余的地推人员则来自经销商。

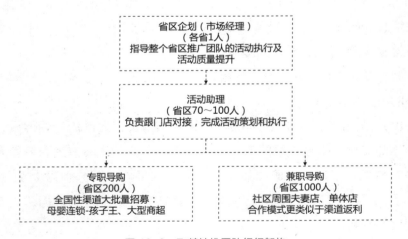

图 12-8　飞鹤地推团队组织架构

资料来源：飞鹤招股说明书。

　　既然各为其主，怎么才能使他们完美配合共同打胜仗，并且还能打得心甘情愿呢？

　　在其他品牌的经销商需要耗尽千辛万苦才能从品牌手中拿到一笔钱的时候，飞鹤主动建立了一个亿元级的客户基金，该基金专门用于地推活动，地推活动的获利全部归于经销商。这对于经销商自然是莫大的激励。

2. 无本万利？办活动果然"真香"

　　动用了如此多人力，让我们来分析一下飞鹤的地推活动都做了些什么。

　　据了解，飞鹤的地推活动共分为四种类型：迷你秀、妈妈的爱、嘉年华和包城包省活动。其中迷你秀场次占比超过80%，妈妈的爱场次排在第二，嘉年华场次最少。具体来看，迷你秀主要在母婴店举行，针对0～5岁的亲子家庭；妈妈的爱集中在医院和酒店，以公益活动、宣传讲座的形式举行；嘉年华针对大型商场、购物广场的客群；等到在当地形成较高市占率后，飞鹤则尝试渠道垄断——即包城包省。

　　那么，飞鹤是如何做到如此高频、高效地进行地推活动，且将其转化成有效的用户购买乃至复购呢？用一个公式总结起来就是：

$$高频 + 规范 + 让利渠道 = 高 ROI$$

　　如表12-2所示，这些活动里，除了妈妈的爱在医院举办并看重通过专业知识科普获取妈妈群体信任之外，其余活动的ROI几乎都称得上是"无本万利"：迷你秀平均投入400元，可获得4000元的销售收入；包城包省的大型活动平均投入3000～8000元，可获得3.3万元的销售收入；嘉年华平均投入2万～3万元，可获得30万元的销售收入。

表 12-2 飞鹤地推活动分类

活动类型	活动场次	活动规模（个人）	费用投入	销售收入
迷你秀	占比全年地推活动场次 80%+	15～20	400 元	4000 元
大型活动	/	100～200	3000～8000 元	3.3 万元
嘉年华	每个省一年 30 场	1000（三四百组家庭）	2 万～3 万元	30 万元
妈妈的爱（小规模）	一个月 20+ 场	30～50	/	新客转化率 40%+（主要评估新客数量）
妈妈的爱（大规模）	一个月 6～7 场	100～200	/	新客转化率 40%+（主要评估新客数量）

资料来源：飞鹤财报、增长黑盒整理。

根据飞鹤的要求，经销商举办线下推广活动的频率不低于两天一场，活动费用由经销商和飞鹤各付一半，活动费效比需严格控制在 10% 以内。

在此基础上，所有的活动内容由飞鹤策划，物料标准由飞鹤统一提供，在飞鹤的规范化流程指导下，当地经销商会派 2 名活动助理到母婴店协助开展活动。活动助理负责与母婴店老板沟通活动时间和细节，活动当天既当场务又当销售人员，并将活动实况拍摄记录，上传到飞鹤的员工平台，反馈给总部，确保活动真实有效。同时，活动助理还会协助经销商培训门店的导购人员。飞鹤线下营销链路见图 12-9。

总结起来，飞鹤地推活动的秘诀就是：高频、流程化、规范化、强执行力。超 1800 个经销商与 10 万个零售点高频的地推活动，使得线下销售费用 ROI 远超总体销售费用 ROI。

资料显示，飞鹤在开始大规模线下活动之前，找咨询公司做了详尽的营销促进培训，内容涵盖完整的促销方法论、UMA 设计、练习、评估标准、跟踪工具，使用分局目标设置的考核、激励和跟进机制。

3. 借力"单层经销商"获取用户信息

前面讲到，地推活动的获利部分，飞鹤全数给了经销商。地推既然是为了卖货赚钱，飞鹤为什么会如此"大方"？

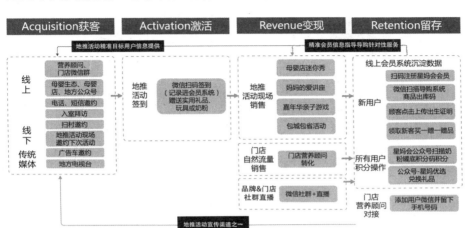

图 12-9　飞鹤线下营销链路

资料来源：增长黑盒。

通常情况下，由于经销体系的存在，品牌方和用户往往是分离的，品牌方只能依靠经销商提供的数据来获取信息。而经销商参差不齐，难以形成统一的标准，或是经销商出于种种顾虑并不愿意将用户数据与品牌分享。

直到互联网创造了更多渠道之后，DTC 品牌得以绕开经销商，并实现对老品牌的弯道超车。在 DTC 大行其道的今天，曾经全靠经销商过活的老品牌们也意识到了手握用户信息的重要性。但飞鹤没有自己的门店，眼下还离不开经销商，于是，飞鹤想出了一个介于经销商体系和DTC 体系之间的办法——单层经销商（见图 12-10）。

当经销商仅有一层时，既能够实现扁平化管理，也有利于管控渠道上的价格。销售人员每一至两个月审查经销商及零售网点，监管飞鹤产品是否按照建议零售价出售，严厉打击串货行为。而保证了各种渠道内价格体系的一致性，就等于保证了经销商稳定的净利率。

同时，减少多层经销商能使公司和经销商的利润空间更大、盈利水平更高，从而强化稳定的合作关系，并能使公司更及时地获得市场第一手资料及反馈，洞察市场趋势变化。

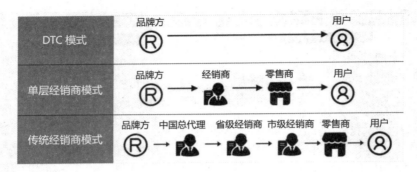

图 12-10　三种模式对比

如果仔细研究飞鹤的财报可以发现，飞鹤的线下收入占比极高，而线上占比极低。飞鹤只将天猫、淘宝、京东的收入算入了线上销售收入，其他哪怕通过线上渠道获客，最终都将通过经销商从本地发货或是提货，没有绕开经销商。

当然，飞鹤肯定是有所图的，它从中获得了比钱更有价值的东西——用户信息。

数据赋能：解锁留存复购

有了用户信息，便可以通过数字化赋能，实现线上、线下一体化的会员管理。

在微信生态中，飞鹤有一个神秘的公众号——"星妈会"，它为飞鹤搭建了完善的会员体系，是串联起自身渠道并实现留存和复购的重要方式。

据了解，"星妈会"是飞鹤旗下建设最为完善的平台，涵盖完善的内容矩阵，包括知识科普、专家答疑等，覆盖所有育儿阶段。"星妈会"整体粉丝量超 1000 万，头条推文阅读量常常破 10 万，位列母婴早教类公众号排行榜第七位。

"星妈会"引导用户关注的方式并不神秘，即优惠券和送福利。其中，新客的福利尤其诱人，凭借宝宝的出生证明和宝妈的身份证，用户即可免费获赠一罐奶粉。

一旦用户在注册系统时输入宝宝的出生信息和手机号码，一个新用户画像就完成了大半，其所有信息也顺理成章地进入了飞鹤搭建的数据中台。

这个依托阿里云搭建的数据中台，正是飞鹤的数字化武器。自2016年起，该中台通过 Dataphin 实现数据源的相关集成和体系化构建管理，并使用 Quick BI 产品做数据可视化分析展示，帮助飞鹤完整打通了线上线下所有数据。

这套系统作用于会员业务，包括以下最基础的功能。

- 通过宝宝出生信息及宝妈信息跟踪生命周期，准确判断用户所需产品（一段／二段／三段）及服务（什么样的育儿知识）。
- 用手机号串联线上线下用户订单数据，实现同一账号购买记录汇总。
- 线下地推活动扫码记录参与情况，线上用户行为数据沉淀，用户历史行为数据与会员身份匹配统一沉淀到会员系统。[9]

飞鹤利用这个数据中台，可以对客群及各区域进行产品、权益偏好的持续分析，指导区域营销策略制定，还可以对地推活动进行长期持续的量化分析，活动效果不再单纯以现场销售额为衡量指标，而是从更长远的角度进行价值衡量，筛选真正有效的活动。

也就是说，用户信息与数字化技术，帮助飞鹤搭建了一套属于自己的线下留存复购体系，使得飞鹤既有着老品牌的深厚功底，又有新品牌的增长秘籍。

值得一提的是，我们注意到，飞鹤的这套留存复购体系与孩子王的相似度极高，区别在于，孩子王的信息收集来自自己的线下门店，而飞鹤的信息收集来自其经销商的门店。我们调查后发现，飞鹤的投资方里有五星控股旗下的投资平台星纳赫资本，也就是说，孩子王的董事长汪建国持有飞鹤的股权（据我们专家访谈得知，持股比例约为 2%）。这样看来，两家企业用相似的策略来提升留存率和复购率也就并不奇怪了。

除了"星妈会"之外，在线上，飞鹤引导用户进行复购和留存的方式还有微信群、抖音和直播等。以微信群为例，常规内容包括育儿知识文章、产品及育儿知识类直播、品牌活动、宝妈交流等，据实践经验，群互动可以有效留存用户。

再来看线下，引导复购的方式更为简单粗暴：

- 活动派发门店复购优惠券；
- 进店预存 / 新客首购送复购优惠券；
- 持续邀约老客参与线下地推活动；
- 母婴店、飞鹤营养顾问微信群与用户持续交流，引导门店复购。

从线上线下两种渠道分析可知，这套会员体系有效驱动了用户复购，如图 12-11 所示。

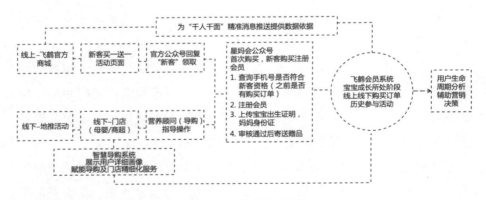

图 12-11 飞鹤会员体系

一方面，单层经销商已经为飞鹤接近消费者提供了可能性，帮助飞鹤建立了用户画像和会员体系；另一方面，电商直营和微信私域销售，虽然规模小，却能带来更高的毛利和更直接的与用户接触的机会，是每个品牌方都无法抵挡的诱惑。

那么，飞鹤能否在信用成本极高的婴幼儿奶粉赛道实现 DTC 模式的突围？

根据我们得到的数据，在直营电商渠道中，2020 年，飞鹤在京东和阿里平台会员总数突破 565 万，新增会员 400 万，同比成长 242%，会员销售额突破 10 亿元，同比成长 297%；京东平台交易总额同比提升 104%，阿里平台交易总额同比提升 94%。

看起来，飞鹤做成功线下渠道的同时，也正越来越重视线上渠道的开拓。

结语

截至 2019 年，中国内地奶粉行业 CR3 仅 34.1%，若对标美国的 90.5%，英国的 82%，日本的 76.2%，中国内地奶粉行业集中度的提升是必然趋势（见图 12-12）。

图 12-12　2019 年国际奶粉行业集中度（CR3）

2020 年冷友斌在接受采访时表示，在未来的中国市场上，前五个品牌的产品会占到整个市场销量的 70%～80%，剩下的小品牌则瓜分 10%～20% 的市场份额。

飞鹤能有如今的成绩，我们归结了三大成功要素。

第一，战略定位清晰。自 2015 年战略转型起，飞鹤提出了"更适合中国宝宝体质"的口号，将自己定位为国产奶粉中的高端品牌，并用价格不降反升的逆向思维打入低线城市，以错位竞争的姿态迎战市场的快速变化。

第二，战术配合紧密。自从飞鹤明确自身增长定位之后，从团队建设、营销策略、线上线下打法、数据体系的搭建都展现出了快速反应、高执行力的团队能力。大众媒体的整合营销和高频的线下地推活动有机结合，撑起了"认知—转化—复购"的营销漏斗，使飞鹤获得了超高的毛利。

第三，从上到下执行坚定。不得不说，团队的一致性是飞鹤制胜的终极关键。要做品牌营销，就大手笔地投放广告，包括邀请明星代言，入选"国家品牌计划"，在微博分众品牌种树，飞鹤借此将品牌形象植入了用户心智；要做地推，就把杠杆拉到最大，全力以赴，2020 年线上线下共计 70 万场地推活动就是飞鹤执行力最好的证明。

飞鹤同样也存在着诸多问题。

线上渠道方面，飞鹤在 2018 年才开始与京东的合作，成立自营及 POP 旗舰店，并拥有多家授权店铺，在电商品类中起步相对较晚。在 2020 年突遭新冠肺炎疫情后，飞鹤迅速将地推活动搬到了线上，按飞鹤自己的说法，当时累计直播数量已经超过了 144 000 场。但线上毕竟缺乏体验消费感，因此疫情形势缓解后，飞鹤的线下活动会加快恢复。

此外，用地推打法占领了低线城市后，飞鹤能否向高线城市突围，还是个未知数。特别是，我们通过对飞鹤线上营销链路的复刻，发现其玩法与市面上大多数的玩家并没有什么差别，所以它建立的数据中台能否真正将私域流量进行留存和转化，我们同样也要打一个问号。

不可否认的是，飞鹤确实为国产奶粉品牌的崛起做出了表率，至于未来的发展，飞鹤将依然面临着不小的挑战。

参考资料

［1］ 马岳 . "三聚氰胺"事件后国内奶粉市场的竞争格局分析 [J]. 中国商贸，2010(23):9+108.

［2］ 里斯，特劳特 . 定位：有史以来对美国营销影响最大的观念 [M]. 谢伟山，苑爱冬，译 . 北京：机械工业出版社，2011.

［3］ 刘悦坦 . 从定位到错位 [J]. 经营管理者，2007(02):78-80.

［4］ 徐硕 . 飞鹤董事长冷友斌：心态归零 [EB/OL]. (2019-11-25)[2022-10-29]. http://www.iceo.com.cn/com2013/2019/1125/306822.shtml.

［5］ 雪球 . 大败局："国产奶粉第一品牌"贝因美陨落记 [EB/OL]. (2017-09-24)[2022-10-30]. https://xueqiu.com/5507559963/92872068.

［6］ 舒尔茨 D，舒尔茨 H. 整合营销传播：创造企业价值的五大关键步骤 [M]. 何西军，黄鹂，等译 . 北京：中国财政经济出版社，2005.

［7］ 董俊祺 . 中国消费风云录（1979—2019）. 国际品牌观察：媒介 [J]. 2019(11):24-31.

［8］ 新浪财经 . Blue Orca 做空中国飞鹤 [EB/OL]. (2020-07-08)[2022-10-30]. https://baijiahao.baidu.com/s?id=1671615517073601433&wfr=spider&for=pc.

［9］ 亿欧智库 . 中国乳制品行业数据中台研究报告 [EB/OL]. (2020-04-21)[2022-10-30]. https://www.iyiou.com/research/20200421705.

第十三章

孩子王

线上线下用户旅程的系统性融合

孩子王——或许你不是很了解这家公司，甚至未曾听闻，但它当前的成功在母婴零售领域内是毋庸置疑的。2021 年 10 月 14 日，孩子王儿童用品股份有限公司正式登陆深圳证券交易所创业板，成为国内"母婴零售第一股"。

在研究之旅开始前，我们先带大家从数据侧认识一下这家充满矛盾的国内母婴零售 Top 1。

- 2021 年，孩子王营收 90.49 亿元，净利润 2.02 亿元，已经与国内母婴零售业第二名爱婴室拉开了 2～3 倍的差距。
- 2016～2019 年，孩子王营收复合年均增长率为 22.77%，2017～2019 年，净利润复合年均增长率为 100.59%。

- 业内唯一的大店模式：截至 2020 年年末，孩子王在全国 20 个省（市）的 131 个城市拥有 434 家大型数字化实体门店。

- 全国 Top 1 的母婴私域流量：截至 2020 年年末，孩子王服务会员数量超过 4200 万人。

- 2015 年起，孩子王挖了整个易迅系的技术团队，投入数亿元建成零售行业顶级的数据中台，2019 年和 2020 年，公司研发费用分别达到 1.04 亿元和 0.87 亿元。

这样看下来，孩子王的发展形势似乎一片大好，不过很快我们观察到，近两年孩子王的营收增速逐步放缓，甚至呈现下降趋势（见图 13-1）。

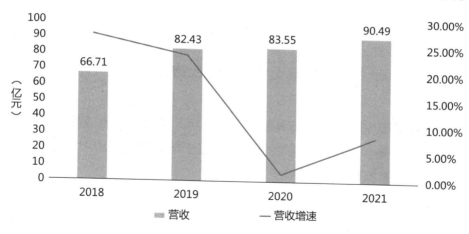

图 13-1 2018～2021 年孩子王营收及增速表现

资料来源：公司年报、招股说明书。

上市动作方面，孩子王曾于 2016 年年底在新三板挂牌，但好景不长，2018 年就遭遇退市。2014～2016 年间，孩子王的营收分别为 15.6 亿元、27.6 亿元、44.54 亿元，净利润分别为 -8854 万元、-1.38 亿元、-1.44 亿元，处于连续亏损状态，而在新三板上市的三年里，其市值也仅是从 140 亿元小幅上涨至 167 亿元。

融资方面，孩子王 2012 年 A 轮融到由华平投资主投的 5500 万美元，2014 年 B 轮融到由高瓴资本领投的 1 亿美元，2016 年 C 轮更是由万达、华泰、中金、史带保险四大股东联投，投前估值超百亿元人民币。然而，2018 年新三板摘牌之后，几乎每隔一两个月，孩子王就要进行一次股权转让，其招股说明书显示，转让累计达 14 次之多，第一批投资者如知名机构景林资产、高瓴资本、华平投资等多个股东陆续套现离场。

如今，重整旗鼓冲击创业板成功的孩子王，多少有点"王者归来"的意思。不过，孩子王的增长是可以持续的吗？对于零售行业来说，可以从孩子王身上学到什么？希望我们的研究可以给大家带来一些不一样的思考和启发。

孩子王究竟是什么物种

相比爱婴室、乐友等母婴零售连锁品牌，虽然大家分的都是这 4 万亿元母婴市场的一杯羹，但孩子王却有三个明显的差异点：大店模式、高端选址和单客经济。

鉴于其模式的独特性，即使已经成立 10 年有余，孩子王也似乎还是一个无人能够复制和超越的"新物种"。究其本质，是因为孩子王缺乏一个对标，导致大家"看不懂"这家公司。

我们研究认为，孩子王的模式基本上复制了日本母婴零售龙头之一阿卡佳（Akachan Honpo）。阿卡佳在日本已经成熟运作了超过 80 年，占据 Top 1 地位长达几十年。换句话说，孩子王并不是什么"新物种"，其商业逻辑也在发达国家得到过充分验证。

打开阿卡佳的官网，我们发现阿卡佳的战略分为四大块：店铺、商品、数字化以及全渠道营销。据我们观察，孩子王与阿卡佳的战略重合度至少在七成，而孩子王的成功也正是因为走对了这几步。

1. 超级门店

阿卡佳的线下门店，面积在 1000～2000 平方米，是不折不扣的大店。孩子王的门店更称得上"超级"，单店面积可达 3000～5000 平方米。

有悖于通常感性认知的是，这样的大店在核心商圈是一种稀缺资源。据地产中国网披露，截至 2017 年年底，全国 10 万平方米以上的购物中心只有不到 800 个，而孩子王的布局已经接近 1/3。

随着对孩子王 AIPL 用户旅程的拆解，我们发现，门店是其他一切战略的地基。具体来讲，门店在全链路当中承担了两项关键任务：引流获客和举办线下活动。紧接着，自然而然便引出了下一个战略要点——依托门店的促销行为。

2. 全渠道之下的销量王者

阿卡佳几十年来始终重视全渠道，且在活动和方式方面下足了功夫。

过去，只有线下店作为与顾客交互的平台的时候，阿卡佳常常使用打折的手段吸引顾客，如今渠道越来越多元，阿卡佳也在不断革新促销。其 2019 年的战略书上写着："增加与客人的接触点，通过店铺、纸媒体、数字媒体、网络销售等，促进更灵活的购买行动。让顾客在店铺里划算地购物，可以店里准备的商品介绍手册，加深对必要商品的理解；另外，即使不来店里，顾客也可以通过网络购物，在必要的时候获得必要的产品。"

孩子王的手段，则更加纵深，通过超级门店的铺垫，成功构建了全渠道的留存复购体系。

当潜在用户被孩子王门店吸引进店后，导购开始利用 App 和微信私域承接门店流量，一套高效、无缝的全渠道留存复购体系无声无息，却又马力全开地高速运转起来，该阶段的目标也很明确，即把用户转化为忠实会员。

为了验证这一套体系的有效性，笔者以准奶爸的身份亲自上阵，对前端营销场景一探究竟。

笔者：请问有推荐的纸尿裤吗？

导购：请问您是要买给自己的小宝贝用吗？宝贝多大了？需要购入一些孕妈的产品吗？平时喜欢什么牌子的奶粉？还有一些其他产品相信您也需要，例如婴儿车、婴儿洗护用品、早教、母婴护理、育儿嫂……

很显然，导购的提问是为了第一时间确认用户画像，紧接着全程陪同并科普育儿知识、推荐相应品牌，期间见缝插针，引导下载孩子王App、添加导购的个人微信号，并在微信上推送孩子王公众号。

以上这番操作，我们暂且将其称为"数字化营销大礼包"。"大礼包"流程完成后，仅一个"新客一元购"的钩子就能轻易促成首购行为，比如身处门店内的笔者，便用了10秒钟时间完成了首购。

"大礼包"的背后是孩子王的6000多名导购，依托全国400多家门店分发电子传单，完成用户培育。根据我们所获数据，依照孩子王的培育步骤，门店流量的会员转化成功率约为40%。

"一元购"自然不足以谋利，以此换取的高会员转化率，其实是为了另一个场景而生——用户离店，这才是孩子王全渠道营销的重头戏。

马克思曾在《资本论》中写过"商品到货币是一次惊险的跳跃"，对于传统零售企业的坐商模式而言，从用户离店到再次进店的过程，则更像是"痴痴地守望"。因为一旦用户离开门店场景，企业对用户施加心智影响的能力急剧降低，只能期待用户再次路过门店时被再次吸引进店。

此时，孩子王在用户培育阶段分发的"大礼包"正好开始发挥作用。

从App端着手，孩子王大量使用了自动化营销以及精准营销技术，在合适的时间，向合适的用户，提供合适的优惠，通过促销型内容的分发，实现线上社群运营，以及线上复购。

从微信私域端着手，更多的是依靠导购使用个人微信向用户推送教育型、服务型内容，以此与用户建立信任关系，从而产生足够的用户黏性，最终实现活动型内容的分发，促使用户回流门店。

至此，孩子王全渠道留存复购体系便完整地呈现出来，由引流、培育、成交、复购构成的链路，帮助孩子王成功实现了线上与线下场景的融合（见图 13-2）。

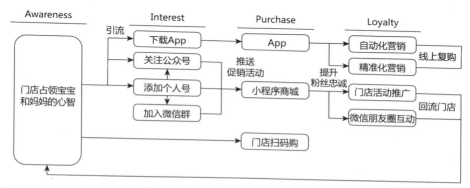

图 13-2 孩子王全渠道留存复购体系

3. 一切皆可数字化

随着数字化的普及，阿卡佳也顺应时代潮流将数字化作为战略之一。不过，或许囿于日本消费线上化的步履缓慢，阿卡佳的数字化进程并没有十分亮眼。

相比之下，孩子王则青出于蓝而胜于蓝。孩子王 100% 自研自建的、领先国内零售企业的数字中台，使其对外实现了用户数字化，对内实现了员工数字化。

用户数字化，即在服务过程中完成对用户数据的采集，孩子王至今已建立 400 多个基础用户标签和 1000 多个智能模型，形成了"千人千面"的服务方式，赋能精准营销。

以笔者的用户体验为例，注册会员时，笔者选择了"已孕"的状态并填写了预产期，一周后，孩子王 App 便向笔者精准推送了宝宝的描述信息，以及目前怀孕阶段家长应该了解的各种注意事项。

除了精准营销，用户数字化还通过将用户分群，迅速锁定目标群体，并进行精准地转化。一次典型的精准转化案例如下：某年 4 月底，孩子王筛选了高产值高频次的非黑金会员共 50.6 万人，制定了"5 月转化为黑金会员 5 万人，复购人数 25 万人，复购率 48.5%"的运营目标。换句话说，这 50.6 万人是具有典型喂养需求的用户，各门店拿到具体的用户信息后，可以通过短信、电话、微信等唤起方式定向转化目标用户。

员工数字化，其本质是利用数字中台赋能，把 6000 多名线下导购升级为数字化内容分发终端，全渠道持续触达用户，分发促销内容、教育内容、活动内容，打造"无界"运营模式，拉长用户旅程，从而实现单客经济。

我们再来看孩子王的员工数字化具体是如何落地的。使用"人客合一"App，育儿顾问将收到智能导购中心推送的大数据分析。与此同时，该 App 还设有常见问题的话术库、优惠券分发系统、用户数据查看、用户历史行为和育儿顾问行动建议等功能，让育儿顾问不仅具备专业知识，还能查看用户近期的交易数据。

例如，某用户刚购买了三罐奶粉，育儿顾问便可知用户的宝宝目前处于哪个育龄阶段；通过与用户平时的聊天交互，给用户做好类型标签，育儿顾问下次与用户沟通时能知己知彼；App 还会通过数据化分析，每天给育儿顾问提供用户关系维护建议等。借助这套强大的工具，每位员工可以管理多达 350 个会员，平均年度人效高达 120 万元。

其实孩子王的这套数字化营销的方案并不神秘，我们通过两年的研究，逆向拆解了市面上头部消费零售企业的中台，把其核心内容分为三个部分：用户数据中台（CDP）、数据分析（BI）、营销自动化（MA）（见图 13-3）。

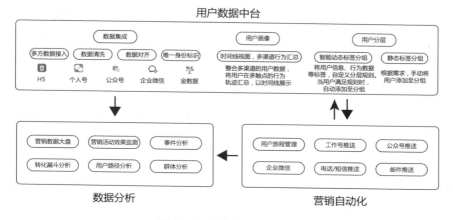

图 13-3　零售企业中台核心

是站在前人的肩膀，还是重蹈阿卡佳的败局

中国市场与日本市场在发展成熟程度和消费者规模等方面存在着不小的差异，因此，在借鉴日本实践的基础上，孩子王也有自己的"看家本领"。

1. 会员制加持下的单客经济

会员制，是孩子王写在招股说明书里的经营模式之一。

截至 2019 年年末，孩子王黑金会员已超过 70 万人，年化产值远超普通会员。黑金会员与普通会员相比，满半年的 ARPU 值是其 6 倍，满半年的购物频次是其 3.5 倍，满半年的订单数是其 3.9 倍，满半年的客单价是其 1.4 倍。

在强大的会员制攻势下，孩子王 App 的用户总数从 2017 年年初的 1154 万增长至 2019 年年末的 1700 万，MAU[一]超 150 万，全渠道会员达

[一]　MAU（Monthly Active User）：月活跃用户数量。

3300万，活跃会员达1000万，会员贡献收入占公司全部母婴商品销售收入的98%以上。

数据显示，孩子王新增会员中，50%以上来自门店自然流量转化。如此高的比例，不仅依靠门店本身的吸引力，也得益于依托门店设置的标准化营销获客流程。

首先，在每一个新店开业前，导购就已提前就位，锁定距门店3～5公里范围内的各个社区和异业机构做会员拓展，利用预付定金的方式，在门店尚未开张时蓄到一批种子用户。据统计，孩子王新开门店一般要提前"蓄水"6000名以上的会员。

其次，在"蓄水"的基础上，门店的日常运营中，也会有KPI考核数据。例如，上海某核心商圈的孩子王门店，每月考核App新增下载量为2500次，所有导购的企业微信新增好友数为2000个。这足以说明，总部对于门店引流任务的高度重视。

与此同时，孩子王利用门店的场地举办线下活动，指标则定在每年1000场。孩子王在门店中设置了"顾客直营部"，该部门专职负责线下活动的策划、运营，从十人规模的婴儿爬爬赛，到千人规模的品牌推广活动，再到专为新手妈妈举办的教育分享课程，活动的体量不一、形式各异，但都有一个共同的目标，即把门店打造成为社区化社交场景，持续占据用户心智。

总体来说，依托数量庞大的线下超级门店，孩子王不仅可以做高端商品销售，还可以做用户服务，门店硬件方面设有孩子探索区、孩子时尚区、成长缤纷营等区域，软件方面瞄准全年龄层的儿童，专门举办活动，提供会员专属服务，据此，孩子王得以将会员制的优势发挥到最大，加强用户黏性。

2. 阿卡佳的下坡路

回过头来看阿卡佳，它这一路走来也并非一帆风顺。

自 20 世纪 90 年代开始，日本经济泡沫破裂，人均消费大大下滑，加之新生儿数量持续下降等不利因素，阿卡佳开始走下坡路，直至 2007 年以 8000 万元人民币被卖给 7-11 的母公司 Seven & i Holdings。

如图 13-4 所示，自 1997 年开始，阿卡佳的营收连跌 15 年，直到 2014 年才通过数字化的革新挽回一点颓势。

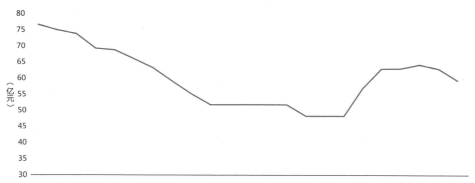

图 13-4 阿卡佳历年营收数据

在经济下行和少子化危机的双重打击下，阿卡佳的弊端也显露出来，一是大店成本过高，二是消费冷却后高端定位不再受欢迎，三是过于集中的新生儿产品太依赖人口红利。很快，阿卡佳被主打廉价、低端的小店模式的西松屋超越，西松屋到 2020 年仍位居日本第二。

同样处在新生儿数量下降的环境下，并连续遭遇 2008 年金融危机、2011 年东京大地震与福岛核泄漏、2014 年消费税上调、2016 年福岛大地震，虽然西松屋的净利润曾被砍半，但也一直高于阿卡佳的净利润水平。阿卡佳历史上常年处于亏损状态，并入 Seven & i Holdings 后，作为其零售体系中专门服务婴幼儿及孕妇的业态，直至 2014 年才进入盈利状态。2018 财年，西松屋净利润 47 亿日元，阿卡佳净利润 25 亿日元。

从开店速度来看，阿卡佳与西松屋由于单店模式存在差异，因此门店数量差距较大，从各自发展来看，二者均在稳步拓店。阿卡佳定位于大店模式，单店面积在 1500 平方米以上，2007 年后一直保持每年新开 8～10 家店。西松屋过去定位于小店模式，单店面积约 600 平方米，2012 年开始规划 1000 平方米左右的大店，从 2008 年后一直保持每年 30～50 家的拓店速度。

从开店质量来看，西松屋历年关店与开店的比例明显较低，2012 年发展大店模式后，关店与开店的比例有所提高，但总体来看，开店成功率仍然相对较高。

就在阿卡佳一路下滑的阶段里，中国母婴市场却度过了 2008～2018 年量价齐升的黄金十年。根据艾瑞咨询的数据，2020 年中国母婴市场规模达到 3 万亿元的水平，正是凭借这 3 万亿元的体量优势，孩子王用十年时间实现了对阿卡佳的反超。

现在，中国的人口数量逐渐接近天花板，人口红利正在消失，这倒逼着原先走"以量取胜"路线的企业开始思考如何"以质翻盘"。

因为 Z 世代尚未大规模进入育儿阶段，所以母婴行业的人口红利或许会消退得稍微晚一点，不过，行业内的企业同样逃不过转型和变革。一方面，年轻人的生育意愿在逐渐降低，另一方面，Z 世代带有个性化消费需求的标签。

孩子王会不会步阿卡佳的后尘？2025 年，第一批"95 后"将三十而立，到那时，孩子王的模式是否还能持续高效？我们暂持观望态度。

孩子王能一直为王吗

讲到这里，我们不得不提孩子王的核心人物——创始人汪建国，因为他的思想决定了孩子王在母婴零售行业里的调性，究竟是更倾向于母婴，还是更倾向于零售。

20 世纪 90 年代初汪建国弃政从商，一手扛起了五星电器。在 2005 年前后闻名全国的家电大战中，五星电器曾与苏宁、国美、永乐等家电零售巨头在南京新街口"贴身肉搏"，彼时各家策略单一，只是打价格战。最终因五星电器融资失败，无力维持价格战，汪建国无奈之下只能将其卖出。

胜败乃兵家常事。但值得一提的是，汪建国并没有将五星电器卖给出价最高的接盘者，而是相中了当时美国最大的消费电子零售商百思买。据了解，百思买从 2005 年起开始着手数字化，让销售和服务更加精准，对症下"药"。

汪建国把五星电器卖了，赚到的可不只是钱，还有数字化新零售的思想。这些思想后来被很好地施展在了孩子王身上。正如前面探讨的那样，孩子王可谓是在数字化赋能上下足了功夫。然而，这并没有从根本上扭转汪建国的底层零售逻辑，孩子王依然只是像一个超市一样光顾着卖货，使得数字化营销技术无法获得更大的施展空间，或者说，无法更大程度地发挥效用。更何况，孩子王所追求的单客经济也并非万全之策。

1. 愈发艰难的促销之路

亚洲的母婴零售店多以销售奶粉和纸尿裤等快消品为主。零售店铺一定会同时引进多种品牌的同类产品供顾客挑选，反过来讲，某一个品牌的某一款产品，也会发往各个售卖渠道。

接下来，货比三家的权利就交到了消费者手上。既然货品同质化程度较高，孩子王便运用直线思维选中了最传统的方式——促销。

促销的效果好吗？答案是非常好。

通过监测 2021 年一季度"春季尿裤节"营销活动期间孩子王 App 端的销量表现，我们计算出，通过一次普通声量规模的打折促销活动，线上销量就能比活动前 7 天提升 7.2%。更有消息指出，孩子王每年年中、年底的两次大促期间，销量拉动效果均在 60% 以上。

　　促销效果好纵然可以达到营销目的，但带来的也不尽然是好处。事实上，高频的打折促销策略对 ARPU 的提升有明显负作用：过度依赖价格优惠政策培养了用户价格敏感的倾向，用户普遍都等着打折促销日来集中采购，于是，大量的优惠、红包显著拉低了客单价。

　　2015 年，孩子王的年度 ARPU 达到 1224 元，在行业中一枝独秀，彼时孩子王的 CEO 徐伟宏曾谈道："1224 元只是平均数，我们一些稳定的会员 ARPU 值在 3000 元左右。如果孩子王未来能将 ARPU 值提升到 6000 元，那将是何等光景？"

　　几年后的今天再看，美好的愿景并没有照进现实。2009～2015 年，孩子王 ARPU 值的增长趋势一直在放缓，而 2015 年后，孩子王不再主动披露这一指标的数据（见图 13-5）。

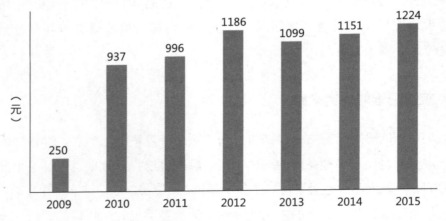

图 13-5　2009～2015 年孩子王 ARPU 值

　　根据招股说明书中 2019 年会员数据及会员销量数据，我们大致可以估算出 2019 年孩子王 ARPU 值为 807.5 元。与此同时，高 ARPU 值用户的比例也在下降，低 ARPU 值区间的人群占比却在上升（见图 13-6）。

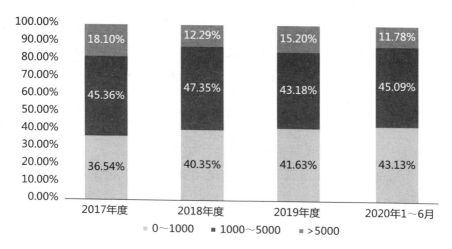

图 13-6　2017～2020 年孩子王用户 ARPU 值区间

　　换句话说，促销更像是扬汤止沸，短期内可以使企业获得不错的盈利数据，但倘若明日杀出来一家"婴儿王""儿童王""亲子王"，促销力度更大更狠，消费者们或许转头便会离开孩子王，奔向别处去买奶粉了，你以为的忠实粉丝依旧见"折扣"使舵。

　　阿卡佳曾经靠促销称霸了日本母婴零售几十年，显而易见的是，在全渠道来临前，线下店的数量和覆盖范围就是坚固的城墙。可惜互联网带来了全渠道这位"破壁人"，所以未来的路能走多远，孩子王或许还需要一些更硬核的"武器"。

2. 数字化营销也开始"内卷"了

　　数字化营销的概念并没有很老，很多企业也还尚未吃透，但这丝毫不妨碍"内卷"的进程。

　　中国信通院发布的《中国数字经济发展白皮书（2021）》报告显示：2020 年我国数字经济依然保持蓬勃发展态势，规模达到 39.2 万亿元。中商产业研究院预测，2022 年我国数字经济增加值规模将达 48.9 万亿元。

　　2015 年起，部分广告企业开始试水营销技术（MarTech）[⊖]产业，市场需求也由原来以广告投放为重心逐步向营销全生态运营转移。2020 年，应用营销技术的企业数量不断增加，达 8000 家，利用营销技术进行获客和转化的企业比例正在上升。

　　不光是运用营销技术，广告主们的投资手笔也不小。于勇毅在 2020 年出版的《MarTech 营销技术：原理、策略与实践》一书中写到，在我国，近五年，大型广告主在营销技术领域的投资动辄超千万元，中型广告主的投资也能超百万元，运用营销技术已经成为今天国内生态圈的常态。

　　数字化营销"内卷"时代来势汹汹，意味着孩子王数字化营销端的竞争优势正在被削弱，更何况，孩子王现有的数字化营销还面临着成本结构固化的问题。

　　孩子王的成本大多花费在门店上，这便导致营销获客的资源很难向传统 TVC 和新媒体内容营销端倾斜，孩子王只能依靠搭品牌的顺风车，进行 logo 的露出，跟品牌方合作互换营销资源，以最低的成本获得尽可能大的流量。

　　简而言之，成本制约了广告的投放，以至于孩子王的投放端依然薄弱。

3. 毛利困境与成本高台

　　分析完孩子王营销端的难题，再来看看其产品端的麻烦。

　　⊖　营销技术（MarTech）概念创始人 Scott Brinker 认为，营销技术是一种智慧营销概念，将割裂的营销（Marketing）、技术（Technology）与管理（Management）联系在一起。非凡产研认为，营销技术是营销数字化转型进程中基于技术手段和数据配置资源实现营销目标的一种赋能方式，这种赋能方式使企业拥有将数据资产沉淀和精细化运营的能力。

母婴零售行业的销售内容以奶粉、纸尿裤等高频复购产品为主，存在着产品结构固化的问题。而这些主要产品的毛利润空间本就十分有限，产品结构固化只会使微薄的毛利更加难寻增长出口。

孩子王2021年财报显示，2019年、2020年和2021年，母婴商品毛利率呈下降趋势，分别为23.78%、22.82%和21.6%。除奶粉毛利率保持稳定之外，其余商品毛利率均下滑。

毛利薄，那就走量，用规模顶上。对于传统零售企业而言，规模是一剂好用但容易上瘾的"解药"。

规模扩张必然伴随着费用的上涨，就连数字化营销也完全无力改善孩子王的毛利率水平，更不用提在大店模式下持续不断上涨的人力和租金成本。财报显示，在孩子王2021年19亿元的营销费用中，门店员工薪酬成本以及门店租金成本占比达55%。

高成本下实则暗藏着高风险，欧美就曾有大店制的母婴连锁巨头因为高成本而付出了惨痛的代价。两个典型的案例，玩具反斗城与Mothercare。2012年，欧美经济景气度整体下行，消费者消费意愿下滑，二者均由于门店成本高昂导致产品加价率高，遭受了线上电商（亚马逊）以及线下大型KA（沃尔玛）的双重冲击。截至2019年，二者陆续关闭了欧美本土的全部门店。

即使玩具反斗城的实控人很不服气，2019年下半年又重整旗鼓开了两家新店，玩具反斗城也没能卷土重来，在新冠肺炎疫情"黑天鹅"的冲击下，那两家店于2021年年初关门大吉，玩具反斗城最终退出了历史舞台。

"前浪"的教训就在眼前，可见，孩子王如果不吸取教训，很有可能踏进历史的"雷区"。

行业龙头也要自谋出路

2010～2016 年期间，孩子王累计获得高瓴、华平等知名机构数亿美元投资。不过，这些投资机构又在孩子王退市风波后的几年里陆续撤资，不知道是不是它们也意识到了上述种种问题。总之，我们在深入研究了孩子王之后认为，做零售起家的汪建国，零售的逻辑已深深印在了他的血液里。因此，若想突破，就必须先克服自身依赖传统零售的局限，一边融入互联网思维，一边打造自己的品牌产品。

好消息也许是，在集中度极低的母婴零售行业里，即使前路艰辛，孩子王也依然是那个最有望突破行业瓶颈的企业。

1. 卖久了别人的产品，不如也卖点自己的

如果你足够细心，相信你一定发现了，前文中我们只拆解了阿卡佳的三项战略——店铺、营销和数字化，唯独少了商品战略这一项。这也正是孩子王目前的缺陷，大店的货架上陈列了成百上千种产品，却鲜少有孩子王自主研发生产的。

作为一家零售商，孩子王当下必须直面的趋势是各行业渠道品牌都在加大对自有产品的投入，深入供应链 C2M 的建设。更何况在母婴零售这条赛道上，已经出现了先行者。

2017 年，西松屋自有产品 1453 件，营收占比为 7.3%，西松屋规划将其提高至 30%；2019 年，爱婴室自有产品销售 2.3 亿元，占商品销售的比重为 9.97%，同比增长 29.72%；阿卡佳的原创品牌本铺的 "99% 纯水新生儿湿巾" 热销，它定位于婴儿湿巾。可以看出，这些先行者们的自主产品，要么品类繁多，要么销量可观。

孩子王目前的自有品牌，我们只找到 4 款，初衣萌（内衣家纺）、植物王国（内衣家纺）、贝特倍护（洗护用品）、慧殿堂（玩具），并且其推

广声量几乎可以忽略不计。

我们认为，在触达消费者的渠道越来越多也越来越分散的今天，只做零售，出路不大，而只有发展自有产品，才能从根源上改善母婴零售行业毛利率低的问题。

如果孩子王已经跃跃欲试想要拓宽自有产品的道路，也许有以下几项策略值得考量。

第一，数字化选品。前文中我们已经拆解了孩子王的数字化战略，其数字化功底是非常不错的。但所有数字化营销动作，只解决了零售平台触达用户的问题，在自有品牌开发流程中，孩子王却并未利用数字化中台积累的巨大用户数据优势，没有在 C2M 中为产品赋能。因此，这方面孩子王还有着极大的上升空间。

第二，公域推广。将自有品牌推入公域，例如与天猫等公域渠道积极合作，可有效扩大声量。

第三，在自有产品矩阵中，加大孕妈和宝妈产品的比例。社会和人群正在越来越重视对孕妈和宝妈的关怀，加大相关产品的比例可以更显著地提升毛利。

上市对孩子王来说是一个绝佳的调整战略的机会，更多的融资或将为其自有产品的研发提供可靠的土壤。

2. A×B 共创——乘着知名品牌的翅膀

孩子王曾经尝试过创立一些自有品牌，试图打破低毛利的桎梏、突破固化的产品结构，只不过收效甚微。

倘若卖自有产品比较难起步，其实孩子王大可以学习阿卡佳，与一些知名品牌合作推出“联名款”。

“A×B”的品牌命名形式看起来是联名，但阿卡佳的联名与一般的联名还有些区别。通常的联名，A 和 B 均为品牌，在一方的产品里加入另一方的品牌元素或资产，可以同时扩大两方用户群体，达到双赢局面。而阿卡佳不仅是一个母婴产品品牌，更主要的属性是零售渠道。一个渠道和一些品牌的联名，我们觉得，称之为"共创"更加贴切。

如果孩子王能借鉴这套打法，与诸多母婴品牌联名共创，或许能更加容易地打开做自有品牌的这扇门。

3. 若以"小"博"大"，"大"可长青否

阿卡佳虽说曾凭借大店销路大开，但在经历了低谷之后，也开始陆续布局小店。

从阿卡佳官方披露的数据看，2010～2020年，在店铺总面积平稳增长的情况下，阿卡佳的店铺平均面积却在逐年缩小。2010年，阿卡佳的单店平均面积为1872平方米，到2020年已经缩小到了1483平方米。这很明显，阿卡佳在关闭大店的同时，选择增开一些面积较小的门店。

也许是看到了西松屋小店模式中的合理之处，阿卡佳决定从战略上进行取长补短。就连2020年阿卡佳官网的介绍中都写着：店铺平均面积约400坪[⊖]。

再看国内市场，大店和小店的博弈与日本的情况也是极其相似的。爱婴室、爱婴岛等主打小店经营，尽管业绩和市场份额远不如孩子王，但拦不住后来者仍看好小店模式。

2021年4月20日，京东母婴小店"长子"出世——京喜宝贝第一家店在成都开业。开业1小时内，仅150平方米的店铺就接收了近500名会员。京喜宝贝瞄准母婴市场，以"妈妈惠选，省心省钱"服务于孕妈和宝妈，一方面布局小店，另一方面提供高性价比产品，横竖都有点剑指孩子王的意思。

当然，大店资源是极其稀缺的，能够覆盖的服务体验场景也更齐

⊖　1坪≈3.3平方米。

全，当初从地产商那里拿到的资源，汪建国不可能轻易放弃。但京东这样具备深厚的供应链优势的对手，如今切入母婴零售赛道，很可能预示着一场大战即将展开。孩子王曾经是行业第一，却未必能永远保持第一。上市成功或许会是孩子王的一个新起点。

结语

从借鉴阿卡佳、选中与国内大多数母婴线下专营店相反的大店模式，到多年稳坐国内母婴零售 Top 1 的宝座，不得不说，孩子王是有些功底在身上的。但显然，孩子王这条路走得并非一帆风顺，曾经短暂上市又退市，营收也是起起落落。

作为国内唯一选择超级大店模式的品牌，孩子王看上去是要把这条路坚持到底，配合全渠道经营体系的打造，以及线上线下数字化的赋能，孩子王不再单纯地追求量大多销，而是转为重视单客经济，这也是未来保持稳定增长的重要战略之一。

不得不承认的是，中国也存在着与日本相似的低生育率风险，换句话说，孩子王所在的母婴行业，同样面临着阿卡佳曾面临过的问题，这些问题会逐一反映在成本高企、毛利下降、促销艰难等方面。

因此，孩子王谋求转型是必然的选择，无论是投入自主研发，还是与知名品牌共创，我们都有理由相信，上市成功或许会是孩子王的一个新起点。

lululemon

"巫师"与"刺猬"的组合游戏

近几年,lululemon 的疯狂增长,让不少人开始感叹"中国为什么没有出现 lululemon"。lululemon 被捧上神坛,成为无数品牌争相效仿的对象。

我们一向关注于增长的本质,在几近浏览了市面上所有关于 lululemon 的分析文章后发现,虽然很多同行已对 lululemon 的发家史和品牌文化都进行了详细普及,但对于 lululemon 为什么能够保持高速增长的底层逻辑的相关分析较少。

我们决定抱着客观中立的态度,结合增长黑盒"黑客"与"画家"的精神,理智冷静地分析 lululemon 的崛起之路,为大家剔除难以复制的增长噪声;但同时又热烈地寻找可以借鉴的增长策略,为小众品牌的未来提供一些启发性思考。

在研究过程中，我们发现 lululemon 的经营战略很大程度上是由品牌战略驱动的，加上官方披露的中国市场数据少之又少，无疑增加了研究难度。经过一个多月的研究之后，结合数据分析、专家访谈以及用户调研，我们得出了以下观察结论。

- 长期吃"创始人"红利，缺乏颠覆性创新。
- "宗教式"的品牌文化近似于直销理念。
- 传播效应与产品理念共同促成高速增长。
- 其擅长的 DTC 模式在国内并不具有核心竞争优势。

若问 lululemon 做对了什么，三个关键词就足以概括总结：极致产品力，社群运营，垂直零售。

在三个成功要素的组合背后，lululemon 在商业模式和品牌文化的打造上究竟做了哪些超前的底层设计，其背后增长的核心逻辑是我们最关心的问题。

围绕着这一核心问题，我们从 lululemon 最新的战略框架" Power of Three"，即产品策略、用户体验和市场扩张三层架构，来着重探讨以下五个问题。

- 为何单凭一条瑜伽裤，就能吃上百亿市值的"品类红利"？
- 没有市场营销部门、很少做广告，如何做增长、跑市场？
- 在中国，什么样的消费者在为昂贵的 lululemon 买单？
- 疯狂增长之后，未来扩张的天花板在哪里？
- 类似 lululemon 的小众品牌们，未来在哪里？

值得一提的是，任何商业增长案例的分析都离不开当时的政治语境、社会语境、产业语境，品牌话语权的最大变量便是上述三大因子。

lululemon 略带"玄学"的品牌文化

lululemon 一直以极强的品牌力著称，如今与宝洁、联合利华、可口可乐等传统巨头一起，成为各大品牌研究增长奇迹的"教科书式"案例。在此，我们先对大家最关心的，且略带"玄学"的 lululemon 品牌文化进行分享。

lululemon 从诞生以来，"宗教式"（cult-like）的争议就一直如影相随，这点 lululemon 创始人 Chip Wilson 了然于心。[1]

在阅读大量资料后，我们发现，lululemon 的运作模式与直销巨头安利有着异曲同工之妙，尤其是在品牌文化的塑造上如出一辙。但需要声明一点的是，lululemon 只是在声量渗透和文化塑造模式上与安利相似。lululemon 从创立初期，创始人 Chip 就坚持走垂直零售路线，也就是直营模式，这与直销模式有着天壤之别。从最近十年直销模式的黯然退场和微商模式频频暴雷来看，lululemon 基于门店的直营模式强有力地证明了 Chip 超前的战略眼光。

从社会语境来看，lululemon 诞生于 1998 年，当时正值北美直销文化在全球大肆流行，雅芳、安利、玫琳凯等一众美国直销品牌先后进入中国。到 2004 年，全球直销营业额近千亿美元。

我们大胆推测，lululemon 作为加拿大品牌，当时或许借鉴了"直销模式"，只不过在此基础上进行了更高明的改进和创新设计。

第一，两者都以极强的产品品质著称。

lululemon 一条瑜伽裤售价 850 元左右，是耐克、阿迪达斯同类产品价格的两倍左右。而安利多效含氟牙膏在 20 世纪 90 年代售价就高达 39 元，在当时月收入普遍两位数的时代，已经算是"轻奢"了。

第二，安利的直销模式与 lululemon 的垂直零售高度类似。

两者都省去了中间商，缩减了交易链路。不过，需要指出的是，我们不能简单粗暴地将垂直零售等同于直销。两者的主要区别在于，

lululemon 采取直营门店经营模式，商业交易在商店范围内进行。而直销可以脱离门店，由直销人员线下与人一对一进行交易。很明显，前者更加先进超前，如今已经发现成主流经营模式，并成为 DTC 发展的主要形态之一。

第三，两者都采用了"四位一体"的组织运作结构。[2]

如图 14-1 所示，安利采取了"四位一体"的管理结构，以此来驱动增长的飞轮。其中最关键的协同机制是引入了"推荐人"和"培训机构"，以此来达成"洗脑——造梦——认同"的三角形文化运作循环系统。

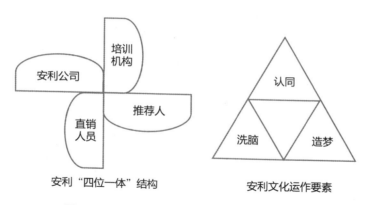

图 14-1　安利"四位一体"结构 & 文化运作要素

资料来源：《安利：全方位揭秘直销帝国》。

首先，从推荐人机制来看，安利把推荐人瞄准了当时的家庭主妇、下岗员工等缺乏固定收入的群体，而 lululemon 则是邀请受过高等教育的精英群体来当品牌大使。

回看 lululemon 早期的声量渗透模式，以创始人 Chip 为首的"精神领袖"可视为"品牌教父"，而腰部的品牌大使则是传播品牌理念和价值主张的"教士"，也就是如今的 KOL 群体。这部分"教士"要么是瑜伽教练、舞蹈老师，要么是健身教练，他们在运动健身领域各有建树，通过专业群体的口碑推荐，lululemon 以草根营销的模式进行金字塔式地向下渗透。而在金字塔底部的传播群体，则是 lululemon 的全体员工，尤其是基于门店的基层导购人员，lululemon 赋予他们"产品教育家"的荣誉称号。lululemon 对他们的要求不是简单的产品销售，而是需要他们对公司所有的产品系列熟稔于心。当消费者询问或需要寻求意见时，他们要做到像专家一样，熟悉产品和业务。通过他们的专业服务，lululemon 把基层销售人员塑造成"执事"，也就是全员 KOC，以此打造高端的门店形象，同时完成转化销售。

其次，两者都引入了培训机构。安利集团设立了安利全球第一个直销人员专属培训机构——安利（中国）培训中心（ACTI），聘请国内名校及知名培训机构的讲师授课，为直销人员提供更专业的培训。在内部，lululemon 最先鼓励高管去参加的不是 MBA 课程，而是一门叫作"Landmark"的心智开启课程。根据创始人 Chip 在其自传中的回忆，他在 Landmark 论坛上经历了一次觉醒。

由于心智课程很容易带有一种"强传播"的属性，外界对此褒贬不一。该课程早期在北京开课时，甚至出现了学员报警的报道。早期 lululemon 鼓励全体员工参加此门课程培训，但目前已经采取自愿原则。

对比 lululemon 与安利的品牌文化，大家可能有一个困惑——如此"玄学"的东西实在难以复制，lululemon 的增长飞轮究竟是依靠什么来驱动的？

为了回答这个问题，我们翻阅了 lululemon 近十年的公开财报，从其战略框架的演进过程中，发现了它保持高速增长的密码（见图 14-2）。

首先，lululemon 在上市初期，还只是北美市场一家小而美的公司，战略聚焦在产品层面，包括门店、客户体验、社区关系在内的 3 个运营层面，以及前面我们刚刚介绍到的企培文化。

随着市场规模的扩大和企业文化的成形，在 2015 年前后，lululemon 对战略框架进行了整合和精简，开始侧重品牌和创新；同时社区运营的重要性进一步突出，彼时的客户体验主要集中在门店，lululemon 初步形成了"Power of Three"战略模型。

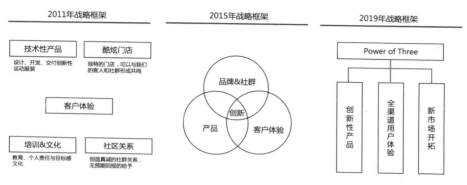

图 14-2　lululemon 战略框架演进

资料来源：整理自 lululemon 公司 2011、2015、2019 年财报。

到了 2019 年，作为一家国际化的大公司，市场扩张成为 lululemon 另一个重点，社区运营合并进入客户体验当中。此时，lululemon 的战略框架模型"Power of Three"已经成形。

接下来，我们就以"Power of Three"（产品创新、用户体验、市场扩张）作为框架，拆解 lululemon 在各个维度的核心增长驱动力。

"刺猬型"的产品策略

前面我们从社会语境的角度，将 lululemon 与安利品牌文化的塑造雏形进行了简单对比。接下来，我们从产业语境来看 lululemon 是如何开辟小众品牌路线，走上增长巅峰的。

从时间轴来看，lululemon 1998 年品牌创立，到 2020 年就突破 400 亿美元市值的大关。达到这个高度，阿迪达斯花了 68 年，耐克花了 46 年，安踏花了 29 年，而 lululemon 花了 22 年。为什么 lululemon 凭借一条瑜伽裤就可撑起如此庞大的市值，并以远超同类竞争对手的增长速度攀升至全球休闲运动服饰的头部位置?

首先,从外部环境来看,在20世纪末,当时的运动服饰巨头主要追求的是专业高强度运动产品的打造。耐克和阿迪达斯的竞争重点放在了对专业运动鞋、跑鞋的市场争夺上,而忽视了当时已经开始流行的瑜伽文化。瑜伽品类本身处于一片蓝海之中。

其次,从内部环境来看,lululemon创始人根据自己的创业情况,制定了符合自身定位的"刺猬理念"竞争策略。

Chip是《从优秀到卓越》的忠实读者,深受著名管理学家吉姆·柯林斯(Jim Collins)著作影响,该书中的"刺猬理念"让Chip感到十分受用。

对于这一点,吴伯凡老师在其商业评论中也进行了点评,我们现将其精简如下:

事实上,刺猬这个概念的对立面是狐狸,它来自古希腊的一句谚语:狐狸千伎百俩而有穷,刺猬无一技之长而无限(The fox knows many things, but the hedgehog knows one big thing)。

大致意思是,古今中外的狐狸都很诡计多端,手段多元,而刺猬遇到危险只有收缩身子,伸出长刺这一招本领。

吉姆·柯林斯用刺猬和狐狸这对概念来形容两类公司:狐狸型公司能力很强、资源很丰富,善于利用各种手段、方法去获取尽可能多的市场和客户;而刺猬型公司,看上去比较弱势,别的公司好像什么都会,而自己看上去没什么明显的专长,但是,它能够以静制动,以少胜多。

Chip从一开始就想创办一家刺猬型公司。要做一家刺猬型公司,就要找到三个东西的交集:第一,你对什么东西最有激情;第二,你最擅长什么;第三,这个东西有没有很大的回报(见图14-3)。[3]

最终他将三个圆的最小交集,锁定在一条小黑裤——女士瑜伽服上。根据其在书中的回忆,选择瑜伽产品作为创业利基的原因有以下三点。

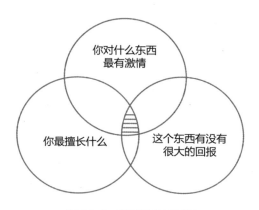

图 14-3 刺猬理念三环图

资料来源：《从优秀到卓越》。

首先，Chip 本身是运动狂热者，自己对冲浪、滑雪、游泳，包括当时正在北美悄然兴起的瑜伽都十分感兴趣。

其次，Chip 早期在 West Beach 的创业经历，让他对运动服装积累了大量的认知和实践经验，做运动服装是他擅长的事情。

再者，根据市场嗅觉，他敏锐地捕捉到瑜伽即将大范围流行的趋势。Chip 在将自己的第一家创业公司 West Beach 出售后，为了恢复身体元气，他在当地报名参加了一个瑜伽班。班里刚开始仅有 6 人，但一个月之后就逐渐壮大到约 30 人。这佐证了他的市场判断。所以，他选择将瑜伽产品作为自己创业的"经济驱动引擎"。

基于以上，在北美瑜伽风潮兴起之时，1998 年原本从事冲浪设备行业的 Chip 在温哥华成立 lululemon 品牌，从女性瑜伽高端产品切入细分市场，从此开启了他创业生涯的高光时刻。

1. 将产品做到极致

在制定好产品竞争策略之后，接下来就是如何执行并解决用户痛点，如何把产品做到极致的问题了。

　　lululemon 的消费群体定位于新型中产女性，她们对于价格敏感度不高，更在意品质，包括面料功能性和时尚设计，所以她们对产品有着极高的要求。

　　事实上，根据我们对 lululemon 用户调研数据的统计，用户购买 lululemon 产品的前三大原因分别是穿着舒适（89.3%）、功能适用（66%）、穿着好看（63.9%），性价比反而退居第四，这也佐证了上述观点。

　　在创业初期，lululemon 就致力于解决用户痛点。运动员出身的 Chip 在多种运动过程中，洞察到当时的瑜伽裤存在隐私部位遮蔽性问题"骆驼蹄"（Camel Toe）、内缝摩擦导致皮疹等弊端。

　　1998 年，lululemon 核心面料 Luon 问世。该面料主打高弹力、高透气性、绵软舒适。据了解，该面料由 86% 的尼龙和 14% 的莱卡组成，解决了瑜伽裤透明性问题；裆部无缝剪裁及菱形内衬设计（Diamond Crotch Gusset），解决了瑜伽裤"骆驼蹄"问题，使得 lululemon 产品能应用于户外场景。

　　当然，除了解决产品痛点，lululemon 也做了很多"埋线工作"，以提升用户的体验，比如增加隐形口袋、拇指洞、裤脚反光等隐形的爽点设计。

　　由于极度专注于产品力，lululemon 已将自己定位为科技公司。目前 lululemon 已经有 9 种面料技术，其对应的核心功能与特征，以及其代表性的热销产品，已经有券商机构将其整理成表 14-1。[4]

表 14-1　lululemon 核心面料科技

面料	特征	热销产品系列
Everlux	独特双面针织面料，NEXT-LEVEL 吸湿，速干，双编织结构，轻巧，覆盖率高，超级弹力，适用于对透气性要求高的场合	Wunder Train 系列
Luon	核心面料，高弹力、透气、舒适。衍生面料包括 SERIOUSLY LIGHT™ LUON（轻薄版，适用于酷热、高强度的运动环境）、LIGHT LUON®（超轻版，适合温暖、出汗环境）、FULL-ON® LUON（密织版，紧身、提供支撑和覆盖）	Wunder Under 系列

（续）

面料	特征	热销产品系列
Luxtreme	速干、强支撑性、高贴合度、宛如二层皮肤，适合中高强度的运动环境。衍生面料包括 LIGHT LUXTREME®（轻质版，体感凉爽）、FULL-ON LUXTREME®（密织版，排汗、提供支撑与覆盖）	Wunder Under 系列 Speed Up 系列
Nulu	亲肤裸感，如黄油般的柔软感，轻盈，排汗，超级弹力，多场景适用	Align 系列
Nulux	柔软，光滑，快干，手感凉爽，轻量级覆盖更塑形效果	Fast and Free 系列
Swift	轻薄强韧、防水排汗透气。衍生面料包括 Swift Ultra 和 Swift Ultra Light	Wanderer 系列
Rulu	柔软、吸湿排汗，适用于寒冷环境下出汗的运动场景	Ready To Rulu 系列
Silverescent	健康风格、抗菌 & 防臭，采用 X-STATIC® 科技	Swiftly 系列
Warpstreme	柔软塑形、四面弹力、强延展性、经久耐用	ABC 系列

资料来源：lululemon 公司官网，天猫，兴业证券经济与金融研究院。

2. 品类结构稳定

我们重点分析现阶段 lululemon 的产品结构及营收分布，毕竟 lululemon 产品线的拓展与延伸的真实增长情况是众人关心的问题。

从整体营收来看，lululemon 官方披露的财报数据显示，2020 年 lululemon 全渠道净营收约为 44 亿美元（折合人民币 279.5 亿元）（见图 14-4）。

从产品结构来看，魔境市场情报数据显示，2019 年 1 月～2021 年 11 月期间，lululemon 天猫销量 Top 3 产品的 GMV 占比一直维持在 15% 左右。这表明，相比国内新消费品牌，lululemon 的产品结构更加多元和稳定（见图 14-5）。

从整体 SKU 数量增速来看，2019～2021 年，瑜伽类目在 lululemon 的 GMV 构成中依然占据大头，其他品类结构基本保持稳定。

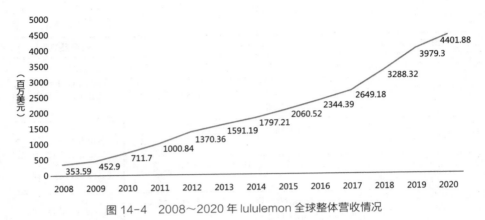

图 14-4　2008～2020 年 lululemon 全球整体营收情况

资料来源：Statista，lululemon 财报。

图 14-5　2019～2021 年 lululemon 天猫销量 Top 3 产品 GMV 占比

资料来源：魔镜市场情报。

一般而言，国内新消费品牌由于 SKU 数量少，大多依靠爆品策略，单款爆品的销售额占其营收的 50% 以上。这导致其产品结构畸形，出现了严重的单品依赖症，品牌想要拓展品类或者寻找新的增长曲线反而更加困难。

从品类增速来看，lululemon 的核心产品瑜伽裤销售额的增速近一年略有放缓。不太乐观的是运动休闲系列（运动卫衣、套头衫、包包）等相对高价的产品增速下降明显。相反，运动帽、运动水壶、双肩背包等定价相对较低的产品近一年增速明显。

从人群拓展路线来看，魔境市场情报数据显示，lululemon 男装产品线在其天猫渠道中的整体 GMV 占比由 2019 年的不到 10% 增长到 2021 年的 14.3%（见图 14-6）。

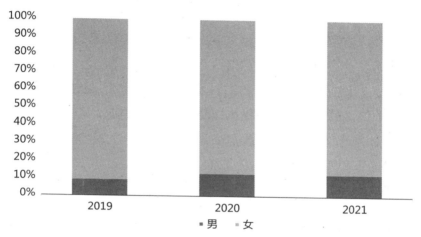

图 14-6　lululemon 男装和女装 GMV 占比

资料来源：魔镜市场情报。

这表明线上男装 GMV 占比增速缓慢，但由于 lululemon 线下业绩占一半以上，加上男性线上购物频率相对较低，上述统计维度也有一定的局限性。

综合上述数据，我们得出的结论是：lululemon 目前产品结构相对稳定，但品类拓展还没找到稳定的方向，第二增长曲线尚未出现，lululemon 仍处于摸索阶段。

3. 产品无懈可击，供应链有机可乘

根据 Glassdoor 提供的数据，89% 的消费者会向朋友推荐 lululemon，这一指标高于苹果的 84% 和亚马逊的 77%。[5] 根据我们对国内消费者的调研数据，这一指标甚至高达 92.44%。

　　无论是用户的口碑推荐，还是产品动能性差异，与同行相比lululemon的产品竞争优势似乎都无懈可击。但是如果从供应链的稳定性角度来看，lululemon也有软肋。

　　首先，lululemon的产品供应货期长。实际上，lululemon产品从采买到上市延续了非常传统的方式，产品需要提前9～10个月给工厂下订单。货期长导致的结果是，lululemon的产品研发无法对市场流行趋势做出快速反应。

　　虽然lululemon主打的不是快时尚逻辑，而是走近经典款的设计风格，但是相较于其他品牌，lululemon想要提升产品的时尚度，能够选择的流行元素相对较少。

　　其次，lululemon没有自主产品供应链，严重依赖供应商。

　　无论是在线上还是线下门店，lululemon产品经常出现缺货的状况，新到货数量也十分有限。这给消费者和同行造成了一种"饥饿营销"的假象。

　　我们在与多位专家进行交叉验证的过程中得知，这种现象不是刻意为之，而的确是供应链稳定性不足。就连lululemon官方在财报中也披露了该问题。lululemon自身不生产产品或原材料，导致其依赖供应商。其产品中使用的多种特种织物是由第三方开发和制造的技术先进的纺织产品，短期内的生产产能有限。

　　lululemon虽然与供应商、生产商建立了长期合作关系，但均没有相互签署长期合同，这意味着面料并不能构成lululemon与其他服装品牌商之间的竞争壁垒，lululemon也无法利用知识产权来抵御共享供应商的对手对其市场份额的侵占。

　　以lululemon需求量最大的Luon面料为例，此类面料全部是由中国台湾地区的供应商儒鸿企业（Eclat Textile）提供，而儒鸿与顶级品牌如耐克、阿迪达斯、安德玛均有长期合作。[5]

　　为了保护知识产权，lululemon为其制作瑜伽裤的材料"Luon"申请了专利，即81%的尼龙和19%的莱卡。但有意思的是，GAP的子品牌 Athleta，也为其瑜伽裤面料"Pilayo"申请了专利——约 88% 的尼龙和 12% 的莱卡。从成分构成上来看，两家公司的核心面料其实差别不大。但是除了面料成分，机器、织法、配比也是关键制约因素。

另外，lululemon 大部分生产制造商位于东南亚地区，尽管其生产的人工成本较低，但是其稳定性容易受到政治环境和社会环境的影响，2020 年新冠肺炎疫情就导致其供应产能跟不上。

为了削弱这一方面的风险，lululemon 也开始做出努力。2017 年，lululemon 收购了加拿大自行车服饰公司 7mesh 的部分股权，并于 2018 年推出 Warpstrem 专利布料，品牌的大热系列——ABC 男裤就是由这种面料制成的。

在我们看来，服装行业本身就难以形成核心的壁垒优势，lululemon 供应链的稳定性存在一定短板也是行业的通病。但 lululemon 只要保持产品研发创新，把产品做到极致，把洞察到的用户需求转化为对应产品设计的能力，护城河就容易构建起来，毕竟品牌的核心竞争优势在于占领用户心智。

社群运营的"巫师效应"

前面我们花了较长篇幅，客观中立地分析了 lululemon 的产品策略以及品类拓展情况。根据其"Power of Three"模型，我们接下来再重点探讨一下 lululemon 是如何做用户运营，提升用户体验的（见图 14-7）。

尽管依靠宗教式的洗脑，lululemon 形成了强大的品牌凝聚力，但是其"金字塔"结构中的上下级不存在利益关系，品牌传播纯粹是一种渗透传播模式，那么 lululemon 又是如何获取用户增长，完成用户转化的呢？

我们认为，lululemon 运作模式的成功，是把"营销"进行了"运营化"。

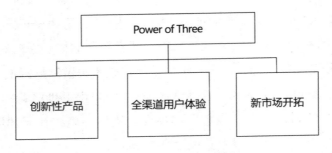

图 14-7 lululemon 战略框架

资料来源：lululemon 财报。

表面上看，lululemon 不怎么做效果广告，但实际上它在运营过程中进行了一种"软营销"。只不过，这种营销的方式更加高级和无痕，lululemon 以社区运营的形式，将运营模式进行了去中心化，充分赋权每一家门店。每家门店再依靠品牌大使、产品教育家向周边瑜伽场馆、运动健身场所进行"人肉渗透"。lululemon 把门店周边的运动健身圈层全部打透后，就会自发形成一种"巫师效应"或者叫奇里斯马（Charisma）效应[⊖]。

"六度空间理论"指出，你和任何一个陌生人之间所间隔的人不会超过六个。lululemon 就是把品牌大使和产品教育家当作了"六人杠杆"，以此来完成拓客和品牌渗透目标。

俗话说，物以类聚，人以群分，现在品牌做增长肯定都有自己的目标人群。"巫师"想要释放魔法，必须先瞄准想要转化的人群。所以，在详细分解 lululemon 的社区运营模式之前，我们先介绍下 lululemon 的用户画像，顺便回答"谁在为高价买单"的问题。

1. 谁在为高价买单

据说在 lululemon 的用户当中，有近三成的人是不爱运动的。他们

⊖ 奇里斯马效应是一个社会学概念，就是说领导力往往是跟某种独特的个人魅力联系在一起的。

愿意为高价产品买单的原因是为了迎合"lululemon 风"。

我们不清楚 lululemon 的全球用户整体画像，但我们的调研数据与上述言论产生了较大的信息差：lululemon 的用户大多属于高频运动人群，其中每周运动 3～5 次的占比最高，为 42.61%；而完全不运动人群的占比只有 0.34%（见图 14-8）。

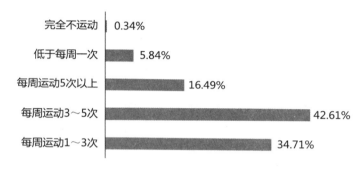

图 14-8　lululemon 用户运动习惯调研结果

资料来源：线上问卷调研（N=291），增长黑盒。

在确定 lululemon 用户的运动习惯后，再来看谁愿意为高价买单。我们统计发现，lululemon 的用户多为年龄在 26～35 岁之间的职场精英；从收入角度来看，lululemon 用户的月收入多在 5000～10 000 元之间（见图 14-9）。

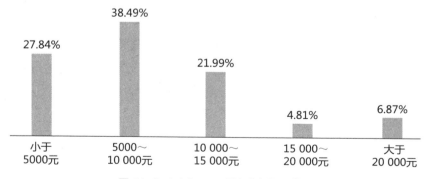

图 14-9　lululemon 用户收入调研结果

资料来源：线上问卷调研（N=291），增长黑盒。

由于我们调研的对象来自北上广深一线城市，该收入水平在当地城市中并不算高，至少这些用户很难做到价格不敏感。但是令人感到意外的是，我们对 5000～10 000 元收入区间的用户进行了价格敏感度统计，发现近八成用户觉得 lululemon 定价合理（见图 14-10）。

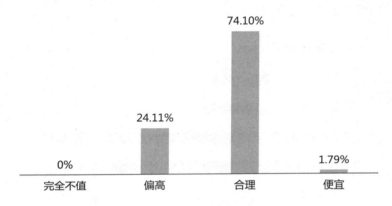

图 14-10　lululemon 价格敏感度调研结果

资料来源：线上问卷调研（N=291），增长黑盒。

三组数据加起来，我们可以发现，lululemon 的真正用户群并不是"高净值"人群，甚至中产阶层都算不上。但是由于他们受过高等教育，热爱运动，相对年轻，多为公司白领，在某种程度上可以被定义为"新中产潜力人群"。

根据我们的用户调研数据，lululemon 现阶段主要用户年龄层集中在 26～35 岁（占比 54.3%），这些人目前没有太多的家庭压力，收入支配相对自由，所以对价格并不敏感，愿意为 lululemon 的高价买单。

2."巫师"源于内，藏于外

我们研究发现，lululemon 实现社区规模化传播的核心是内部产品教育家与外部品牌大使的完美配合。

对内，lululemon 将门店"全员巫师化"，产品教育家不仅要在店里与用户互动，还要与周边相关的场馆建立联系。

对外，lululemon 利用品牌大使的传播力，形成网格化传播。"小巫师"与"大巫师"两两结合，就会取得去中心化传播的效果。

在清楚 lululemon 的用户画像之后，我们回到最核心的问题——如何圈选并获取核心客群。

lululemon 一向不怎么做效果广告，主要依靠的是活动。但是其社群活动预算有限，平均一场活动大概只有 3000 元的预算，一家门店一个季度的活动预算只有 2 万~3 万元。那么，lululemon 是如何依靠小预算的社群活动运营，开启增长之旅的呢？

我们整理了 lululemon 做社群活动运营的 SOP（Standard Operating Procedure，标准作业程序），看完大家就会明白一个最朴素的真相——最原始的方法，往往最实用（见图 14-11）。

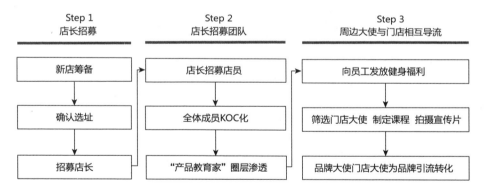

图 14-11　lululemon 社群活动运营 SOP

资料来源：专家访谈。

第一步，店长招募。

lululemon 新店筹备期一般有 6~9 个月。确定选址后，品牌要做的第一件事就是招募店长。早前 lululemon 对店长的招募标准，倾向于具备新闻行业、咖啡行业背景的文化、文艺工作者。主要原因是这部分人群擅于接受品牌文化，也专于向下传播品牌文化。

尽管愿景是美好的，但是在执行过程中，lululemon 发现具备零售背景的人业务执行更快，所以现在也开始倾向招募具有零售背景的员工。

第二步，店长招募团队。

社群活动是 lululemon 品牌的精髓，也是核心驱动力，为其带来了最大的自然流量。由于 lululemon 采取的是门店直营模式，基于门店的作战单位是提升转化率的关键。

为此，lululemon 将门店工作人员全员"巫师化"。相较于传统运动服饰品牌，门店销售人员处于最基层，虽然是业绩的主要来源，但他们往往都被视为"隐形人"。但 lululemon 赋予每一位基层执行人员"产品教育家"的称号，将门店所有成员 KOC 化。

当团队成员招募完毕后，品牌大使则会进一步进行圈层渗透。这种做法事实上与地推没有什么本质的区别，只不过后者是明确的效果导向，前者是传播导向。

第三步，周边大使与 lululemon 门店相互导流。

lululemon 的社群不仅包括 lululemon 的员工和消费者，还包括品牌大使、门店区域里覆盖到的场馆合作伙伴。

一般而言，lululemon 会向员工发放运动健身福利。鼓励员工运动健身，保持健康体魄的同时，其实还有一个目的，就是鼓励员工通过运动健身的免费额度，与当地门店周边的瑜伽馆、舞蹈室、游泳馆、健身房等场地的教练建立联系，进行异业合作和相互导流。将"6 人杠杆效应"最大化，撬动圈层裂变。

lululemon 一家门店会瞄定 8～10 位品牌大使候选人，最终筛选 4～5 位优胜者作为品牌大使。lululemon 会基于大使的专长，为其制定匹配的课程，拍摄宣传照片。除此之外，lululemon 免费为品牌大使提供一年 2 万元左右的产品使用额度，免费额度用完后大使购物也享受 6 折优惠。

由于 lululemon 本身具有很大的品牌声量，成为其品牌大使无疑是一种荣誉加持。尽管两者之前没有直接的利益合作关系，但品牌大使的配合度都非常高。同时品牌大使自身在其专业领域也略有建树，某种程度上就是中腰部的 KOL，也能为 lululemon 带来一定的客流量。

3. 耐克向左，lululemon 向右

事实上，做社群运营的运动品牌并不只有 lululemon 一家，但是为何 lululemon 能够成功将社群运营转变为品牌增长的核心驱动，而其他品牌的社群活动效果不尽如人意，其核心差异在哪？

我们以耐克为例，将其社群活动与 lululemon 的社群活动进行简单的优劣势分析。其实，无论是品牌声量，还是活动预算以及数字化工具支持，耐克似乎都要技高一筹。但在全面占优的情况下，在社群运营效果上耐克为何不及 lululemon？

我们发现，两者核心差异在于有没有去中心化。事实上，耐克的社群活动是中心化导向，运营模式是从上向下传导；而 lululemon 则是去中心化，以单一门店为单位，由下向上逐层驱动的。

对于 lululemon 来说，门店才是运营的中心，是最贴近消费者的地方，权力也是最大的。而整个品牌端提供的支持，其实相当于中台的作用，为前端的运营提供了必要的势能。

具体来看，lululemon 总部不会对门店的社群运营活动进行干涉，门店如何组织活动、塑造运动氛围都是门店自己说了算。大型的城际活动则由周边相邻门店联动举办。lululemon 的门店团队就像是一个机动组织，跑场馆、做活动、现场与用户交流沟通都根据业务进展情况灵活划分。品牌更多的是为门店进行赋能，而不是全权干涉。

在游戏行业也有类似的经典成功案例：SuperCell。SuperCell 的超级小团队作战模式与 lululemon 十分相似。

据了解，SuperCell 由 6 名资深游戏开发者在 2010 年创立，总部位于芬兰首都赫尔辛基，并在旧金山、东京、首尔和北京设有办公室，旗

下拥有《部落冲突》《皇室战争》《海岛奇兵》和《卡通农场》这四款超级现象级产品。[6]

SuperCell 的超级小团队能够成功的原因有以下三点。

- 每一个游戏都有一个独立专业的团队；
- 公司的所有管理层都是服务于这些团队的资源；
- 所有关于游戏的决策，包括是否继续发行，都由团队决定。

以此反观耐克，耐克的社群活动运作组织属于中心化传统结构。我们了解到，耐克的活动一般由总部发起，由总部进行规划、预算和管控，运作模式是由上向下传导的。相较于 lululemon，耐克面临以下劣势。

- 耐克由上向下的中心化运营模式，会增加活动执行的障碍和难度，影响活动效率，不具备灵活性。
- 耐克活动注重商业化，活动经费花费更大。耐克一般高价聘请教练或老师代课，加上活动场景大多在门店外，活动经费要高很多；lululemon 的品牌大使完全是免费帮忙代课，其活动更多基于门店，而早期的门店在设计布局时，就考虑到了活动场地的需要。

当然，lululemon 的去中心化运作模式也不是完美无缺的，相较于耐克，其门店活动没有大预算，活动辐射的范围就要小很多。比如说耐克跑团一般在 100 人以上规模，而 lululemon 就只有 20～30 人。其品牌声量的传导效应肯定没有耐克来得猛烈。

虽然 lululemon 的活动没有商业化，也不现场向用户推销产品，但有意思的是，根据我们的调研数据，在社群活动结束后，用户选择现场购物的比例高达 98%，这远超乎我们的预期。

我们了解到，lululemon 全球营销费用占比只有 3%，远低于同行水平。不得不说，lululemon 采取的慢渗透模式，在保持品牌高端调性的同时，反而更能取得事半功倍的效果。而如果过于急于求成，向用户进行饱和营销，反而容易让用户反感，不利于品牌的长期主义。

扩张的天花板在哪里

前面我们从产品策略、用户体验两大模块分别探讨了 lululemon 增长的全貌。如果把 lululemon 的战略框架进行横向扫描，不难发现，2019 年，lululemon 在其"Power of Three"战略框架的模型中新增了一大战略重点——扩张。

lululemon 在 2016～2019 年期间就进入了门店扩张期。按照其财报中披露的扩张规划，其扩张目标规划路径如下：

- 聚焦北美 830 亿美元的运动休闲市场；
- 瞄准全球 1150 亿美元的运动休闲市场；
- 看向全球 6300 亿美元的运动休闲相关市场；
- 最终展望全球 3 万亿美元的大健康市场。

由于 lululemon 制定的目标过于宏大，我们仅探讨其在中国的扩张现状。为了理清其扩张路径，接下来我们将从线上电商和线下门店扩张两条线，探讨 lululemon 在中国发展的真实全貌和潜在的增长瓶颈。

1. DTC 模式的 A 面——线上

lululemon 的 DTC 模式一直为业内津津乐道。尤其最近两年，其 DTC 模式的显性优势更是成倍放大，成为安踏、耐克、阿迪达斯学习的楷模。

事实上，在 lululemon 的财务结构中，DTC 单纯指线上业务，而门店直营被单独列出来作为营收渠道构成，而后者才是上述品牌争相学习的地方——大幅削减经销商，增加直营门店。这点稍后再做讨论，我们先对 lululemon 的线上 DTC 一探究竟。

我们发现，以线上渠道作为评判标准，lululemon 的线上 DTC 模式并不具备领先优势。目前 lululemon 线上电商团队规模只有个位数，而且聘请的是第三方代运营。早前入驻天猫时，lululemon 没有积极参加天猫活动，直到 2019 年才开始重视天猫活动，同时加大站内投放力度。

lululemon 目前在国内线上和线下渠道的营收平分秋色，各占 50% 左右。但令人遗憾的是，lululemon 尚未将线上和线下打通，尚未形成数字闭环。尽管大型活动线上和线下可以统一进行，但产品依然割裂，在线上买产品，在线下就不能退换货。

另外，由于 lululemon 在天猫内主要做的是站内投放，无论是站外种草还是效果广告，lululemon 都尚未发力。

千瓜数据显示，lululemon 近一年来在小红书的笔记数共计 4.45 万，其中商业笔记仅 134 篇。从达人属性来看，lululemon 的达人粉丝中素人占比最高，为 57.34%。

小红书对 lululemon 来说是一片尚未开垦的"草原"，未来想要布局种草内容，lululemon 还有很大的拓展空间。

lululemon 目前在线上数字化体验的打造上，除了将小程序和线下门店打通，没有太多的建树。尽管 lululemon 有运营微信社群，但是由于它不提倡过度营销，很大一部分用户在参加完社群活动后，不知道扫码入群的路径，某种程度上是浪费了一定的私域客群资源。

反观耐克，尽管社群活动的效果不及 lululemon，但其全渠道数字化用户体验却可圈可点。

据了解，耐克在 2017 年就制定了"New Membership Launch（会员计划）"战略规划。在该规划体系下，耐克率先构建了数字化渠道触点，将官网、App、小程序、天猫数字商城打通。在数字基建工程完成后，耐克开始建立会员体系。它先在公域和私域里进行流量曝光，然后将用户导流到官方 App 体系，将用户圈养在自己的私域里。为了提升用户的转化率，耐克在会员社群中展开了内容工程，先后上线了线上训练课程、线下活动、KOL 直播等系列内容，将运动场景进行了延伸，增加用户对运动产品的消耗频率，以此来完成转化，提升 LTV，实现业务反哺目的。

通过对数字化的精心布局，耐克数字化会员体系卓有成效，2021 年全球增长了 7000 万会员，会员总数达到了 2.5 亿人。

由此看来，lululemon 虽然线上 DTC 业务增速很快，但也仅限于电商业务的快速发展，从数据融合角度来讲，lululemon 线上 DTC 模式才刚刚起步，数字化客户体验还处于初始阶段，未来还有长足的建设空间。

2. DTC 模式的 B 面——线下

lululemon 的线下 DTC 模式才是其最核心的竞争优势。一方面，直营模式的确立，就是以用户为中心、重视消费者主权的表现。另一方面，lululemon 的增长驱动引擎主要是社群活动，活动的范围就取材于门店。以门店为单位的经营活动为 lululemon 的发展注入了鲜活血液。

根据极海品牌监测提供的数据，自 2016 年全面进入中国，截至 2022 年 1 月 lululemon 已经在全国 28 个城市内开设了 84 家门店。从城市集中度来看，门店数位列前三的城市分别是上海市、北京市、深圳市。CR4 城市集中度达到 50%。从开店类型来看，lululemon 的门店主要开设在购物中心，占比 58.1%（见图 14-12）。

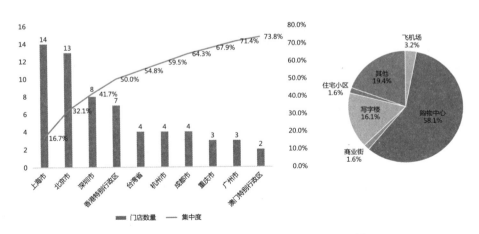

图 14-12　lululemon 门店城市集中度＆所处区域

资料来源：极海品牌监测。

注：图中集中度折线图从左到右展示的是 CR1 到 CR10 的数据，例如，CR1 就是上海市的门店数量，CR2 就是上海市和北京市的门店数量之和，以此类推。

由于 lululemon 选址多以购物中心为主，其门店面积为 300 平方米左右，因此，lululemon 租金费用较高，月租金达到 45 万元。

前文提及 lululemon 的社群活动主要基于门店，门店的团队人员将周边场馆的运动健身圈层打透，为其拓展市场增量空间。那么，lululemon 的门店分布特征及场馆覆盖的空间有多大，也是值得探讨的问题。

我们将 lululemon 与同类运动休闲品牌耐克和阿迪达斯进行了对比。由于线下数据获取较为复杂，我们以品牌官方微信小程序指引的官方门店数量作为统一线索，来探讨其品牌门店的周边覆盖率。

我们对 lululemon 异业合作最密切的健身房、瑜伽馆进行了关键词提取，发现在 3 公里范围内，lululemon 全国范围内的 84 家门店，周边覆盖健身房 4519 家，瑜伽馆 1379 家，两者合计 5898 家场馆，平均每家门店覆盖密度[⊖]约为 70.2 家。以此类推，耐克的平均每家门店覆盖密度约为 31.5 家，阿迪达斯约为 34.2 家。这样来看，平均每家门店覆盖密度排名为：lululemon＞阿迪达斯＞耐克。如果以此作为评判标准，lululemon 的场馆周边渗透力度的确大于另外两者。

不过，由于三大品牌门店选址标准我们不得而知，此指标仅供大家参考。

3. 未来下沉空间有多大

根据 lululemon 中国给 GymSquare 提供的信息，仅 2021 年第三季度，lululemon 在山东济南、安徽合肥、甘肃兰州和海南三亚开设了四家"城市首店"。[7]

从开店节点来看，lululemon 现有门店布局路径的分布规律以一线、新一线城市为主。目前 lululemon 虽然开始出现下沉趋势，但其下沉的

⊖ 平均每家门店覆盖密度 = 总门店数量 / 场馆数量（瑜伽馆 + 健身房）。

还是以国际旅行城市为主。

为探究 lululemon 下沉空间有多大，极海品牌监测根据其共生品牌艾高、丝芙兰、皮爷咖啡的布局路径，进行了一次回归预测。大数据显示，当前环境下，lululemon 与上述共生品牌的关联度达到 0.9017，关联度较高。极海品牌监测预测 lululemon 中国区域回归总值为 106 家。

值得一提的是，由于 lululemon 在上海等主要城市的布局尚未饱和，该预测仅为回归预测。若发展充分，预估 lululemon 在上海的门店规模要达到现在的 1.5 倍，全国总规模约为 159 家。

另外，根据 lululemon 与共生品牌的分布规律，我们预测未来 lululemon 的主要市场空间存在于二三线城市，未来的下沉空间有限（见图 14-13）。

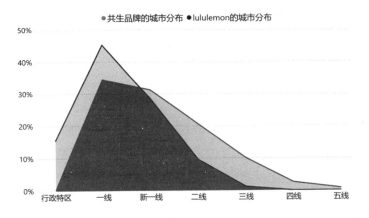

图 14-13 共生品牌的城市分布和 lululemon 的城市分布（按城市级别）

资料来源：极海品牌监测。

结语

最近几年业内流行一句话，"营销衰退，增长崛起"。在 lululemon 身上，我们看到原来品牌不用做营销，也可以做好增长，但前提是，你的产品已经做到极致，你的客户关系已经得到细致维护。

最后，我们对 lululemon 保持高速增长的核心驱动力做个小结。

- 产品策略：依靠"刺猬理念"，做品牌擅长、感兴趣和能带来核心效益的产品，坚持产品主义。
- 用户体验：采取去中心化的战术，基于门店的直营模式，利用内部员工和外部的品牌大使形成"巫师化"的协同效应。
- 市场扩张：复制北美已经跑通的商业模式，利用 DTC 模式的优势在全球快速扩张。

如果把 lululemon 当作一面镜子反观国内新消费品牌，在国内由于社交媒体的崛起，好的产品或者营销创意的确很容易被成倍放大，所以出现了一个怪圈：很多品牌一开始就盲目烧钱追求规模效应，试图再创造出下一个瑞幸或者完美日记；只有当高消耗的流量费用难以支持增长曲线，品牌增长遇到瓶颈的时候，品牌才会回过头来试图打造品牌力，开始将长期主义挂在嘴边。

在营销策略上，lululemon 反其道而行之，选择了符合自身调性的慢渗透策略，将"营销运营化"。在运营中，lululemon 进行用户圈层渗透，追求的是自然流量，寻找的是黏性复购。这对新消费品牌的启发是，在大众传播的过程中，品牌需要采用逆向思维，高举高打的大渗透策略已经停留在中心化媒体时代。

在注意力粉尘化时代，lululemon 的增长故事给了小众细分品牌以下几点思考。

- 战略框架和底层设计才是增长的最底层架构。lululemon 制定的"Power of Three"战略框架，其实只是对早期 Chip 时代的迭代。
- 放弃"烧钱做品牌"的幻想。品牌文化的形成，不能依赖追求短期效果的"强效药"，盲目花钱买流量会产生曝光，但不会让用户产生记忆。耐住寂寞做长用户的 LTV 才是王道。

- 老老实实跑通盈利模型。在后互联网时代，通过烧钱达到规模效应的短视主义，投资人也许会买账，但市场不会。不能给用户带来价值的消费品牌，注定将被用户钉在新消费的"耻辱柱"上。
- 最好的营销手段是口碑传播。在信息极度碎片化的时代，最小成本的传播就是依赖人际关系产生的口碑传播。面对熟悉的人，用户才会产生强信赖。

正如杰夫·贝索斯所说："我们一直认为市场占有率无法由自己主宰。我们只能在开展业务时把重点放在提供最棒的顾客体验上面，然后由顾客来决定亚马逊的占有率。"[8]

参考资料

[1] Chip Wilson. Little Black Stretchy Pants[M]. New York: Rosettabooks, 2018.

[2] 沈芳敏，潘鹏飞 . 安利：全方位揭秘直销帝国 [M]. 北京：机械工业出版社，2013.

[3] 柯林斯 . 从优秀到卓越：珍藏版 [M]. 俞利军，译 . 北京：中信出版社，2009.

[4] 兴业证券 . lululemon：品类杀手是如何炼成的 [EB/OL]. (2021-07-03)[2021-10-30]. https://baogao.store/77495.html.

[5] 元气资本 . lululemon(lululemon.US)：一条瑜伽裤的底层增长逻辑 [EB/OL]. (2020-11-12)[2021-10-30].https://baijiahao.baidu.com/s?id=1683143811258913636&wfr=spider&for=pc.

[6] InfoQ. SuperCell 的中台你们学不会 [EB/OL]. (2020-05-11)[2021-12-11]. https://www.infoq.cn/article/csTfCNvzQzQZRV8sxPqz?utm_source=related_read.

[7] 精练 GymSqure. lululemon 中国的新变化 [EB/OL]. (2012-05-25)[2021-12-11]. https://page.om.qq.com/page/OEDjYrg2WjDTOHf92ePFQlDg0.

[8] 虎嗅 . 专访杰夫·贝索斯：什么才是真正的顾客至上？ [EB/OL]. (2012-05-25)[2021-12-13]. https://www.huxiu.com/article/706.html.